I0211571

RUSSISCH
WOORDENSCHAT

THEMATISCHE WOORDENLIJST

NEDERLANDS
RUSSISCH

De meest bruikbare woorden
Om uw woordenschat uit te breiden en
uw taalvaardigheid aan te scherpen

9000 woorden

Thematische woordenschat Nederlands-Russisch - 9000 woorden
Door Andrey Taranov

Woordenlijsten van T&P Books zijn bedoeld om u woorden van een vreemde taal te helpen leren, onthouden, en bestudering. Dit woordenboek is ingedeeld in thema's en behandelt alle belangrijk terreinen van het dagelijkse leven, bedrijven, wetenschap, cultuur, etc.

Het proces van het leren van woorden met behulp van de op thema's gebaseerde aanpak van T&P Books biedt u de volgende voordelen:

- Correct gegroepeerde informatie is bepalend voor succes bij opeenvolgende stadia van het leren van woorden
- De beschikbaarheid van woorden die van dezelfde stam zijn maakt het mogelijk om woordgroepen te onthouden (in plaats van losse woorden)
- Kleine groepen van woorden faciliteren het proces van het aanmaken van associatieve verbindingen, die nodig zijn bij het consolideren van de woordenschat
- Het niveau van talenkennis kan worden ingeschat door het aantal geleerde woorden

T&P Books Publishing
www.tpbooks.com

ISBN: 978-1-78492-285-6

Dit boek is ook beschikbaar in e-boek formaat.
Gelieve www.tpbooks.com te bezoeken of de belangrijkste online boekwinkels.

RUSSISCHE WOORDENSCHAT
nieuwe woorden leren

T&P Books woordenlijsten zijn bedoeld om u te helpen vreemde woorden te leren, te onthouden, en te bestuderen. De woordenschat bevat meer dan 9000 veel gebruikte woorden die thematisch geordend zijn.

- De woordenlijst bevat de meest gebruikte woorden
- Aanbevolen als aanvulling bij welke taalcursus dan ook
- Voldoet aan de behoeften van de beginnende en gevorderde student in vreemde talen
- Geschikt voor dagelijks gebruik, bestudering en zelftestactiviteiten
- Maakt het mogelijk om uw woordenschat te evalueren

Bijzondere kenmerken van de woordenschat

- De woorden zijn gerangschikt naar hun betekenis, niet volgens alfabet
- De woorden worden weergegeven in drie kolommen om bestudering en zelftesten te vergemakkelijken
- Woorden in groepen worden verdeeld in kleine blokken om het leerproces te vergemakkelijken
- De woordenschat biedt een handige en eenvoudige beschrijving van elk buitenlands woord

De woordenschat bevat 256 onderwerpen zoals:

Basisconcepten, getallen, kleuren, maanden, seizoenen, meeteenheden, kleding en accessoires, eten & voeding, restaurant, familieleden, verwanten, karakter, gevoelens, emoties, ziekten, stad, dorp, bezienswaardigheden, winkelen, geld, huis, thuis, kantoor, werken op kantoor, import & export, marketing, werk zoeken, sport, onderwijs, computer, internet, gereedschap, natuur, landen, nationaliteiten en meer ...

INHOUDSOPGAVE

UITSPRAAKGIDS

T&P fonetisch alfabet	Russisch voorbeeld	Nederlands voorbeeld

Medeklinkers

[b]	абрикос [abrikós]	hebben
[d]	квадрат [kvadrát]	Dank u, honderd
[f]	реформа [refórma]	feestdag, informeren
[g]	глина [glína]	goal, tango
[ʒ]	массажист [masaʒíst]	journalist, rouge
[j]	пресный [présnij]	New York, januari
[h], [x]	мех, Пасха [méh], [pásxa]	het, herhalen
[k]	кратер [krátɛr]	kennen, kleur
[l]	лиловый [lilóvij]	delen, luchter
[m]	молоко [mɔlɔkó]	morgen, etmaal
[n]	нут, пони [nút], [póni]	nemen, zonder
[p]	пират [pirát]	parallel, koper
[r]	ручей [rutʃéj]	roepen, breken
[s]	суслик [súslik]	spreken, kosten
[t]	тоннель [tɔnélʲ]	tomaat, taart
[ʃ]	лишайник [liʃájnik]	shampoo, machine
[tʃ]	врач, речь [vrátʃ], [rétʃʲ]	Tsjechië, cello
[ts]	кузнец [kuznéts]	niets, plaats
[ʃ]	мощность [móʃnostʲ]	Chicago, jasje
[v]	молитва [mɔlítva]	beloven, schrijven
[z]	дизайнер [dizájner]	zeven, zesde

Aanvullende symbolen

[ʲ]	дикарь [dikárʲ]	palatalisatie teken
[·]	автопилот [aftɔ·pilót]	hoge punt
[ˈ]	заплата [zapláta]	hoofdklemtoon

Beklemtoonde klinkers

[á]	платье [plátje]	acht
[é]	лебедь [lébetʲ]	delen, spreken
[ó]	шахтёр [ʃahtór]	New York, jongen
[í]	организм [ɔrganízm]	bidden, tint
[ó]	роспись [róspisʲ]	overeenkomst
[ú]	инсульт [insúlʲt]	hoed, doe

T&P fonetisch alfabet	Russisch voorbeeld	Nederlands voorbeeld
[ĭ]	добыча [dobĭʧa]	iemand, die
[æ]	полиэстер [poliǽstɛr]	Nederlands Nedersaksisch - dät, Engels - cat
['ú], [jú]	салют, юг [sal'út], [júg]	jullie, aquarium
['á], [já]	связь, я [sv'ás'], [já]	januari, jaar

Onbeklemtoonde klinkers

[a]	гравюра [grav'úra]	neutrale klinker, vergelijkbaar met een sjwa [ə]
[e]	кенгуру [kengurú]	neutrale klinker, vergelijkbaar met een sjwa [ə]
[ə]	пожалуйста [poʒáləsta]	formule, wachten
[i]	рисунок [risúnɔk]	bidden, tint
[ɔ]	железо [ʒelézɔ]	neutrale klinker, vergelijkbaar met een sjwa [ə]
[u]	вирус [vírus]	hoed, doe
[ɨ]	первый [pérvɨj]	iemand, die
[ɛ]	аэропорт [aɛrɔpórt]	elf, zwembad
['u], [ju]	брюнет [br'unét]	jullie, aquarium
[ı], [jı]	заяц, язык [záıʦ], [jızɨ̃k]	neutrale klinker, vergelijkbaar met een sjwa [ə]
['a], [ja]	няня, копия [n'án'a], [kópija]	januari, jaar

AFKORTINGEN
gebruikt in de woordenschat

Nederlandse afkortingen

abn	-	als bijvoeglijk naamwoord
bijv.	-	bijvoorbeeld
bn	-	bijvoeglijk naamwoord
bw	-	bijwoord
enk.	-	enkelvoud
enz.	-	enzovoort
form.	-	formele taal
inform.	-	informele taal
mann.	-	mannelijk
mil.	-	militair
mv.	-	meervoud
on.ww.	-	onovergankelijk werkwoord
ontelb.	-	ontelbaar
ov.	-	over
ov.ww.	-	overgankelijk werkwoord
telb.	-	telbaar
vn	-	voornaamwoord
vrouw.	-	vrouwelijk
vw	-	voegwoord
vz	-	voorzetsel
wisk.	-	wiskunde
ww	-	werkwoord

Nederlandse artikelen

de	-	gemeenschappelijk geslacht
de/het	-	gemeenschappelijk geslacht, onzijdig
het	-	onzijdig

Russische afkortingen

возв	-	reflexief werkwoord
ж	-	vrouwelijk zelfstandig naamwoord
ж мн	-	vrouwelijk meervoud
м	-	mannelijk zelfstandig naamwoord
м мн	-	mannelijk meervoud

м, ж	-	mannelijk, vrouwelijk
мн	-	meervoud
н/пх	-	onovergankelijk, overgankelijk werkwoord
н/св	-	perfectief/imperfectief
нпх	-	onovergankelijk werkwoord
нсв	-	imperfectief
пх	-	overgankelijk werkwoord
с	-	onzijdig
с мн	-	onzijdig meervoud
св	-	perfectief

BASISBEGRIPPEN

Basisbegrippen Deel 1

1. Voornaamwoorden

ik	я	[já]
jij, je	ты	[tī]
hij	он	[ón]
zij, ze	она	[ɔná]
het	оно	[ɔnó]
wij, we	мы	[mī]
jullie	вы	[vī]
zij, ze	они	[ɔní]

2. Begroetingen. Begroetingen. Afscheid

Hallo! Dag!	Здравствуй!	[zdrástvuj]
Hallo!	Здравствуйте!	[zdrástvujte]
Goedemorgen!	Доброе утро!	[dóbrɔe útrɔ]
Goedemiddag!	Добрый день!	[dóbrij dénʲ]
Goedenavond!	Добрый вечер!	[dóbrij vetʃer]
gedag zeggen (groeten)	здороваться (нсв, возв)	[zdɔróvatsa]
Hoi!	Привет!	[privét]
groeten (het)	привет (м)	[privét]
verwelkomen (ww)	приветствовать (нсв, пх)	[privétstvɔvatʲ]
Is er nog nieuws?	Что нового?	[ʃtó nóvɔvɔ?]
Dag! Tot ziens!	До свидания!	[dɔ svidánija]
Tot snel! Tot ziens!	До скорой встречи!	[dɔ skórɔj fstrétʃi]
Vaarwel! (inform.)	Прощай!	[prɔʃʲáj]
Vaarwel! (form.)	Прощайте!	[prɔʃʲájte]
afscheid nemen (ww)	прощаться (нсв, возв)	[prɔʃʲátsa]
Tot kijk!	Пока!	[pɔká]
Dank u!	Спасибо!	[spasíbɔ]
Dank u wel!	Большое спасибо!	[bɔlʲʃóe spasíbɔ]
Graag gedaan	Пожалуйста	[pɔʒálǝsta]
Geen dank!	Не стоит благодарности	[ne stóit blagɔdárnɔsti]
Geen moeite.	Не за что	[né za ʃtɔ]
Excuseer me, ... (inform.)	Извини!	[izviní]
Excuseer me, ... (form.)	Извините!	[izviníte]
excuseren (verontschuldigen)	извинять (нсв, пх)	[izvinʲátʲ]

---

zich verontschuldigen	извиняться (нсв, возв)	[izvinʲátsa]
Mijn excuses.	Мои извинения	[mɔí izvinénija]
Het spijt me!	Простите!	[prɔstíte]
vergeven (ww)	прощать (нсв, пх)	[prɔʃátʲ]
Maakt niet uit!	Ничего страшного	[nitʃevó stráʃnɔvɔ]
alsjeblieft	пожалуйста	[pɔʒálɘsta]
Vergeet het niet!	Не забудьте!	[ne zabútʲte]
Natuurlijk!	Конечно!	[kɔnéʃnɔ]
Natuurlijk niet!	Конечно нет!	[kɔnéʃnɔ nét]
Akkoord!	Согласен!	[sɔglásen]
Zo is het genoeg!	Хватит!	[hvátit]

3. Hoe aan te spreken

Excuseer me, …	Извините	[izviníte]
meneer	господин	[gɔspɔdín]
mevrouw	госпожа	[gɔspɔʒá]
juffrouw	девушка	[dévuʃka]
jongeman	молодой человек	[mɔlɔdój tʃelɔvék]
jongen	мальчик	[málʲtʃik]
meisje	девочка	[dévɔtʃka]

4. Kardinale getallen. Deel 1

nul	ноль	[nólʲ]
een	один	[ɔdín]
twee	два	[dvá]
drie	три	[trí]
vier	четыре	[tʃetíre]
vijf	пять	[pʲátʲ]
zes	шесть	[ʃǽstʲ]
zeven	семь	[sémʲ]
acht	восемь	[vósemʲ]
negen	девять	[dévɪtʲ]
tien	десять	[désɪtʲ]
elf	одиннадцать	[ɔdínatsatʲ]
twaalf	двенадцать	[dvenátsatʲ]
dertien	тринадцать	[trinátsatʲ]
veertien	четырнадцать	[tʃetírnatsatʲ]
vijftien	пятнадцать	[pitnátsatʲ]
zestien	шестнадцать	[ʃɛsnátsatʲ]
zeventien	семнадцать	[semnátsatʲ]
achttien	восемнадцать	[vɔsemnátsatʲ]
negentien	девятнадцать	[devitnátsatʲ]
twintig	двадцать	[dvátsatʲ]
eenentwintig	двадцать один	[dvátsatʲ ɔdín]
tweeëntwintig	двадцать два	[dvátsatʲ dvá]

drieëntwintig	двадцать три	[dvátsat¹ trí]
dertig	тридцать	[trítsat¹]
eenendertig	тридцать один	[trítsat¹ ɔdín]
tweeëndertig	тридцать два	[trítsat¹ dvá]
drieëndertig	тридцать три	[trítsat¹ trí]

veertig	сорок	[sórɔk]
eenenveertig	сорок один	[sórɔk ɔdín]
tweeënveertig	сорок два	[sórɔk dvá]
drieënveertig	сорок три	[sórɔk trí]

vijftig	пятьдесят	[pɪt¹des¹át]
eenenvijftig	пятьдесят один	[pɪt¹des¹át ɔdín]
tweeënvijftig	пятьдесят два	[pɪt¹des¹át dvá]
drieënvijftig	пятьдесят три	[pɪt¹des¹át trí]

zestig	шестьдесят	[ʃɛst¹des¹át]
eenenzestig	шестьдесят один	[ʃɛst¹des¹át ɔdín]
tweeënzestig	шестьдесят два	[ʃɛst¹des¹át dvá]
drieënzestig	шестьдесят три	[ʃɛst¹des¹át trí]

zeventig	семьдесят	[sém¹desɪt]
eenenzeventig	семьдесят один	[sém¹desɪt ɔdín]
tweeënzeventig	семьдесят два	[sém¹desɪt dvá]
drieënzeventig	семьдесят три	[sém¹desɪt trí]

tachtig	восемьдесят	[vósem¹desɪt]
eenentachtig	восемьдесят один	[vósem¹desɪt ɔdín]
tweeëntachtig	восемьдесят два	[vósem¹desɪt dvá]
drieëntachtig	восемьдесят три	[vósem¹desɪt trí]

negentig	девяносто	[devɪnóstɔ]
eenennegentig	девяносто один	[devɪnóstɔ ɔdín]
tweeënnegentig	девяносто два	[devɪnóstɔ dvá]
drieënnegentig	девяносто три	[devɪnóstɔ trí]

5. Kardinale getallen. Deel 2

honderd	сто	[stó]
tweehonderd	двести	[dvésti]
driehonderd	триста	[trísta]
vierhonderd	четыреста	[ʧetîresta]
vijfhonderd	пятьсот	[pɪt¹sót]

zeshonderd	шестьсот	[ʃɛst¹sót]
zevenhonderd	семьсот	[sem¹sót]
achthonderd	восемьсот	[vɔsem¹sót]
negenhonderd	девятьсот	[devɪt¹sót]

duizend	тысяча	[tîsɪʧa]
tweeduizend	две тысячи	[dve tîsɪʧi]
drieduizend	три тысячи	[trí tîsɪʧi]
tienduizend	десять тысяч	[désɪt¹ tîs¹atʃ]
honderdduizend	сто тысяч	[stó tîɔɪʧ]

miljoen (het)	миллион (м)	[milión]
miljard (het)	миллиард (м)	[miliárd]

6. Ordinale getallen

eerste (bn)	первый	[pérvij]
tweede (bn)	второй	[ftɔrój]
derde (bn)	третий	[trétij]
vierde (bn)	четвёртый	[tʃetvǿrtij]
vijfde (bn)	пятый	[pʲátij]
zesde (bn)	шестой	[ʃɛstój]
zevende (bn)	седьмой	[sedʲmój]
achtste (bn)	восьмой	[vɔsʲmój]
negende (bn)	девятый	[devʲátij]
tiende (bn)	десятый	[desʲátij]

7. Getallen. Breuken

breukgetal (het)	дробь (ж)	[drópʲ]
half	одна вторая	[ɔdná ftɔrája]
een derde	одна третья	[ɔdná trétja]
kwart	одна четвёртая	[ɔdná tʃetvǿrtaja]
een achtste	одна восьмая	[ɔdná vɔsʲmája]
een tiende	одна десятая	[ɔdná desʲátaja]
twee derde	две третьих	[dve trétjih]
driekwart	три четвёртых	[trí tʃetvǿrtih]

8. Getallen. Eenvoudige berekeningen

aftrekking (de)	вычитание (с)	[vitʃitánie]
aftrekken (ww)	вычитать (нсв, пх)	[vitʃitátʲ]
deling (de)	деление (с)	[delénie]
delen (ww)	делить (нсв, пх)	[delítʲ]
optelling (de)	сложение (с)	[slɔʒǽnie]
erbij optellen (bij elkaar voegen)	сложить (св, пх)	[slɔʒítʲ]
optellen (ww)	прибавлять (нсв, пх)	[pribavlʲátʲ]
vermenigvuldiging (de)	умножение (с)	[umnɔʒǽnie]
vermenigvuldigen (ww)	умножать (нсв, пх)	[umnɔʒátʲ]

9. Getallen. Diversen

cijfer (het)	цифра (ж)	[tsĩfra]
nummer (het)	число (с)	[tʃisló]
telwoord (het)	числительное (с)	[tʃislítelʲnɔe]

minteken (het)	минус (м)	[mínus]
plusteken (het)	плюс (м)	[plʲús]
formule (de)	формула (ж)	[fórmula]

berekening (de)	вычисление (с)	[vitʃislénie]
tellen (ww)	считать (нсв, пх)	[ʃitátʲ]
bijrekenen (ww)	подсчитывать (нсв, пх)	[potʃʃítivatʲ]
vergelijken (ww)	сравнивать (нсв, пх)	[srávnivatʲ]

Hoeveel?	Сколько?	[skólʲko?]
som (de), totaal (het)	сумма (ж)	[súmma]
uitkomst (de)	результат (м)	[rezulʲtát]
rest (de)	остаток (м)	[ostátɔk]

enkele (bijv. ~ minuten)	несколько	[néskolʲkɔ]
weinig (bw)	мало	[málɔ]
restant (het)	остальное (с)	[ostalʲnóe]
anderhalf	полтора	[pɔltɔrá]
dozijn (het)	дюжина (ж)	[dʲúʒina]

middendoor (bw)	пополам	[pɔpɔlám]
even (bw)	поровну	[pórɔvnu]
helft (de)	половина (ж)	[pɔlɔvína]
keer (de)	раз (м)	[rás]

10. De belangrijkste werkwoorden. Deel 1

aanbevelen (ww)	рекомендовать (нсв, пх)	[rekɔmendɔvátʲ]
aandringen (ww)	настаивать (нсв, нпх)	[nastáivatʲ]
aankomen (per auto, enz.)	приезжать (нсв, нпх)	[prieʒʒátʲ]
aanraken (ww)	трогать (нсв, пх)	[trógatʲ]
adviseren (ww)	советовать (нсв, пх)	[sɔvétɔvatʲ]

afdalen (on.ww.)	спускаться (нсв, возв)	[spuskátsa]
afslaan (naar rechts ~)	поворачивать (нсв, нпх)	[pɔvɔrátʃivatʲ]
antwoorden (ww)	отвечать (нсв, пх)	[otvetʃátʲ]
bang zijn (ww)	бояться (нсв, возв)	[bɔjátsa]
bedreigen (bijv. met een pistool)	угрожать (нсв, пх)	[ugrɔʒátʲ]

bedriegen (ww)	обманывать (нсв, пх)	[obmánivatʲ]
beëindigen (ww)	заканчивать (нсв, пх)	[zakántʃivatʲ]
beginnen (ww)	начинать (нсв, пх)	[natʃinátʲ]
begrijpen (ww)	понимать (нсв, пх)	[pɔnimátʲ]
beheren (managen)	руководить (нсв, пх)	[rukɔvɔdítʲ]

beledigen (met scheldwoorden)	оскорблять (нсв, пх)	[oskɔrblʲátʲ]
beloven (ww)	обещать (н/св, пх)	[obeʃátʲ]
bereiden (koken)	готовить (нсв, пх)	[gotóvitʲ]
bespreken (spreken over)	обсуждать (нсв, пх)	[opsuʒdátʲ]

bestellen (eten ~)	заказывать (нсв, пх)	[zakázivatʲ]
bestraffen (een stout kind ~)	наказывать (нсв, пх)	[nakázivatʲ]

betalen (ww)	платить (нсв, н/пх)	[platít^j]
betekenen (beduiden)	означать (нсв, пх)	[oznatʃátʲ]
betreuren (ww)	сожалеть (нсв, нпх)	[soʒilétʲ]
bevallen (prettig vinden)	нравиться (нсв, возв)	[nrávitsa]
bevelen (mil.)	приказывать (нсв, пх)	[prikázivatʲ]
bevrijden (stad, enz.)	освобождать (нсв, пх)	[osvoboʒdátʲ]
bewaren (ww)	сохранять (нсв, пх)	[sohranʲátʲ]
bezitten (ww)	владеть (нсв, пх)	[vladétʲ]
bidden (praten met God)	молиться (нсв, возв)	[molítsa]
binnengaan (een kamer ~)	входить (нсв, нпх)	[fhodítʲ]
breken (ww)	ломать (нсв, пх)	[lomátʲ]
controleren (ww)	контролировать (нсв, пх)	[kontrolírovatʲ]
creëren (ww)	создать (св, пх)	[sozdátʲ]
deelnemen (ww)	участвовать (нсв, нпх)	[utʃástvovatʲ]
denken (ww)	думать (нсв, н/пх)	[dúmatʲ]
doden (ww)	убивать (нсв, пх)	[ubivátʲ]
doen (ww)	делать (нсв, пх)	[délatʲ]
dorst hebben (ww)	хотеть пить	[hotétʲ pítʲ]

11. De belangrijkste werkwoorden. Deel 2

een hint geven	подсказать (св, пх)	[potskazátʲ]
eisen (met klem vragen)	требовать (нсв, пх)	[trébovatʲ]
excuseren (vergeven)	извинять (нсв, пх)	[izvinʲátʲ]
existeren (bestaan)	существовать (нсв, нпх)	[suʃestvovátʲ]
gaan (te voet)	идти (нсв, нпх)	[itʲtí]
gaan zitten (ww)	садиться (нсв, возв)	[sadítsa]
gaan zwemmen	купаться (нсв, возв)	[kupátsa]
geven (ww)	давать (нсв, пх)	[davátʲ]
glimlachen (ww)	улыбаться (нсв, возв)	[ulibátsa]
goed raden (ww)	отгадать (св, пх)	[odgadátʲ]
grappen maken (ww)	шутить (нсв, нпх)	[ʃutítʲ]
graven (ww)	рыть (нсв, пх)	[rītʲ]
hebben (ww)	иметь (нсв, пх)	[imétʲ]
helpen (ww)	помогать (нсв, пх)	[pomogátʲ]
herhalen (opnieuw zeggen)	повторять (нсв, пх)	[poftorʲátʲ]
honger hebben (ww)	хотеть есть (нсв)	[hotétʲ éstʲ]
hopen (ww)	надеяться (нсв, возв)	[nadéitsa]
horen	слышать (нсв, пх)	[slīʃatʲ]
(waarnemen met het oor)		
huilen (wenen)	плакать (нсв, нпх)	[plákatʲ]
huren (huis, kamer)	снимать (нсв, пх)	[snimátʲ]
informeren (informatie geven)	информировать (н/св, пх)	[informírovatʲ]
instemmen (akkoord gaan)	соглашаться (нсв, возв)	[soglaʃátsa]
jagen (ww)	охотиться (нсв, возв)	[ohótitsa]
kennen (kennis hebben van iemand)	знать (нсв, пх)	[znátʲ]

| kiezen (ww) | выбирать (нсв, пх) | [vibirát'] |
| klagen (ww) | жаловаться (нсв, возв) | [ʒálovatsa] |

kosten (ww)	стоить (нсв, пх)	[stóit']
kunnen (ww)	мочь (нсв, нпх)	[mótʃ']
lachen (ww)	смеяться (нсв, возв)	[smejátsa]
laten vallen (ww)	ронять (нсв, пх)	[ron'át']
lezen (ww)	читать (нсв, н/пх)	[tʃitát']

liefhebben (ww)	любить (нсв, пх)	[l'ubít']
lunchen (ww)	обедать (нсв, нпх)	[obédat']
nemen (ww)	брать (нсв), взять (св)	[brát'], [vz'át']
nodig zijn (ww)	требоваться (нсв, возв)	[trébovatsa]

12. De belangrijkste werkwoorden. Deel 3

onderschatten (ww)	недооценивать (нсв, пх)	[nedootsǽnivat']
ondertekenen (ww)	подписывать (нсв, пх)	[potpísivat']
ontbijten (ww)	завтракать (нсв, нпх)	[záftrakat']
openen (ww)	открывать (нсв, пх)	[otkrivát']
ophouden (ww)	прекращать (нсв, пх)	[prekraʃát']
opmerken (zien)	замечать (нсв, пх)	[zametʃát']

opscheppen (ww)	хвастаться (нсв, возв)	[hvástatsa]
opschrijven (ww)	записывать (нсв, пх)	[zapísivat']
plannen (ww)	планировать (нсв, пх)	[planírovat']
prefereren (verkiezen)	предпочитать (нсв, пх)	[pretpotʃitát']
proberen (trachten)	пробовать (нсв, пх)	[próbovat']
redden (ww)	спасать (нсв, пх)	[spasát']

rekenen op ...	рассчитывать на ... (нсв)	[raʃítivat' na ...]
rennen (ww)	бежать (н/св, нпх)	[beʒát']
reserveren (een hotelkamer ~)	резервировать (н/св, пх)	[rezervírovat']
roepen (om hulp)	звать (нсв, пх)	[zvát']
schieten (ww)	стрелять (нсв, нпх)	[strel'át']
schreeuwen (ww)	кричать (нсв, нпх)	[kritʃát']

schrijven (ww)	писать (нсв, пх)	[pisát']
souperen (ww)	ужинать (нсв, нпх)	[úʒinat']
spelen (kinderen)	играть (нсв, нпх)	[igrát']
spreken (ww)	говорить (нсв, н/пх)	[govorít']
stelen (ww)	красть (нсв, н/пх)	[krást']
stoppen (pauzeren)	останавливаться (нсв, возв)	[ostanávlivatsa]

studeren (Nederlands ~)	изучать (нсв, пх)	[izutʃát']
sturen (zenden)	отправлять (нсв, пх)	[otpravl'át']
tellen (optellen)	считать (нсв, пх)	[ʃitát']
toebehoren aan ...	принадлежать ... (нсв, нпх)	[prinadleʒát' ...]
toestaan (ww)	разрешать (нсв, пх)	[razreʃát']
tonen (ww)	показывать (нсв, пх)	[pokázivat']

| twijfelen (onzeker zijn) | сомневаться (нсв, возв) | [somnevátsa] |
| uitgaan (ww) | выходить (нсв, нпх) | [vihodít'] |

uitnodigen (ww)	приглашать (нсв, пх)	[priglaʃátʲ]
uitspreken (ww)	произносить (нсв, пх)	[prɔiznɔsítʲ]
uitvaren tegen (ww)	ругать (нсв, пх)	[rugátʲ]

13. De belangrijkste werkwoorden. Deel 4

vallen (ww)	падать (нсв, нпх)	[pádatʲ]
vangen (ww)	ловить (нсв, пх)	[lɔvítʲ]
veranderen (anders maken)	изменить (св, пх)	[izmenítʲ]
verbaasd zijn (ww)	удивляться (нсв, возв)	[udivlʲátsa]
verbergen (ww)	прятать (нсв, пх)	[prʲátatʲ]

verdedigen (je land ~)	защищать (нсв, пх)	[zaʃiʃátʲ]
verenigen (ww)	объединять (нсв, пх)	[ɔbjedinʲátʲ]
vergelijken (ww)	сравнивать (нсв, пх)	[srávnivatʲ]
vergeten (ww)	забывать (нсв, пх)	[zabivátʲ]
vergeven (ww)	прощать (нсв, пх)	[prɔʃátʲ]

verklaren (uitleggen)	объяснять (нсв, пх)	[ɔbjɪsnʲátʲ]
verkopen (per stuk ~)	продавать (нсв, пх)	[prɔdavátʲ]
vermelden (praten over)	упоминать (нсв, пх)	[upɔminátʲ]
versieren (decoreren)	украшать (нсв, пх)	[ukraʃátʲ]
vertalen (ww)	переводить (нсв, пх)	[perevɔdítʲ]

vertrouwen (ww)	доверять (нсв, пх)	[dɔverʲátʲ]
vervolgen (ww)	продолжать (нсв, пх)	[prɔdɔlʒátʲ]
verwarren (met elkaar ~)	путать (нсв, пх)	[pútatʲ]
verzoeken (ww)	просить (нсв, пх)	[prɔsítʲ]
verzuimen (school, enz.)	пропускать (нсв, пх)	[prɔpuskátʲ]

vinden (ww)	находить (нсв, пх)	[nahɔdítʲ]
vliegen (ww)	лететь (нсв, нпх)	[letétʲ]
volgen (ww)	следовать за ... (нсв)	[slédɔvatʲ za ...]
voorstellen (ww)	предлагать (нсв, пх)	[predlagátʲ]
voorzien (verwachten)	предвидеть (нсв, пх)	[predvídetʲ]
vragen (ww)	спрашивать (нсв, пх)	[spráʃivatʲ]

waarnemen (ww)	наблюдать (нсв, н/пх)	[nablʲudátʲ]
waarschuwen (ww)	предупреждать (нсв, пх)	[predupreʒdátʲ]
wachten (ww)	ждать (нсв, пх)	[ʒdátʲ]
weerspreken (ww)	возражать (нсв, н/пх)	[vɔzraʒátʲ]
weigeren (ww)	отказываться (нсв, возв)	[ɔtkázivatsa]

werken (ww)	работать (нсв, нпх)	[rabótatʲ]
willen (verlangen)	хотеть (нсв, пх)	[hɔtétʲ]
zeggen (ww)	сказать (нсв, пх)	[skazátʲ]
zich haasten (ww)	торопиться (нсв, возв)	[tɔrɔpítsa]

zich interesseren voor ...	интересоваться (нсв, возв)	[interesɔvátsa]
zich vergissen (ww)	ошибаться (нсв, возв)	[ɔʃibátsa]
zich verontschuldigen	извиняться (нсв, возв)	[izvinʲátsa]
zien (ww)	видеть (нсв, пх)	[vídetʲ]
zijn (ww)	быть (нсв, нпх)	[bĭtʲ]
zoeken (ww)	искать ... (нсв, пх)	[iskátʲ ...]

| zwemmen (ww) | плавать (нсв, нпх) | [plávatⁱ] |
| zwijgen (ww) | молчать (нсв, нпх) | [mɔlʧátⁱ] |

14. Kleuren

kleur (de)	цвет (м)	[ʦvét]
tint (de)	оттенок (м)	[ɔtténɔk]
kleurnuance (de)	тон (м)	[tón]
regenboog (de)	радуга (ж)	[ráduga]

wit (bn)	белый	[bélij]
zwart (bn)	чёрный	[ʧórnij]
grijs (bn)	серый	[sérij]

groen (bn)	зелёный	[zelónij]
geel (bn)	жёлтый	[ʒóltij]
rood (bn)	красный	[krásnij]

blauw (bn)	синий	[sínij]
lichtblauw (bn)	голубой	[gɔlubój]
roze (bn)	розовый	[rózɔvij]
oranje (bn)	оранжевый	[ɔránʒevij]
violet (bn)	фиолетовый	[fiɔlétɔvij]
bruin (bn)	коричневый	[kɔríʧnevij]

| goud (bn) | золотой | [zɔlɔtój] |
| zilverkleurig (bn) | серебристый | [serebrístij] |

beige (bn)	бежевый	[béʒevij]
roomkleurig (bn)	кремовый	[krémɔvij]
turkoois (bn)	бирюзовый	[birⁱuzóvij]
kersrood (bn)	вишнёвый	[viʃnóvij]
lila (bn)	лиловый	[lilóvij]
karmijnrood (bn)	малиновый	[malínɔvij]

licht (bn)	светлый	[svétlij]
donker (bn)	тёмный	[tómnij]
fel (bn)	яркий	[járkij]

kleur-, kleurig (bn)	цветной	[ʦvetnój]
kleuren- (abn)	цветной	[ʦvetnój]
zwart-wit (bn)	чёрно-белый	[ʧórnɔ-bélij]
eenkleurig (bn)	одноцветный	[ɔdnɔʦvétnij]
veelkleurig (bn)	разноцветный	[raznɔʦvétnij]

15. Vragen

Wie?	Кто?	[któ?]
Wat?	Что?	[ʃtó?]
Waar?	Где?	[gdé?]
Waarheen?	Куда?	[kudá?]
Waarvandaan?	Откуда?	[ɔtkúda?]

Wanneer?	Когда?	[kɔgdá?]
Waarom?	Зачем?	[zatʃém?]
Waarom?	Почему?	[potʃemú?]

Waarvoor dan ook?	Для чего?	[dlʲa tʃevó?]
Hoe?	Как?	[kák?]
Wat voor ...?	Какой?	[kakój?]
Welk?	Который?	[kɔtórij?]

Aan wie?	Кому?	[kɔmú?]
Over wie?	О ком?	[ɔ kóm?]
Waarover?	О чём?	[ɔ tʃóm?]
Met wie?	С кем?	[s kém?]

Hoeveel?	Сколько?	[skólʲkɔ?]
Hoeveel? (ontelb.)	Сколько?	[skólʲkɔ?]
Van wie? (mann.)	Чей?	[tʃéj?]
Van wie? (vrouw.)	Чья?	[tʃjá?]
Van wie? (mv.)	Чьи?	[tʃjí?]

16. Voorzetsels

met (bijv. ~ beleg)	с	[s]
zonder (~ accent)	без	[bez], [bes]
naar (in de richting van)	в	[f], [v]
over (praten ~)	о	[ɔ]
voor (in tijd)	перед	[péred]
voor (aan de voorkant)	перед	[péred]

onder (lager dan)	под	[pod]
boven (hoger dan)	над	[nád]
op (bovenop)	на	[na]
van (uit, afkomstig van)	из	[iz], [is]
van (gemaakt van)	из	[iz], [is]

| over (bijv. ~ een uur) | через | [tʃérez] |
| over (over de bovenkant) | через | [tʃérez] |

17. Functiewoorden. Bijwoorden. Deel 1

Waar?	Где?	[gdé?]
hier (bw)	здесь	[zdésʲ]
daar (bw)	там	[tám]

| ergens (bw) | где-то | [gdé-tɔ] |
| nergens (bw) | нигде | [nigdé] |

| bij ... (in de buurt) | у, около | [u], [ókɔlɔ] |
| bij het raam | у окна | [u ɔkná] |

| Waarheen? | Куда? | [kudá?] |
| hierheen (bw) | сюда | [sʲudá] |

daarheen (bw)	туда	[tudá]
hiervandaan (bw)	отсюда	[otsʲúda]
daarvandaan (bw)	оттуда	[ottúda]
dichtbij (bw)	близко	[blísko]
ver (bw)	далеко	[dalekó]
in de buurt (van …)	около	[ókolo]
dichtbij (bw)	рядом	[rʲádom]
niet ver (bw)	недалеко	[nedalekó]
linker (bn)	левый	[lévij]
links (bw)	слева	[sléva]
linksaf, naar links (bw)	налево	[nalévo]
rechter (bn)	правый	[právij]
rechts (bw)	справа	[správa]
rechtsaf, naar rechts (bw)	направо	[naprávo]
vooraan (bw)	спереди	[spéredi]
voorste (bn)	передний	[perédnij]
vooruit (bw)	вперёд	[fperǿd]
achter (bw)	сзади	[szádi]
van achteren (bw)	сзади	[szádi]
achteruit (naar achteren)	назад	[nazád]
midden (het)	середина (ж)	[seredína]
in het midden (bw)	посередине	[poseredíne]
opzij (bw)	сбоку	[zbóku]
overal (bw)	везде	[vezdé]
omheen (bw)	вокруг	[vokrúg]
binnenuit (bw)	изнутри	[iznutrí]
naar ergens (bw)	куда-то	[kudá-to]
rechtdoor (bw)	напрямик	[naprɪmík]
terug (bijv. ~ komen)	обратно	[obrátno]
ergens vandaan (bw)	откуда-нибудь	[otkúda-nibutʲ]
ergens vandaan	откуда-то	[otkúda-to]
(en dit geld moet ~ komen)		
ten eerste (bw)	во-первых	[vo-pérvih]
ten tweede (bw)	во-вторых	[vo-ftorǐh]
ten derde (bw)	в-третьих	[f trétjih]
plotseling (bw)	вдруг	[vdrúg]
in het begin (bw)	вначале	[vnaʧále]
voor de eerste keer (bw)	впервые	[fpervǐje]
lang voor … (bw)	задолго до …	[zadólgo do …]
opnieuw (bw)	заново	[zánovo]
voor eeuwig (bw)	насовсем	[nasofsém]
nooit (bw)	никогда	[nikogdá]
weer (bw)	опять	[opʲátʲ]

nu (bw)	теперь	[tepér^j]
vaak (bw)	часто	[t͡ʃástɔ]
toen (bw)	тогда	[tɔgdá]
urgent (bw)	срочно	[srót͡ʃnɔ]
meestal (bw)	обычно	[ɔbɨ̆t͡ʃnɔ]

trouwens, ... (tussen haakjes)	кстати, ...	[kstáti, ...]
mogelijk (bw)	возможно	[vɔzmóʒnɔ]
waarschijnlijk (bw)	вероятно	[verɔjátnɔ]
misschien (bw)	может быть	[móʒet bɨ̆t^j]
trouwens (bw)	кроме того, ...	[króme tɔvó, ...]
daarom ...	поэтому ...	[pɔætɔmu ...]
in weerwil van ...	несмотря на ...	[nesmɔtr^já na ...]
dankzij ...	благодаря ...	[blagɔdar^já ...]

wat (vn)	что	[ʃtó]
dat (vw)	что	[ʃtó]
iets (vn)	что-то	[ʃtó-tɔ]
iets	что-нибудь	[ʃtó-nibut^j]
niets (vn)	ничего	[nit͡ʃevó]

wie (~ is daar?)	кто	[któ]
iemand (een onbekende)	кто-то	[któ-tɔ]
iemand (een bepaald persoon)	кто-нибудь	[któ-nibut^j]

niemand (vn)	никто	[niktó]
nergens (bw)	никуда	[nikudá]
niemands (bn)	ничей	[nit͡ʃéj]
iemands (bn)	чей-нибудь	[t͡ʃej-nibút^j]

zo (Ik ben ~ blij)	так	[ták]
ook (evenals)	также	[tágʒe]
alsook (eveneens)	тоже	[tóʒe]

18. Functiewoorden. Bijwoorden. Deel 2

Waarom?	Почему?	[pɔt͡ʃemú?]
om een bepaalde reden	почему-то	[pɔt͡ʃemú-tɔ]
omdat ...	потому, что ...	[pɔtɔmú, ʃtó ...]
voor een bepaald doel	зачем-то	[zat͡ʃém-tɔ]

en (vw)	и	[i]
of (vw)	или	[íli]
maar (vw)	но	[nó]
voor (vz)	для	[dl^já]

te (~ veel mensen)	слишком	[slíʃkɔm]
alleen (bw)	только	[tól^jkɔ]
precies (bw)	точно	[tót͡ʃnɔ]
ongeveer (~ 10 kg)	около	[ókɔlɔ]
omstreeks (bw)	приблизительно	[priblizítel^jnɔ]
bij benadering (bn)	приблизительный	[priblizítel^jnɨj]

bijna (bw)	почти	[pɔʧtí]
rest (de)	остальное (c)	[ɔstalʲnóe]
elk (bn)	каждый	[káჳdʲij]
om het even welk	любой	[lʲubój]
veel (grote hoeveelheid)	много	[mnógɔ]
veel mensen	многие	[mnógie]
iedereen (alle personen)	все	[fsé]
in ruil voor ...	в обмен на ...	[v ɔbmén na ...]
in ruil (bw)	взамен	[vzamén]
met de hand (bw)	вручную	[vruʧnúju]
onwaarschijnlijk (bw)	вряд ли	[vrʲát lí]
waarschijnlijk (bw)	наверное	[navérnɔe]
met opzet (bw)	нарочно	[naróʃnɔ]
toevallig (bw)	случайно	[sluʧájnɔ]
zeer (bw)	очень	[óʧenʲ]
bijvoorbeeld (bw)	например	[naprimér]
tussen (~ twee steden)	между	[méჳdu]
tussen (te midden van)	среди	[sredʲí]
zoveel (bw)	столько	[stólʲkɔ]
vooral (bw)	особенно	[ɔsóbennɔ]

Basisbegrippen Deel 2

rijk (bn)	богатый	[bɔgátij]
arm (bn)	бедный	[bédnij]
ziek (bn)	больной	[bɔlʲnój]
gezond (bn)	здоровый	[zdɔróvij]
groot (bn)	большой	[bɔlʲʃój]
klein (bn)	маленький	[málenʲkij]
snel (bw)	быстро	[bĭstrɔ]
langzaam (bw)	медленно	[médlenɔ]
snel (bn)	быстрый	[bĭstrij]
langzaam (bn)	медленный	[médlenij]
vrolijk (bn)	весёлый	[vesǿlij]
treurig (bn)	грустный	[grúsnij]
samen (bw)	вместе	[vméste]
apart (bw)	отдельно	[ɔtdélʲnɔ]
hardop (~ lezen)	вслух	[fslúh]
stil (~ lezen)	про себя	[prɔ sebʲá]
hoog (bn)	высокий	[visókij]
laag (bn)	низкий	[nískij]
diep (bn)	глубокий	[glubókij]
ondiep (bn)	мелкий	[mélkij]
ja	да	[dá]
nee	нет	[nét]
ver (bn)	далёкий	[dalǿkij]
dicht (bn)	близкий	[blískij]
ver (bw)	далеко	[dalekó]
dichtbij (bw)	рядом	[rʲádɔm]
lang (bn)	длинный	[dlínnij]
kort (bn)	короткий	[kɔrótkij]
vriendelijk (goedhartig)	добрый	[dóbrij]
kwaad (bn)	злой	[zlój]

| gehuwd (mann.) | женатый | [ʒenátij] |
| ongehuwd (mann.) | холостой | [hɔlɔstój] |

| verbieden (ww) | запретить (св, пх) | [zapretítʲ] |
| toestaan (ww) | разрешить (св, пх) | [razreʃítʲ] |

| einde (het) | конец (м) | [kɔnéʦ] |
| begin (het) | начало (с) | [naʧálɔ] |

| linker (bn) | левый | [lévij] |
| rechter (bn) | правый | [právij] |

| eerste (bn) | первый | [pérvij] |
| laatste (bn) | последний | [pɔslédnij] |

| misdaad (de) | преступление (с) | [prestuplénie] |
| bestraffing (de) | наказание (с) | [nakazánie] |

| bevelen (ww) | приказать (св, пх) | [prikazátʲ] |
| gehoorzamen (ww) | подчиниться (св, возв) | [pɔttʃinítsa] |

| recht (bn) | прямой | [prɪmój] |
| krom (bn) | кривой | [krivój] |

| paradijs (het) | рай (м) | [ráj] |
| hel (de) | ад (м) | [ád] |

| geboren worden (ww) | родиться (св, возв) | [rɔdítsa] |
| sterven (ww) | умереть (св, нпх) | [umerétʲ] |

| sterk (bn) | сильный | [sílʲnij] |
| zwak (bn) | слабый | [slábij] |

| oud (bn) | старый | [stárij] |
| jong (bn) | молодой | [mɔlɔdój] |

| oud (bn) | старый | [stárij] |
| nieuw (bn) | новый | [nóvij] |

| hard (bn) | твёрдый | [tvǿrdij] |
| zacht (bn) | мягкий | [mʲáhkij] |

| warm (bn) | тёплый | [tǿplij] |
| koud (bn) | холодный | [hɔlódnij] |

| dik (bn) | толстый | [tólstij] |
| dun (bn) | худой | [hudój] |

| smal (bn) | узкий | [úskij] |
| breed (bn) | широкий | [ʃirókij] |

| goed (bn) | хороший | [hɔróʃij] |
| slecht (bn) | плохой | [plɔhój] |

| moedig (bn) | храбрый | [hrábrij] |
| laf (bn) | трусливый | [truslívij] |

20. Dagen van de week

maandag (de)	понедельник (м)	[pɔnedélʲnik]
dinsdag (de)	вторник (м)	[ftórnik]
woensdag (de)	среда (ж)	[sredá]
donderdag (de)	четверг (м)	[tʃetvérg]
vrijdag (de)	пятница (ж)	[pʲátnitsa]
zaterdag (de)	суббота (ж)	[subóta]
zondag (de)	воскресенье (с)	[vɔskresénje]

vandaag (bw)	сегодня	[sevódnʲa]
morgen (bw)	завтра	[záftra]
overmorgen (bw)	послезавтра	[pɔslezáftra]
gisteren (bw)	вчера	[ftʃerá]
eergisteren (bw)	позавчера	[pɔzaftʃerá]

dag (de)	день (м)	[dénʲ]
werkdag (de)	рабочий день (м)	[rabótʃij dénʲ]
feestdag (de)	празник (м)	[práznik]
verlofdag (de)	выходной день (м)	[vihɔdnój dénʲ]
weekend (het)	выходные (мн)	[vihɔdnīje]

de hele dag (bw)	весь день	[vesʲ dénʲ]
de volgende dag (bw)	на следующий день	[na sléduʃij dénʲ]
twee dagen geleden	2 дня назад	[dvá dnʲá nazád]
aan de vooravond (bw)	накануне	[nakanúne]
dag-, dagelijks (bn)	ежедневный	[eʒednévnij]
elke dag (bw)	ежедневно	[eʒednévnɔ]

week (de)	неделя (ж)	[nedélʲa]
vorige week (bw)	на прошлой неделе	[na próʃlɔj nedéle]
volgende week (bw)	на следующей неделе	[na sléduʃej nedéle]
wekelijks (bn)	еженедельный	[eʒenedélʲnij]
elke week (bw)	еженедельно	[eʒenedélʲnɔ]
twee keer per week	2 раза в неделю	[dvá ráza v nedélʲu]
elke dinsdag	каждый вторник	[káʒdij ftórnik]

21. Uren. Dag en nacht

morgen (de)	утро (с)	[útrɔ]
's morgens (bw)	утром	[útrɔm]
middag (de)	полдень (м)	[póldenʲ]
's middags (bw)	после обеда	[pósle ɔbéda]

avond (de)	вечер (м)	[vétʃer]
's avonds (bw)	вечером	[vétʃerɔm]
nacht (de)	ночь (ж)	[nótʃ]
's nachts (bw)	ночью	[nótʃju]
middernacht (de)	полночь (ж)	[pólnɔtʃ]

seconde (de)	секунда (ж)	[sekúnda]
minuut (de)	минута (ж)	[minúta]
uur (het)	час (м)	[tʃás]

halfuur (het)	полчаса (мн)	[poltʃasá]
kwartier (het)	четверть (ж) часа	[tʃétvertʲ tʃása]
vijftien minuten	15 минут	[pitnátsatʲ minút]
etmaal (het)	сутки (мн)	[sútki]

zonsopgang (de)	восход (м) солнца	[vɔsxód sóntsa]
dageraad (de)	рассвет (м)	[rasvét]
vroege morgen (de)	раннее утро (с)	[ránnee útrɔ]
zonsondergang (de)	закат (м)	[zakát]

's morgens vroeg (bw)	рано утром	[ránɔ útrɔm]
vanmorgen (bw)	сегодня утром	[sevódnʲa útrɔm]
morgenochtend (bw)	завтра утром	[záftra útrɔm]

vanmiddag (bw)	сегодня днём	[sevódnʲa dnǿm]
's middags (bw)	после обеда	[pósle ɔbéda]
morgenmiddag (bw)	завтра после обеда	[záftra pósle ɔbéda]

| vanavond (bw) | сегодня вечером | [sevódnʲa vétʃerɔm] |
| morgenavond (bw) | завтра вечером | [záftra vetʃerɔm] |

klokslag drie uur	ровно в 3 часа	[róvnɔ f trí tʃasá]
ongeveer vier uur	около 4-х часов	[ókɔlɔ tʃetĭróh tʃasóf]
tegen twaalf uur	к 12-ти часам	[k dvenátsatí tʃasám]

over twintig minuten	через 20 минут	[tʃéres dvátsatʲ minút]
over een uur	через час	[tʃéres tʃás]
op tijd (bw)	вовремя	[vóvremʲa]

kwart voor …	без четверти …	[bes tʃétverti …]
binnen een uur	в течение часа	[f tetʃénie tʃása]
elk kwartier	каждые 15 минут	[káʒdie pitnátsatʲ minút]
de klok rond	круглые сутки	[krúglie sútki]

22. Maanden. Seizoenen

januari (de)	январь (м)	[jɪnvárʲ]
februari (de)	февраль (м)	[fevrálʲ]
maart (de)	март (м)	[márt]
april (de)	апрель (м)	[aprélʲ]
mei (de)	май (м)	[máj]
juni (de)	июнь (м)	[ijúnʲ]

juli (de)	июль (м)	[ijúlʲ]
augustus (de)	август (м)	[ávgust]
september (de)	сентябрь (м)	[sentʲábrʲ]
oktober (de)	октябрь (м)	[ɔktʲábrʲ]
november (de)	ноябрь (м)	[nɔjábrʲ]
december (de)	декабрь (м)	[dekábrʲ]

lente (de)	весна (ж)	[vesná]
in de lente (bw)	весной	[vesnój]
lente- (abn)	весенний	[vesénnij]
zomer (de)	лето (с)	[létɔ]

in de zomer (bw)	летом	[létɔm]
zomer-, zomers (bn)	летний	[létnij]
herfst (de)	осень (ж)	[ósenj]
in de herfst (bw)	осенью	[ósenju]
herfst- (abn)	осенний	[ɔsénnij]
winter (de)	зима (ж)	[zimá]
in de winter (bw)	зимой	[zimój]
winter- (abn)	зимний	[zímnij]
maand (de)	месяц (м)	[mésɪts]
deze maand (bw)	в этом месяце	[v ǽtɔm mésɪtse]
volgende maand (bw)	в следующем месяце	[f sléduʃem mésɪtse]
vorige maand (bw)	в прошлом месяце	[f próʃlɔm mésɪtse]
een maand geleden (bw)	месяц назад	[mésɪts nazád]
over een maand (bw)	через месяц	[tʃéres mésɪts]
over twee maanden (bw)	через 2 месяца	[tʃéres dvá mésitsa]
de hele maand (bw)	весь месяц	[vesj mésɪts]
een volle maand (bw)	целый месяц	[tsǽlij mésɪts]
maand-, maandelijks (bn)	ежемесячный	[eʒemésɪtʃnij]
maandelijks (bw)	ежемесячно	[eʒemésɪtʃnɔ]
elke maand (bw)	каждый месяц	[káʒdij mésɪts]
twee keer per maand	2 раза в месяц	[dvá ráza v mésɪts]
jaar (het)	год (м)	[gód]
dit jaar (bw)	в этом году	[v ǽtɔm gɔdú]
volgend jaar (bw)	в следующем году	[f sléduʃem gɔdú]
vorig jaar (bw)	в прошлом году	[f próʃlɔm gɔdú]
een jaar geleden (bw)	год назад	[gót nazád]
over een jaar	через год	[tʃéres gód]
over twee jaar	через 2 года	[tʃéres dvá góda]
het hele jaar	весь год	[vesj gód]
een vol jaar	целый год	[tsǽlij gód]
elk jaar	каждый год	[káʒdij gód]
jaar-, jaarlijks (bn)	ежегодный	[eʒegódnij]
jaarlijks (bw)	ежегодно	[eʒegódnɔ]
4 keer per jaar	4 раза в год	[tʃetīre ráza v gód]
datum (de)	число (с)	[tʃisló]
datum (de)	дата (ж)	[dáta]
kalender (de)	календарь (м)	[kalendárj]
een half jaar	полгода	[pɔlgóda]
zes maanden	полугодие (с)	[polugódie]
seizoen (bijv. lente, zomer)	сезон (м)	[sezón]
eeuw (de)	век (м)	[vék]

23. Tijd. Diversen

tijd (de)	время (с)	[vrémja]
ogenblik (het)	миг (м)	[míg]

moment (het)	мгновение (c)	[mgnɔvénie]
ogenblikkelijk (bn)	мгновенный	[mgnɔvénnij]
tijdsbestek (het)	отрезок (м)	[ɔtrézɔk]
leven (het)	жизнь (ж)	[ʒīznʲ]
eeuwigheid (de)	вечность (ж)	[vétʃnɔstʲ]

epoche (de), tijdperk (het)	эпоха (ж)	[ɛpóha]
era (de), tijdperk (het)	эра (ж)	[ǽra]
cyclus (de)	цикл (м)	[tsīkl]
periode (de)	период (м)	[períud]
termijn (vastgestelde periode)	срок (м)	[srók]

toekomst (de)	будущее (c)	[búduʃee]
toekomstig (bn)	будущий	[búduʃij]
de volgende keer	в следующий раз	[f sléduʃij rás]
verleden (het)	прошлое (c)	[próʃlɔe]
vorig (bn)	прошлый	[próʃlij]
de vorige keer	в прошлый раз	[f próʃlij rás]

later (bw)	позже	[póʒʒe]
na (~ het diner)	после	[pósle]
tegenwoordig (bw)	теперь	[tepérʲ]
nu (bw)	сейчас	[sejtʃás]
onmiddellijk (bw)	немедленно	[nemédlenɔ]
snel (bw)	скоро	[skórɔ]
bij voorbaat (bw)	заранее	[zaránee]

lang geleden (bw)	давно	[davnó]
kort geleden (bw)	недавно	[nedávnɔ]
noodlot (het)	судьба (ж)	[sutʲbá]
herinneringen (mv.)	память (ж)	[pámɪtʲ]
archief (het)	архив (м)	[arhíf]
tijdens ... (ten tijde van)	во время ...	[vɔ vrémʲa ...]
lang (bw)	долго	[dólgɔ]
niet lang (bw)	недолго	[nedólgɔ]
vroeg (bijv. ~ in de ochtend)	рано	[ránɔ]
laat (bw)	поздно	[póznɔ]

voor altijd (bw)	навсегда	[nafsegdá]
beginnen (ww)	начинать (нсв, пх)	[natʃinátʲ]
uitstellen (ww)	перенести (св, пх)	[perenestí]

tegelijkertijd (bw)	одновременно	[ɔdnɔvreménnɔ]
voortdurend (bw)	постоянно	[pɔstɔjánnɔ]
voortdurend	постоянный	[pɔstɔjánnij]
tijdelijk (bn)	временный	[vrémennij]
soms (bw)	иногда	[inɔgdá]
zelden (bw)	редко	[rétkɔ]
vaak (bw)	часто	[tʃástɔ]

24. Lijnen en vormen

vierkant (het)	квадрат (м)	[kvadrát]
vierkant (bn)	квадратный	[kvadrátnij]

cirkel (de)	круг (м)	[krúg]
rond (bn)	круглый	[krúglij]
driehoek (de)	треугольник (м)	[treugólʲnik]
driehoekig (bn)	треугольный	[treugólʲnij]

ovaal (het)	овал (м)	[ɔvál]
ovaal (bn)	овальный	[ɔválʲnij]
rechthoek (de)	прямоугольник (м)	[prɪmɔugólʲnik]
rechthoekig (bn)	прямоугольный	[prɪmɔugólʲnij]

piramide (de)	пирамида (ж)	[piramída]
ruit (de)	ромб (м)	[rómp]
trapezium (het)	трапеция (ж)	[trapétsija]
kubus (de)	куб (м)	[kúb]
prisma (het)	призма (ж)	[prízma]

omtrek (de)	окружность (ж)	[ɔkrúʒnɔstʲ]
bol, sfeer (de)	сфера (ж)	[sféra]
bal (de)	шар (м)	[ʃár]
diameter (de)	диаметр (м)	[diámetr]
straal (de)	радиус (м)	[rádius]
omtrek (~ van een cirkel)	периметр (м)	[perímetr]
middelpunt (het)	центр (м)	[tsǽntr]

horizontaal (bn)	горизонтальный	[gɔrizɔntálʲnij]
verticaal (bn)	вертикальный	[vertikálʲnij]
parallel (de)	параллель (ж)	[paralélʲ]
parallel (bn)	параллельный	[paralélʲnij]

lijn (de)	линия (ж)	[línija]
streep (de)	черта (ж)	[tʃertá]
rechte lijn (de)	прямая (ж)	[prɪmája]
kromme (de)	кривая (ж)	[krivája]
dun (bn)	тонкий	[tónkij]
omlijning (de)	контур (м)	[kóntur]

snijpunt (het)	пересечение (с)	[peresetʃénie]
rechte hoek (de)	прямой угол (м)	[prɪmój úgɔl]
segment (het)	сегмент (м)	[segmént]
sector (de)	сектор (м)	[séktɔr]
zijde (de)	сторона (ж)	[stɔrɔná]
hoek (de)	угол (м)	[úgɔl]

25. Meeteenheden

gewicht (het)	вес (м)	[vés]
lengte (de)	длина (ж)	[dliná]
breedte (de)	ширина (ж)	[ʃiriná]
hoogte (de)	высота (ж)	[visɔtá]
diepte (de)	глубина (ж)	[glubiná]
volume (het)	объём (м)	[ɔbjóm]
oppervlakte (de)	площадь (ж)	[plóʃatʲ]
gram (het)	грамм (м)	[grám]
milligram (het)	миллиграмм (м)	[miligrám]

kilogram (het)	килограмм (м)	[kiləgrám]
ton (duizend kilo)	тонна (ж)	[tónna]
pond (het)	фунт (м)	[fúnt]
ons (het)	унция (ж)	[úntsija]

meter (de)	метр (м)	[métr]
millimeter (de)	миллиметр (м)	[milimétr]
centimeter (de)	сантиметр (м)	[santimétr]
kilometer (de)	километр (м)	[kiləmétr]
mijl (de)	миля (ж)	[mílʲa]

duim (de)	дюйм (м)	[dʲújm]
voet (de)	фут (м)	[fút]
yard (de)	ярд (м)	[járd]

vierkante meter (de)	квадратный метр (м)	[kvadrátnij métr]
hectare (de)	гектар (м)	[gektár]

liter (de)	литр (м)	[lítr]
graad (de)	градус (м)	[grádus]
volt (de)	вольт (м)	[vólʲt]
ampère (de)	ампер (м)	[ampér]
paardenkracht (de)	лошадиная сила (ж)	[ləʃidínaja síla]

hoeveelheid (de)	количество (с)	[kəlítʃestvə]
een beetje ...	немного ...	[nemnógə ...]
helft (de)	половина (ж)	[pələvína]
dozijn (het)	дюжина (ж)	[dʲúʒina]
stuk (het)	штука (ж)	[ʃtúka]

afmeting (de)	размер (м)	[razmér]
schaal (bijv. ~ van 1 op 50)	масштаб (м)	[maʃtáb]

minimaal (bn)	минимальный	[minimálʲnij]
minste (bn)	наименьший	[naiménʲʃij]
medium (bn)	средний	[srédnij]
maximaal (bn)	максимальный	[maksimálʲnij]
grootste (bn)	наибольший	[naibólʲʃij]

26. Containers

glazen pot (de)	банка (ж)	[bánka]
blik (conserven~)	банка (ж)	[bánka]
emmer (de)	ведро (с)	[vedró]
ton (bijv. regenton)	бочка (ж)	[bótʃka]

ronde waterbak (de)	таз (м)	[tás]
tank (bijv. watertank-70-ltr)	бак (м)	[bák]
heupfles (de)	фляжка (ж)	[flʲáʃka]
jerrycan (de)	канистра (ж)	[kanístra]
tank (bijv. ketelwagen)	цистерна (ж)	[tsistǽrna]

beker (de)	кружка (ж)	[krúʃka]
kopje (het)	чашка (ж)	[tʃáʃka]

schoteltje (het)	блюдце (с)	[blʲútse]
glas (het)	стакан (м)	[stakán]
wijnglas (het)	бокал (м)	[bɔkál]
pan (de)	кастрюля (ж)	[kastrʲúlʲa]
fles (de)	бутылка (ж)	[butĩlka]
flessenhals (de)	горлышко (с)	[górlïʃkɔ]
karaf (de)	графин (м)	[grafín]
kruik (de)	кувшин (м)	[kufʃĩn]
vat (het)	сосуд (м)	[sɔsúd]
pot (de)	горшок (м)	[gɔrʃók]
vaas (de)	ваза (ж)	[váza]
flacon (de)	флакон (м)	[flakón]
flesje (het)	пузырёк (м)	[puzirǿk]
tube (bijv. ~ tandpasta)	тюбик (м)	[tʲúbik]
zak (bijv. ~ aardappelen)	мешок (м)	[meʃók]
tasje (het)	пакет (м)	[pakét]
pakje (~ sigaretten, enz.)	пачка (ж)	[pátʃka]
doos (de)	коробка (ж)	[kɔrópka]
kist (de)	ящик (м)	[jáʃik]
mand (de)	корзина (ж)	[kɔrzína]

27. Materialen

materiaal (het)	материал (м)	[materjál]
hout (het)	дерево (с)	[dérevɔ]
houten (bn)	деревянный	[derevʲánnij]
glas (het)	стекло (с)	[steklɔ́]
glazen (bn)	стеклянный	[steklʲánnij]
steen (de)	камень (м)	[kámenʲ]
stenen (bn)	каменный	[kámennij]
plastic (het)	пластик (м)	[plástik]
plastic (bn)	пластмассовый	[plastmásɔvij]
rubber (het)	резина (ж)	[rezína]
rubber-, rubberen (bn)	резиновый	[rezínɔvij]
stof (de)	ткань (ж)	[tkánʲ]
van stof (bn)	из ткани	[is tkáni]
papier (het)	бумага (ж)	[bumága]
papieren (bn)	бумажный	[bumáʒnij]
karton (het)	картон (м)	[kartón]
kartonnen (bn)	картонный	[kartónnij]
polyethyleen (het)	полиэтилен (м)	[pɔliɛtilén]
cellofaan (het)	целлофан (м)	[tsɛlɔfán]

multiplex (het)	фанера (ж)	[fanéra]
porselein (het)	фарфор (м)	[farfór]
porseleinen (bn)	фарфоровый	[farfórɔvij]
klei (de)	глина (ж)	[glína]
klei-, van klei (bn)	глиняный	[glínɪnij]
keramiek (de)	керамика (ж)	[kerámika]
keramieken (bn)	керамический	[keramítʃeskij]

28. Metalen

metaal (het)	металл (м)	[metál]
metalen (bn)	металлический	[metalítʃeskij]
legering (de)	сплав (м)	[spláf]

goud (het)	золото (с)	[zólɔtɔ]
gouden (bn)	золотой	[zɔlɔtój]
zilver (het)	серебро (с)	[serebró]
zilveren (bn)	серебряный	[serébrɪnij]

ijzer (het)	железо (с)	[ʒelézɔ]
ijzeren	железный	[ʒeléznij]
staal (het)	сталь (ж)	[stálʲ]
stalen (bn)	стальной	[stalʲnój]
koper (het)	медь (ж)	[métʲ]
koperen (bn)	медный	[médnij]

aluminium (het)	алюминий (м)	[alʲumínij]
aluminium (bn)	алюминиевый	[alʲumínievij]
brons (het)	бронза (ж)	[brónza]
bronzen (bn)	бронзовый	[brónzɔvij]

messing (het)	латунь (ж)	[latúnʲ]
nikkel (het)	никель (м)	[níkelʲ]
platina (het)	платина (ж)	[plátina]
kwik (het)	ртуть (ж)	[rtútʲ]
tin (het)	олово (с)	[ólɔvɔ]
lood (het)	свинец (м)	[svinéts]
zink (het)	цинк (м)	[tsīnk]

MENS

Mens. Het lichaam

mens (de)	человек (м)	[tʃelɔvék]
man (de)	мужчина (м)	[muʃína]
vrouw (de)	женщина (ж)	[ʒǽnʃina]
kind (het)	ребёнок (м)	[rebɵ́nɔk]
meisje (het)	девочка (ж)	[dévɔtʃka]
jongen (de)	мальчик (м)	[mál'tʃik]
tiener, adolescent (de)	подросток (м)	[pɔdróstɔk]
oude man (de)	старик (м)	[starík]
oude vrouw (de)	старая женщина (ж)	[stáraja ʒǽnʃina]

organisme (het)	организм (м)	[ɔrganízm]
hart (het)	сердце (с)	[sértse]
bloed (het)	кровь (ж)	[króf']
slagader (de)	артерия (ж)	[artǽrija]
ader (de)	вена (ж)	[véna]
hersenen (mv.)	мозг (м)	[mósg]
zenuw (de)	нерв (м)	[nérf]
zenuwen (mv.)	нервы (мн)	[nérvi]
wervel (de)	позвонок (м)	[pɔzvɔnók]
ruggengraat (de)	позвоночник (м)	[pɔzvɔnótʃnik]
maag (de)	желудок (м)	[ʒelúdɔk]
darmen (mv.)	кишечник (м)	[kiʃǽtʃnik]
darm (de)	кишка (ж)	[kiʃká]
lever (de)	печень (ж)	[pétʃen']
nier (de)	почка (ж)	[pótʃka]
been (deel van het skelet)	кость (ж)	[kóst']
skelet (het)	скелет (м)	[skelét]
rib (de)	ребро (с)	[rebró]
schedel (de)	череп (м)	[tʃérep]
spier (de)	мышца (ж)	[mī́ʃtsa]
biceps (de)	бицепс (м)	[bítsɛps]
triceps (de)	трицепс (м)	[trítsɛps]
pees (de)	сухожилие (с)	[suhɔʒílie]
gewricht (het)	сустав (м)	[sustáf]

longen (mv.)	лёгкие (мн)	[lǿhkie]
geslachtsorganen (mv.)	половые органы (мн)	[polovīe órgani]
huid (de)	кожа (ж)	[kóȝa]

31. Hoofd

hoofd (het)	голова (ж)	[golová]
gezicht (het)	лицо (с)	[litsó]
neus (de)	нос (м)	[nós]
mond (de)	рот (м)	[rót]

oog (het)	глаз (м)	[glás]
ogen (mv.)	глаза (мн)	[glazá]
pupil (de)	зрачок (м)	[zratʃók]
wenkbrauw (de)	бровь (ж)	[brófʲ]
wimper (de)	ресница (ж)	[resnítsa]
ooglid (het)	веко (с)	[véko]

tong (de)	язык (м)	[jızīk]
tand (de)	зуб (м)	[zúb]
lippen (mv.)	губы (мн)	[gúbi]
jukbeenderen (mv.)	скулы (мн)	[skúli]
tandvlees (het)	десна (ж)	[desná]
gehemelte (het)	нёбо (с)	[nǿbo]

neusgaten (mv.)	ноздри (мн)	[nózdri]
kin (de)	подбородок (м)	[podboródok]
kaak (de)	челюсть (ж)	[tʃélʲustʲ]
wang (de)	щека (ж)	[ʃeká]

voorhoofd (het)	лоб (м)	[lób]
slaap (de)	висок (м)	[visók]
oor (het)	ухо (с)	[úho]
achterhoofd (het)	затылок (м)	[zatīlok]
hals (de)	шея (ж)	[ʃǽja]
keel (de)	горло (с)	[górlo]

haren (mv.)	волосы (мн)	[vólosi]
kapsel (het)	причёска (ж)	[pritʃóska]
haarsnit (de)	стрижка (ж)	[stríʃka]
pruik (de)	парик (м)	[parík]

snor (de)	усы (м мн)	[usī]
baard (de)	борода (ж)	[borodá]
dragen (een baard, enz.)	носить (нсв, пх)	[nosítʲ]
vlecht (de)	коса (ж)	[kosá]
bakkebaarden (mv.)	бакенбарды (мн)	[bakenbárdi]

ros (roodachtig, rossig)	рыжий	[rīȝij]
grijs (~ haar)	седой	[sedój]
kaal (bn)	лысый	[līsij]
kale plek (de)	лысина (ж)	[līsina]
paardenstaart (de)	хвост (м)	[hvóst]
pony (de)	чёлка (ж)	[tʃólka]

32. Menselijk lichaam

hand (de)	кисть (ж)	[kístʲ]
arm (de)	рука (ж)	[ruká]
vinger (de)	палец (м)	[páleʦ]
duim (de)	большой палец (м)	[bɔlʲʃój páleʦ]
pink (de)	мизинец (м)	[mizíneʦ]
nagel (de)	ноготь (м)	[nógotʲ]
vuist (de)	кулак (м)	[kulák]
handpalm (de)	ладонь (ж)	[ladónʲ]
pols (de)	запястье (с)	[zapʲástje]
voorarm (de)	предплечье (с)	[pretplétʃje]
elleboog (de)	локоть (м)	[lókotʲ]
schouder (de)	плечо (с)	[pletʃó]
been (rechter ~)	нога (ж)	[nɔgá]
voet (de)	ступня (ж)	[stupnʲá]
knie (de)	колено (с)	[kɔlénɔ]
kuit (de)	икра (ж)	[ikrá]
heup (de)	бедро (с)	[bedró]
hiel (de)	пятка (ж)	[pʲátka]
lichaam (het)	тело (с)	[télɔ]
buik (de)	живот (м)	[ʒivót]
borst (de)	грудь (ж)	[grútʲ]
borst (de)	грудь (ж)	[grútʲ]
zijde (de)	бок (м)	[bók]
rug (de)	спина (ж)	[spiná]
lage rug (de)	поясница (ж)	[pɔjisníʦa]
taille (de)	талия (ж)	[tálija]
navel (de)	пупок (м)	[pupók]
billen (mv.)	ягодицы (мн)	[jágɔdiʦɨ]
achterwerk (het)	зад (м)	[zád]
huidvlek (de)	родинка (ж)	[ródinka]
moedervlek (de)	родимое пятно (с)	[rɔdímɔe pɪtnó]
tatoeage (de)	татуировка (ж)	[tatuirófka]
litteken (het)	шрам (м)	[ʃrám]

Kleding en accessoires

33. Bovenkleding. Jassen

kleren (mv.)	одежда (ж)	[ɔdéʒda]
bovenkleding (de)	верхняя одежда (ж)	[vérhnʲaja ɔdéʒda]
winterkleding (de)	зимняя одежда (ж)	[zímnʲaja ɔdéʒda]
jas (de)	пальто (с)	[palʲtó]
bontjas (de)	шуба (ж)	[ʃúba]
bontjasje (het)	полушубок (м)	[pɔluʃúbɔk]
donzen jas (de)	пуховик (м)	[puhɔvík]
jasje (bijv. een leren ~)	куртка (ж)	[kúrtka]
regenjas (de)	плащ (м)	[pláʃ]
waterdicht (bn)	непромокаемый	[neprɔmɔkáemij]

34. Heren & dames kleding

overhemd (het)	рубашка (ж)	[rubáʃka]
broek (de)	брюки (мн)	[brʲúki]
jeans (de)	джинсы (мн)	[dʒīnsi]
colbert (de)	пиджак (м)	[pidʒák]
kostuum (het)	костюм (м)	[kɔstʲúm]
jurk (de)	платье (с)	[plátje]
rok (de)	юбка (ж)	[júpka]
blouse (de)	блузка (ж)	[blúska]
wollen vest (de)	кофта (ж)	[kófta]
blazer (kort jasje)	жакет (м)	[ʒakét]
T-shirt (het)	футболка (ж)	[futbólka]
shorts (mv.)	шорты (мн)	[ʃórti]
trainingspak (het)	спортивный костюм (м)	[spɔrtívnij kɔstʲúm]
badjas (de)	халат (м)	[halát]
pyjama (de)	пижама (ж)	[piʒáma]
sweater (de)	свитер (м)	[svítɛr]
pullover (de)	пуловер (м)	[pulóver]
gilet (het)	жилет (м)	[ʒilét]
rokkostuum (het)	фрак (м)	[frák]
smoking (de)	смокинг (м)	[smóking]
uniform (het)	форма (ж)	[fórma]
werkkleding (de)	рабочая одежда (ж)	[rabótʃaja ɔdéʒda]
overall (de)	комбинезон (м)	[kɔmbinezón]
doktersjas (de)	халат (м)	[halát]

35. Kleding. Ondergoed

ondergoed (het)	бельё (с)	[beljó]
herenslip (de)	трусы (м)	[trusí]
slipjes (mv.)	бельё (с)	[beljó]
onderhemd (het)	майка (ж)	[májka]
sokken (mv.)	носки (мн)	[nɔskí]
nachthemd (het)	ночная рубашка (ж)	[nɔʧnája rubáʃka]
beha (de)	бюстгальтер (м)	[bʲusgálʲter]
kniekousen (mv.)	гольфы (мн)	[gólʲfi]
panty (de)	колготки (мн)	[kɔlgótki]
nylonkousen (mv.)	чулки (мн)	[ʧʲulkí]
badpak (het)	купальник (м)	[kupálʲnik]

36. Hoofddeksels

hoed (de)	шапка (ж)	[ʃápka]
deukhoed (de)	шляпа (ж)	[ʃlʲápa]
honkbalpet (de)	бейсболка (ж)	[bejzbólka]
kleppet (de)	кепка (ж)	[képka]
baret (de)	берет (м)	[berét]
kap (de)	капюшон (м)	[kapʲuʃón]
panamahoed (de)	панамка (ж)	[panámka]
gebreide muts (de)	вязаная шапочка (ж)	[vʲázanaja ʃápɔʧka]
hoofddoek (de)	платок (м)	[platók]
dameshoed (de)	шляпка (ж)	[ʃlʲápka]
veiligheidshelm (de)	каска (ж)	[káska]
veldmuts (de)	пилотка (ж)	[pilótka]
helm, valhelm (de)	шлем (м)	[ʃlém]
bolhoed (de)	котелок (м)	[kɔtelók]
hoge hoed (de)	цилиндр (м)	[tsilíndr]

37. Schoeisel

schoeisel (het)	обувь (ж)	[óbufʲ]
schoenen (mv.)	ботинки (мн)	[botínki]
vrouwenschoenen (mv.)	туфли (мн)	[túfli]
laarzen (mv.)	сапоги (мн)	[sapɔgí]
pantoffels (mv.)	тапочки (мн)	[tápɔʧki]
sportschoenen (mv.)	кроссовки (мн)	[krɔsófki]
sneakers (mv.)	кеды (мн)	[kédi]
sandalen (mv.)	сандалии (мн)	[sandálii]
schoenlapper (de)	сапожник (м)	[sapóʒnik]
hiel (de)	каблук (м)	[kablúk]

paar (een ~ schoenen)	пара (ж)	[pára]
veter (de)	шнурок (м)	[ʃnurók]
rijgen (schoenen ~)	шнуровать (нсв, пх)	[ʃnurɔvátʲ]
schoenlepel (de)	рожок (м)	[rɔʒók]
schoensmeer (de/het)	крем (м) для обуви	[krém dlʲa óbuvi]

38. Textiel. Weefsel

katoen (de/het)	хлопок (м)	[hlópɔk]
katoenen (bn)	из хлопка	[is hlópka]
vlas (het)	лён (м)	[lǿn]
vlas-, van vlas (bn)	из льна	[iz lʲná]
zijde (de)	шёлк (м)	[ʃólk]
zijden (bn)	шёлковый	[ʃólkɔvij]
wol (de)	шерсть (ж)	[ʃǽrstʲ]
wollen (bn)	шерстяной	[ʃɛrstɪnój]
fluweel (het)	бархат (м)	[bárhat]
suède (de)	замша (ж)	[zámʃa]
ribfluweel (het)	вельвет (м)	[velʲvét]
nylon (de/het)	нейлон (м)	[nejlón]
nylon-, van nylon (bn)	из нейлона	[iz nejlóna]
polyester (het)	полиэстер (м)	[pɔliǽstɛr]
polyester- (abn)	полиэстровый	[pɔliǽstrɔvij]
leer (het)	кожа (ж)	[kóʒa]
leren (van leer gemaak)	из кожи	[is kóʒi]
bont (het)	мех (м)	[méh]
bont- (abn)	меховой	[mehɔvój]

39. Persoonlijke accessoires

handschoenen (mv.)	перчатки (ж мн)	[perʧátki]
wanten (mv)	варежки (ж мн)	[váreʃki]
sjaal (fleece ~)	шарф (м)	[ʃárf]
bril (de)	очки (мн)	[ɔʧkí]
brilmontuur (het)	оправа (ж)	[ɔpráva]
paraplu (de)	зонт (м)	[zónt]
wandelstok (de)	трость (ж)	[tróstʲ]
haarborstel (de)	щётка (ж) для волос	[ʃʲǿtka dlʲa vɔlós]
waaier (de)	веер (м)	[véer]
das (de)	галстук (м)	[gálstuk]
strikje (het)	галстук-бабочка (м)	[gálstuk-bábɔʧka]
bretels (mv.)	подтяжки (мн)	[pottʲáʃki]
zakdoek (de)	носовой платок (м)	[nɔsɔvój platók]
kam (de)	расчёска (ж)	[raʃǿska]
haarspeldje (het)	заколка (ж)	[zakólka]

| schuifspeldje (het) | шпилька (ж) | [ʃpílʲka] |
| gesp (de) | пряжка (ж) | [prʲáʃka] |

| broekriem (de) | пояс (м) | [pójas] |
| draagriem (de) | ремень (м) | [reménʲ] |

handtas (de)	сумка (ж)	[súmka]
damestas (de)	сумочка (ж)	[súmɔtʃka]
rugzak (de)	рюкзак (м)	[rʲukzák]

40. Kleding. Diversen

mode (de)	мода (ж)	[móda]
de mode (bn)	модный	[módnij]
kledingstilist (de)	модельер (м)	[mɔdɛljér]

kraag (de)	воротник (м)	[vɔrɔtník]
zak (de)	карман (м)	[karmán]
zak- (abn)	карманный	[karmánnij]
mouw (de)	рукав (м)	[rukáf]
lusje (het)	вешалка (ж)	[véʃəlka]
gulp (de)	ширинка (ж)	[ʃirínka]

rits (de)	молния (ж)	[mólnija]
sluiting (de)	застёжка (ж)	[zastʲóʃka]
knoop (de)	пуговица (ж)	[púgɔvitsa]
knoopsgat (het)	петля (ж)	[petlʲá]
losraken (bijv. knopen)	оторваться (св, возв)	[ɔtɔrvátsa]

naaien (kleren, enz.)	шить (нсв, н/пх)	[ʃitʲ]
borduren (ww)	вышивать (нсв, н/пх)	[viʃivátʲ]
borduursel (het)	вышивка (ж)	[víʃifka]
naald (de)	иголка (ж)	[igólka]
draad (de)	нитка (ж)	[nítka]
naad (de)	шов (м)	[ʃóf]

vies worden (ww)	испачкаться (св, возв)	[ispátʃkatsa]
vlek (de)	пятно (с)	[pitnó]
gekreukt raken (ov. kleren)	помяться (нсв, возв)	[pomʲátsa]
scheuren (ov.ww.)	порвать (св, пх)	[pɔrvátʲ]
mot (de)	моль (м)	[mólʲ]

41. Persoonlijke verzorging. Schoonheidsmiddelen

tandpasta (de)	зубная паста (ж)	[zubnája pásta]
tandenborstel (de)	зубная щётка (ж)	[zubnája ʃótka]
tanden poetsen (ww)	чистить зубы	[tʃístitʲ zúbɨ]

scheermes (het)	бритва (ж)	[brítva]
scheerschuim (het)	крем (м) для бритья	[krém dlʲa britjá]
zich scheren (ww)	бриться (нсв, возв)	[brítsa]
zeep (de)	мыло (с)	[mɨ́lɔ]

shampoo (de)	шампунь (м)	[ʃampún]
schaar (de)	ножницы (мн)	[nóʒnitsi]
nagelvijl (de)	пилочка (ж) для ногтей	[pílɔtʃka dlʲa nɔktéj]
nagelknipper (de)	щипчики (мн)	[ʃʲíptʃiki]
pincet (het)	пинцет (м)	[pintsæt]

cosmetica (mv.)	косметика (ж)	[kɔsmétika]
masker (het)	маска (ж)	[máska]
manicure (de)	маникюр (м)	[manikʲúr]
manicure doen	делать маникюр	[délatʲ manikʲúr]
pedicure (de)	педикюр (м)	[pedikʲúr]

cosmetica tasje (het)	косметичка (ж)	[kɔsmetítʃka]
poeder (de/het)	пудра (ж)	[púdra]
poederdoos (de)	пудреница (ж)	[púdrenitsa]
rouge (de)	румяна (ж)	[rumʲána]

parfum (de/het)	духи (мн)	[duhí]
eau de toilet (de)	туалетная вода (ж)	[tualétnaja vɔdá]
lotion (de)	лосьон (м)	[lɔsjón]
eau de cologne (de)	одеколон (м)	[ɔdekɔlón]

oogschaduw (de)	тени (мн) для век	[téni dlʲa vék]
oogpotlood (het)	карандаш (м) для глаз	[karandáʃ dlʲa glás]
mascara (de)	тушь (ж)	[túʃ]

lippenstift (de)	губная помада (ж)	[gubnája pɔmáda]
nagellak (de)	лак (м) для ногтей	[lák dlʲa nɔktéj]
haarlak (de)	лак (м) для волос	[lák dlʲa vɔlós]
deodorant (de)	дезодорант (м)	[dezɔdɔránt]

crème (de)	крем (м)	[krém]
gezichtscrème (de)	крем (м) для лица	[krém dlʲa litsá]
handcrème (de)	крем (м) для рук	[krém dlʲa rúk]
antirimpelcrème (de)	крем (м) против морщин	[krém prótif mɔrʃín]
dagcrème (de)	дневной крем (м)	[dnevnój krém]
nachtcrème (de)	ночной крем (м)	[nɔtʃnój krém]
dag- (abn)	дневной	[dnevnój]
nacht- (abn)	ночной	[nɔtʃnój]

tampon (de)	тампон (м)	[tampón]
toiletpapier (het)	туалетная бумага (ж)	[tualétnaja bumága]
föhn (de)	фен (м)	[fén]

42. Juwelen

sieraden (mv.)	драгоценности (мн)	[dragɔtsǽnnɔsti]
edel (bijv. ~ stenen)	драгоценный	[dragɔtsǽnnij]
keurmerk (het)	проба (ж)	[próba]

ring (de)	кольцо (с)	[kɔlʲtsó]
trouwring (de)	обручальное кольцо (с)	[ɔbrutʃálʲnɔe kɔlʲtsó]
armband (de)	браслет (м)	[braslét]
oorringen (mv.)	серьги (мн)	[sérʲgi]

halssnoer (het)	ожерелье (c)	[ɔʒerélje]
kroon (de)	корона (ж)	[kɔróna]
kralen snoer (het)	бусы (мн)	[búsi]

diamant (de)	бриллиант (м)	[briljánt]
smaragd (de)	изумруд (м)	[izumrúd]
robijn (de)	рубин (м)	[rubín]
saffier (de)	сапфир (м)	[sapfír]
parel (de)	жемчуг (м)	[ʒǽmtʃʹug]
barnsteen (de)	янтарь (м)	[jɪntárʲ]

43. Horloges. Klokken

polshorloge (het)	часы (мн)	[tʃasɪ̄]
wijzerplaat (de)	циферблат (м)	[tsiferblát]
wijzer (de)	стрелка (ж)	[strélka]
metalen horlogeband (de)	браслет (м)	[braslét]
horlogebandje (het)	ремешок (м)	[remeʃók]

batterij (de)	батарейка (ж)	[bataréjka]
leeg zijn (ww)	сесть (св, нпх)	[séstʲ]
batterij vervangen	поменять батарейку	[pɔmenʲátʲ bataréjku]
voorlopen (ww)	спешить (нсв, нпх)	[speʃítʲ]
achterlopen (ww)	отставать (нсв, нпх)	[ɔtstavátʲ]

wandklok (de)	настенные часы (мн)	[nasténnie tʃasɪ̄]
zandloper (de)	песочные часы (мн)	[pesótʃnie tʃasɪ̄]
zonnewijzer (de)	солнечные часы (мн)	[sólnetʃnie tʃasɪ̄]
wekker (de)	будильник (м)	[budílʲnik]
horlogemaker (de)	часовщик (м)	[tʃasɔfʃʹík]
repareren (ww)	ремонтировать (нсв, пх)	[remɔntírɔvatʲ]

Voedsel. Voeding

44. Voedsel

vlees (het)	мясо (с)	[mʲásɔ]
kip (de)	курица (ж)	[kúritsa]
kuiken (het)	цыплёнок (м)	[tsiplǿnɔk]
eend (de)	утка (ж)	[útka]
gans (de)	гусь (м)	[gúsʲ]
wild (het)	дичь (ж)	[dítʃʲ]
kalkoen (de)	индейка (ж)	[indéjka]
varkensvlees (het)	свинина (ж)	[svinína]
kalfsvlees (het)	телятина (ж)	[telʲátina]
schapenvlees (het)	баранина (ж)	[baránina]
rundvlees (het)	говядина (ж)	[gɔvʲádina]
konijnenvlees (het)	кролик (м)	[królik]
worst (de)	колбаса (ж)	[kɔlbasá]
saucijs (de)	сосиска (ж)	[sɔsíska]
spek (het)	бекон (м)	[bekón]
ham (de)	ветчина (ж)	[vettʃiná]
gerookte achterham (de)	окорок (м)	[ókɔrɔk]
paté (de)	паштет (м)	[paʃtét]
lever (de)	печень (ж)	[pétʃenʲ]
gehakt (het)	фарш (м)	[fárʃ]
tong (de)	язык (м)	[jizík]
ei (het)	яйцо (с)	[jijtsó]
eieren (mv.)	яйца (мн)	[jájtsa]
eiwit (het)	белок (м)	[belók]
eigeel (het)	желток (м)	[ʒeltók]
vis (de)	рыба (ж)	[rība]
zeevruchten (mv.)	морепродукты (мн)	[mɔre·prɔdúkti]
schaaldieren (mv.)	ракообразные (мн)	[rakɔɔbráznie]
kaviaar (de)	икра (ж)	[ikrá]
krab (de)	краб (м)	[kráb]
garnaal (de)	креветка (ж)	[krevétka]
oester (de)	устрица (ж)	[ústritsa]
langoest (de)	лангуст (м)	[langúst]
octopus (de)	осьминог (м)	[ɔsʲminóg]
inktvis (de)	кальмар (м)	[kalʲmár]
steur (de)	осетрина (ж)	[ɔsetrína]
zalm (de)	лосось (м)	[lɔsósʲ]
heilbot (de)	палтус (м)	[páltus]
kabeljauw (de)	треска (ж)	[treská]

makreel (de)	скумбрия (ж)	[skúmbrija]
tonijn (de)	тунец (м)	[tunéts]
paling (de)	угорь (м)	[úgorʲ]
forel (de)	форель (ж)	[forǽlʲ]
sardine (de)	сардина (ж)	[sardína]
snoek (de)	щука (ж)	[ʃúka]
haring (de)	сельдь (ж)	[sélʲtʲ]
brood (het)	хлеб (м)	[hléb]
kaas (de)	сыр (м)	[sīr]
suiker (de)	сахар (м)	[sáhar]
zout (het)	соль (ж)	[sólʲ]
rijst (de)	рис (м)	[rís]
pasta (de)	макароны (мн)	[makaróni]
noedels (mv.)	лапша (ж)	[lapʃá]
boter (de)	сливочное масло (с)	[slívotʃnoe máslo]
plantaardige olie (de)	растительное масло (с)	[rastítelʲnoe máslo]
zonnebloemolie (de)	подсолнечное масло (с)	[potsólnetʃnoe máslo]
margarine (de)	маргарин (м)	[margarín]
olijven (mv.)	оливки (мн)	[olífki]
olijfolie (de)	оливковое масло (с)	[olífkovoe máslo]
melk (de)	молоко (с)	[molokó]
gecondenseerde melk (de)	сгущённое молоко (с)	[sguʃǿnoe molokó]
yoghurt (de)	йогурт (м)	[jógurt]
zure room (de)	сметана (ж)	[smetána]
room (de)	сливки (мн)	[slífki]
mayonaise (de)	майонез (м)	[majinǽs]
crème (de)	крем (м)	[krém]
graan (het)	крупа (ж)	[krupá]
meel (het), bloem (de)	мука (ж)	[muká]
conserven (mv.)	консервы (мн)	[konsérvi]
maïsvlokken (mv.)	кукурузные хлопья (мн)	[kukurúznie hlópja]
honing (de)	мёд (м)	[mǿd]
jam (de)	джем, конфитюр (м)	[dʒǽm], [konfitʲúr]
kauwgom (de)	жевательная резинка (м)	[ʒevátelʲnaja rezínka]

45. Drankjes

water (het)	вода (ж)	[vodá]
drinkwater (het)	питьевая вода (ж)	[pitjevája vodá]
mineraalwater (het)	минеральная вода (ж)	[minerálʲnaja vodá]
zonder gas	без газа	[bez gáza]
koolzuurhoudend (bn)	газированная	[gazíróvanaja]
bruisend (bn)	с газом	[s gázom]
ijs (het)	лёд (м)	[lǿd]

met ijs	со льдом	[sɔ lʲdóm]
alcohol vrij (bn)	безалкогольный	[bezalkɔgólʲnij]
alcohol vrije drank (de)	безалкогольный напиток (м)	[bezalkɔgólʲnij napítɔk]
frisdrank (de)	прохладительный напиток (м)	[prɔhladítelʲnij napítɔk]
limonade (de)	лимонад (м)	[limɔnád]
alcoholische dranken (mv.)	алкогольные напитки (мн)	[alkɔgólʲnie napítki]
wijn (de)	вино (с)	[vinó]
witte wijn (de)	белое вино (с)	[bélɔe vinó]
rode wijn (de)	красное вино (с)	[krásnɔe vinó]
likeur (de)	ликёр (м)	[likǿr]
champagne (de)	шампанское (с)	[ʃampánskɔe]
vermout (de)	вермут (м)	[vérmut]
whisky (de)	виски (с)	[víski]
wodka (de)	водка (ж)	[vótka]
gin (de)	джин (м)	[dʒīn]
cognac (de)	коньяк (м)	[kɔnják]
rum (de)	ром (м)	[róm]
koffie (de)	кофе (м)	[kófe]
zwarte koffie (de)	чёрный кофе (м)	[tʃórnij kófe]
koffie (de) met melk	кофе (м) с молоком	[kófe s mɔlɔkóm]
cappuccino (de)	кофе (м) со сливками	[kófe sɔ slífkami]
oploskoffie (de)	растворимый кофе (м)	[rastvɔrímij kófe]
melk (de)	молоко (с)	[mɔlɔkó]
cocktail (de)	коктейль (м)	[kɔktǽjlʲ]
milkshake (de)	молочный коктейль (м)	[mɔlótʃnij kɔktǽjlʲ]
sap (het)	сок (м)	[sók]
tomatensap (het)	томатный сок (м)	[tɔmátnij sók]
sinaasappelsap (het)	апельсиновый сок (м)	[apelʲsínɔvij sók]
vers geperst sap (het)	свежевыжатый сок (м)	[sveʒe·vīʒatij sók]
bier (het)	пиво (с)	[pívɔ]
licht bier (het)	светлое пиво (с)	[svétlɔe pívɔ]
donker bier (het)	тёмное пиво (с)	[tómnɔe pívɔ]
thee (de)	чай (м)	[tʃáj]
zwarte thee (de)	чёрный чай (м)	[tʃórnij tʃáj]
groene thee (de)	зелёный чай (м)	[zelónij tʃáj]

46. Groenten

groenten (mv.)	овощи (м мн)	[óvɔʃʲi]
verse kruiden (mv.)	зелень (ж)	[zélenʲ]
tomaat (de)	помидор (м)	[pɔmidór]
augurk (de)	огурец (м)	[ɔguréts]
wortel (de)	морковь (ж)	[mɔrkófʲ]

aardappel (de)	картофель (м)	[kartófelʲ]
ui (de)	лук (м)	[lúk]
knoflook (de)	чеснок (м)	[tʃesnók]
kool (de)	капуста (ж)	[kapústa]
bloemkool (de)	цветная капуста (ж)	[tsvetnája kapústa]
spruitkool (de)	брюссельская капуста (ж)	[brʲusélʲskaja kapústa]
broccoli (de)	капуста брокколи (ж)	[kapústa brókɔli]
rode biet (de)	свёкла (ж)	[svʲǿkla]
aubergine (de)	баклажан (м)	[baklaʒán]
courgette (de)	кабачок (м)	[kabatʃók]
pompoen (de)	тыква (ж)	[tɨ́kva]
raap (de)	репа (ж)	[répa]
peterselie (de)	петрушка (ж)	[petrúʃka]
dille (de)	укроп (м)	[ukróp]
sla (de)	салат (м)	[salát]
selderij (de)	сельдерей (м)	[selʲderéj]
asperge (de)	спаржа (ж)	[spárʒa]
spinazie (de)	шпинат (м)	[ʃpinát]
erwt (de)	горох (м)	[gɔróh]
bonen (mv.)	бобы (мн)	[bɔbɨ̄]
maïs (de)	кукуруза (ж)	[kukurúza]
nierboon (de)	фасоль (ж)	[fasólʲ]
peper (de)	перец (м)	[pérets]
radijs (de)	редис (м)	[redís]
artisjok (de)	артишок (м)	[artiʃók]

47. Vruchten. Noten

vrucht (de)	фрукт (м)	[frúkt]
appel (de)	яблоко (с)	[jáblɔkɔ]
peer (de)	груша (ж)	[grúʃa]
citroen (de)	лимон (м)	[limón]
sinaasappel (de)	апельсин (м)	[apelʲsín]
aardbei (de)	клубника (ж)	[klubníka]
mandarijn (de)	мандарин (м)	[mandarín]
pruim (de)	слива (ж)	[slíva]
perzik (de)	персик (м)	[pérsik]
abrikoos (de)	абрикос (м)	[abrikós]
framboos (de)	малина (ж)	[malína]
ananas (de)	ананас (м)	[ananás]
banaan (de)	банан (м)	[banán]
watermeloen (de)	арбуз (м)	[arbús]
druif (de)	виноград (м)	[vinɔgrád]
zure kers (de)	вишня (ж)	[víʃnʲa]
zoete kers (de)	черешня (ж)	[tʃeréʃnʲa]
meloen (de)	дыня (ж)	[dɨ́nʲa]
grapefruit (de)	грейпфрут (м)	[gréjpfrut]

avocado (de)	авокадо (c)	[avɔkádɔ]
papaja (de)	папайя (ж)	[papája]
mango (de)	манго (c)	[mángɔ]
granaatappel (de)	гранат (м)	[granát]

rode bes (de)	красная смородина (ж)	[krásnaja smɔródina]
zwarte bes (de)	чёрная смородина (ж)	[ʧórnaja smɔródina]
kruisbes (de)	крыжовник (м)	[kriʒóvnik]
blauwe bosbes (de)	черника (ж)	[ʧerníka]
braambes (de)	ежевика (ж)	[eʒevíka]

rozijn (de)	изюм (м)	[izʲúm]
vijg (de)	инжир (м)	[inʒĭr]
dadel (de)	финик (м)	[fínik]

pinda (de)	арахис (м)	[aráhis]
amandel (de)	миндаль (м)	[mindálʲ]
walnoot (de)	грецкий орех (м)	[grétskij ɔréh]
hazelnoot (de)	лесной орех (м)	[lesnój ɔréh]
kokosnoot (de)	кокосовый орех (м)	[kɔkósɔvij ɔréh]
pistaches (mv.)	фисташки (мн)	[fistáʃki]

48. Brood. Snoep

suikerbakkerij (de)	кондитерские изделия (мн)	[kɔndíterskie izdélija]
brood (het)	хлеб (м)	[hléb]
koekje (het)	печенье (c)	[peʧénje]

chocolade (de)	шоколад (м)	[ʃɔkɔlád]
chocolade- (abn)	шоколадный	[ʃɔkɔládnij]
snoepje (het)	конфета (ж)	[kɔnféta]
cakeje (het)	пирожное (c)	[piróʒnɔe]
taart (bijv. verjaardags~)	торт (м)	[tórt]

pastei (de)	пирог (м)	[piróg]
vulling (de)	начинка (ж)	[naʧínka]

confituur (de)	варенье (c)	[varénje]
marmelade (de)	мармелад (м)	[marmelád]
wafel (de)	вафли (мн)	[váfli]
ijsje (het)	мороженое (c)	[mɔróʒenɔe]
pudding (de)	пудинг (м)	[púding]

49. Bereide gerechten

gerecht (het)	блюдо (c)	[blʲúdɔ]
keuken (bijv. Franse ~)	кухня (ж)	[kúhnʲa]
recept (het)	рецепт (м)	[retsǽpt]
portie (de)	порция (ж)	[pórtsija]

salade (de)	салат (м)	[salát]
soep (de)	суп (м)	[súp]

bouillon (de)	бульон (м)	[buljón]
boterham (de)	бутерброд (м)	[buterbród]
spiegelei (het)	яичница (ж)	[iíʃnitsa]

hamburger (de)	гамбургер (м)	[gámburger]
biefstuk (de)	бифштекс (м)	[bifʃtǽks]

garnering (de)	гарнир (м)	[garnír]
spaghetti (de)	спагетти (мн)	[spagéti]
aardappelpuree (de)	картофельное пюре (с)	[kartófelʲnɔe pʲuré]
pizza (de)	пицца (ж)	[pítsa]
pap (de)	каша (ж)	[káʃa]
omelet (de)	омлет (м)	[ɔmlét]

gekookt (in water)	варёный	[varǿnij]
gerookt (bn)	копчёный	[kɔpt͡ʃǿnij]
gebakken (bn)	жареный	[ʒárenij]
gedroogd (bn)	сушёный	[suʃǿnij]
diepvries (bn)	замороженный	[zamɔrózenij]
gemarineerd (bn)	маринованный	[marinóvanij]

zoet (bn)	сладкий	[slátkij]
gezouten (bn)	солёный	[sɔlǿnij]
koud (bn)	холодный	[hɔlódnij]
heet (bn)	горячий	[gɔrʲát͡ʃij]
bitter (bn)	горький	[górʲkij]
lekker (bn)	вкусный	[fkúsnij]

koken (in kokend water)	варить (нсв, пх)	[varítʲ]
bereiden (avondmaaltijd ~)	готовить (нсв, пх)	[gotóvitʲ]
bakken (ww)	жарить (нсв, пх)	[ʒáritʲ]
opwarmen (ww)	разогревать (нсв, пх)	[razɔgrevátʲ]

zouten (ww)	солить (нсв, пх)	[sɔlítʲ]
peperen (ww)	перчить (нсв, пх)	[pértʃitʲ], [pertʃítʲ]
raspen (ww)	тереть (нсв, пх)	[terétʲ]
schil (de)	кожура (ж)	[kɔʒurá]
schillen (ww)	чистить (нсв, пх)	[t͡ʃístitʲ]

50. Kruiden

zout (het)	соль (ж)	[sólʲ]
gezouten (bn)	солёный	[sɔlǿnij]
zouten (ww)	солить (нсв, пх)	[sɔlítʲ]

zwarte peper (de)	чёрный перец (м)	[t͡ʃórnij pérets]
rode peper (de)	красный перец (м)	[krásnij pérets]
mosterd (de)	горчица (ж)	[gɔrt͡ʃítsa]
mierikswortel (de)	хрен (м)	[hrén]

condiment (het)	приправа (ж)	[pripráva]
specerij, kruiderij (de)	пряность (ж)	[prʲánɔstʲ]
saus (de)	соус (м)	[sóus]
azijn (de)	уксус (м)	[úksus]

anijs (de)	анис (м)	[anís]
basilicum (de)	базилик (м)	[bazilík]
kruidnagel (de)	гвоздика (ж)	[gvozdíka]
gember (de)	имбирь (м)	[imbírʲ]
koriander (de)	кориандр (м)	[koriándr]
kaneel (de/het)	корица (ж)	[korítsa]

sesamzaad (het)	кунжут (м)	[kunʒút]
laurierblad (het)	лавровый лист (м)	[lavróvij líst]
paprika (de)	паприка (ж)	[páprika]
komijn (de)	тмин (м)	[tmín]
saffraan (de)	шафран (м)	[ʃafrán]

51. Maaltijden

| eten (het) | еда (ж) | [edá] |
| eten (ww) | есть (нсв, н/пх) | [éstʲ] |

ontbijt (het)	завтрак (м)	[záftrak]
ontbijten (ww)	завтракать (нсв, нпх)	[záftrakatʲ]
lunch (de)	обед (м)	[obéd]
lunchen (ww)	обедать (нсв, нпх)	[obédatʲ]
avondeten (het)	ужин (м)	[úʒin]
souperen (ww)	ужинать (нсв, нпх)	[úʒinatʲ]

| eetlust (de) | аппетит (м) | [apetít] |
| Eet smakelijk! | Приятного аппетита! | [prijátnovo apetíta] |

openen (een fles ~)	открывать (нсв, пх)	[otkrivátʲ]
morsen (koffie, enz.)	пролить (св, пх)	[prolítʲ]
zijn gemorst	пролиться (св, возв)	[prolítsa]

koken (water kookt bij 100°C)	кипеть (нсв, нпх)	[kipétʲ]
koken (Hoe om water te ~)	кипятить (нсв, пх)	[kipʲitítʲ]
gekookt (~ water)	кипячёный	[kipʲiʧónij]
afkoelen (koeler maken)	охладить (св, пх)	[ohladítʲ]
afkoelen (koeler worden)	охлаждаться (нсв, возв)	[ohlaʒdátsa]

| smaak (de) | вкус (м) | [fkús] |
| nasmaak (de) | привкус (м) | [prífkus] |

volgen een dieet	худеть (нсв, нпх)	[hudétʲ]
dieet (het)	диета (ж)	[diéta]
vitamine (de)	витамин (м)	[vitamín]
calorie (de)	калория (ж)	[kalórija]
vegetariër (de)	вегетарианец (м)	[vegetariánets]
vegetarisch (bn)	вегетарианский	[vegetariánskij]

vetten (mv.)	жиры (мн)	[ʒirí]
eiwitten (mv.)	белки (мн)	[belkí]
koolhydraten (mv.)	углеводы (мн)	[uglevódi]
snede (de)	ломоть (м)	[lómtik]
stuk (bijv. een taart)	кусок (м)	[kusók]
kruimel (de)	крошка (ж)	[króʃka]

52. Tafelschikking

lepel (de)	ложка (ж)	[lóʃka]
mes (het)	нож (м)	[nóʃ]
vork (de)	вилка (ж)	[vílka]
kopje (het)	чашка (ж)	[tʃáʃka]
bord (het)	тарелка (ж)	[tarélka]
schoteltje (het)	блюдце (с)	[blʲútse]
servet (het)	салфетка (ж)	[salfétka]
tandenstoker (de)	зубочистка (ж)	[zubotʃístka]

53. Restaurant

restaurant (het)	ресторан (м)	[restɔrán]
koffiehuis (het)	кофейня (ж)	[kɔféjnʲa]
bar (de)	бар (м)	[bár]
tearoom (de)	чайный салон (м)	[tʃájnij salón]
kelner, ober (de)	официант (м)	[ɔfitsiánt]
serveerster (de)	официантка (ж)	[ɔfitsiántka]
barman (de)	бармен (м)	[bármɛn]
menu (het)	меню (с)	[menʲú]
wijnkaart (de)	карта (ж) вин	[kárta vín]
een tafel reserveren	забронировать столик	[zabrɔnírɔvatʲ stólik]
gerecht (het)	блюдо (с)	[blʲúdɔ]
bestellen (eten ~)	заказать (св, пх)	[zakazátʲ]
een bestelling maken	сделать заказ	[zdélatʲ zakás]
aperitief (de/het)	аперитив (м)	[aperitíf]
voorgerecht (het)	закуска (ж)	[zakúska]
dessert (het)	десерт (м)	[desért]
rekening (de)	счёт (м)	[ʃɵt]
de rekening betalen	оплатить счёт	[ɔplatítʲ ʃɵt]
wisselgeld teruggeven	дать сдачу	[dátʲ zdátʃu]
fooi (de)	чаевые (мн)	[tʃaevīe]

Familie, verwanten en vrienden

54. Persoonlijke informatie. Formulieren

naam (de)	имя (c)	[ímʲa]
achternaam (de)	фамилия (ж)	[famílija]
geboortedatum (de)	дата (ж) рождения	[dáta rɔʒdénija]
geboorteplaats (de)	место (c) рождения	[méstɔ rɔʒdénija]
nationaliteit (de)	национальность (ж)	[natsionálʲnɔstʲ]
woonplaats (de)	место (c) жительства	[méstɔ ʒítelʲstva]
land (het)	страна (ж)	[straná]
beroep (het)	профессия (ж)	[prɔfésija]
geslacht (ov. het vrouwelijk ~)	пол (м)	[pól]
lengte (de)	рост (м)	[róst]
gewicht (het)	вес (м)	[vés]

55. Familieleden. Verwanten

moeder (de)	мать (ж)	[mátʲ]
vader (de)	отец (м)	[otéts]
zoon (de)	сын (м)	[sĩn]
dochter (de)	дочь (ж)	[dótʃʲ]
jongste dochter (de)	младшая дочь (ж)	[mládʃaja dótʃʲ]
jongste zoon (de)	младший сын (м)	[mládʃij sĩn]
oudste dochter (de)	старшая дочь (ж)	[stárʃaja dótʃʲ]
oudste zoon (de)	старший сын (м)	[stárʃij sĩn]
broer (de)	брат (м)	[brát]
zuster (de)	сестра (ж)	[sestrá]
neef (zoon van oom, tante)	двоюродный брат (м)	[dvɔjúrɔdnɨj bratɭ]
nicht (dochter van oom, tante)	двоюродная сестра (ж)	[dvɔjúrɔdnaja sestrá]
mama (de)	мама (ж)	[máma]
papa (de)	папа (м)	[pápa]
ouders (mv.)	родители (мн)	[rɔdíteli]
kind (het)	ребёнок (м)	[rebǿnɔk]
kinderen (mv.)	дети (мн)	[déti]
oma (de)	бабушка (ж)	[bábuʃka]
opa (de)	дедушка (м)	[déduʃka]
kleinzoon (de)	внук (м)	[vnúk]
kleindochter (de)	внучка (ж)	[vnútʃʲka]
kleinkinderen (mv.)	внуки (мн)	[vnúkl]

oom (de)	дядя (м)	[dʲádʲa]
tante (de)	тётя (ж)	[tɵtʲa]
neef (zoon van broer, zus)	племянник (м)	[plemʲánik]
nicht (dochter van broer, zus)	племянница (ж)	[plemʲánitsa]
schoonmoeder (de)	тёща (ж)	[tɵʃʲa]
schoonvader (de)	свёкор (м)	[svɵkɔr]
schoonzoon (de)	зять (м)	[zʲátʲ]
stiefmoeder (de)	мачеха (ж)	[mátʃeha]
stiefvader (de)	отчим (м)	[óttʃim]
zuigeling (de)	грудной ребёнок (м)	[grudnój rebɵnɔk]
wiegenkind (het)	младенец (м)	[mladénets]
kleuter (de)	малыш (м)	[malíʃ]
vrouw (de)	жена (ж)	[ʒená]
man (de)	муж (м)	[múʃ]
echtgenoot (de)	супруг (м)	[suprúg]
echtgenote (de)	супруга (ж)	[suprúga]
gehuwd (mann.)	женатый	[ʒenátij]
gehuwd (vrouw.)	замужняя	[zamúʒnʲaja]
ongehuwd (mann.)	холостой	[hɔlɔstój]
vrijgezel (de)	холостяк (м)	[hɔlɔstʲák]
gescheiden (bn)	разведённый	[razvedɵnnij]
weduwe (de)	вдова (ж)	[vdɔvá]
weduwnaar (de)	вдовец (м)	[vdɔvéts]
familielid (het)	родственник (м)	[rótstvenik]
dichte familielid (het)	близкий родственник (м)	[blískij rótstvenik]
verre familielid (het)	дальний родственник (м)	[dálʲnij rótstvenik]
familieleden (mv.)	родные (мн)	[rɔdnīje]
wees (weesjongen)	сирота (м)	[sirɔtá]
wees (weesmeisje)	сирота (ж)	[sirɔtá]
voogd (de)	опекун (м)	[ɔpekún]
adopteren (een jongen te ~)	усыновить (св, пх)	[usinɔvítʲ]
adopteren (een meisje te ~)	удочерить (св, пх)	[udɔtʃerítʲ]

56. Vrienden. Collega's

vriend (de)	друг (м)	[drúg]
vriendin (de)	подруга (ж)	[pɔdrúga]
vriendschap (de)	дружба (ж)	[drúʒba]
bevriend zijn (ww)	дружить (нсв, нпх)	[druʒítʲ]
makker (de)	приятель (м)	[prijátelʲ]
vriendin (de)	приятельница (ж)	[prijátelʲnitsa]
partner (de)	партнёр (м)	[partnɵr]
chef (de)	шеф (м)	[ʃǽf]
baas (de)	начальник (м)	[natʃálʲnik]
eigenaar (de)	владелец (м)	[vladélets]
ondergeschikte (de)	подчинённый (м)	[pɔttʃinɵnnij]

collega (de)	коллега (м)	[kɔléga]
kennis (de)	знакомый (м)	[znakómij]
medereiziger (de)	попутчик (м)	[pɔpúttʃik]
klasgenoot (de)	одноклассник (м)	[ɔdnɔklásnik]

buurman (de)	сосед (м)	[sɔséd]
buurvrouw (de)	соседка (ж)	[sɔsétka]
buren (mv.)	соседи (мн)	[sɔsédi]

57. Man. Vrouw

vrouw (de)	женщина (ж)	[ʒænʃʲina]
meisje (het)	девушка (ж)	[dévuʃka]
bruid (de)	невеста (ж)	[nevésta]

mooi(e) (vrouw, meisje)	красивая	[krasívaja]
groot, grote (vrouw, meisje)	высокая	[visókaja]
slank(e) (vrouw, meisje)	стройная	[strójnaja]
korte, kleine (vrouw, meisje)	невысокого роста	[nevisókɔvɔ rósta]

| blondine (de) | блондинка (ж) | [blɔndínka] |
| brunette (de) | брюнетка (ж) | [brʲunétka] |

dames- (abn)	дамский	[dámskij]
maagd (de)	девственница (ж)	[défstvenitsa]
zwanger (bn)	беременная	[berémennaja]

man (de)	мужчина (м)	[muʃʲína]
blonde man (de)	блондин (м)	[blɔndín]
bruinharige man (de)	брюнет (м)	[brʲunét]
groot (bn)	высокий	[visókij]
klein (bn)	невысокого роста	[nevisókɔvɔ rósta]

onbeleefd (bn)	грубый	[grúbij]
gedrongen (bn)	коренастый	[kɔrenástij]
robuust (bn)	крепкий	[krépkij]
sterk (bn)	сильный	[síl'nij]
sterkte (de)	сила (ж)	[síla]

mollig (bn)	полный	[pólnij]
getaand (bn)	смуглый	[smúglʲij]
slank (bn)	стройный	[strójnij]
elegant (bn)	элегантный	[ɛlegántnij]

58. Leeftijd

leeftijd (de)	возраст (м)	[vózrast]
jeugd (de)	юность (ж)	[júnɔstʲ]
jong (bn)	молодой	[mɔlɔdój]

| jonger (bn) | младше | [mládʃɛ] |
| ouder (bn) | старше | [stárʃɛ] |

jongen (de)	юноша (м)	[júnɔʃa]
tiener, adolescent (de)	подросток (м)	[pɔdróstɔk]
kerel (de)	парень (м)	[párenʲ]

| oude man (de) | старик (м) | [starík] |
| oude vrouw (de) | старая женщина (ж) | [stáraja ʒǽnʃina] |

volwassen (bn)	взрослый	[vzróslij]
van middelbare leeftijd (bn)	средних лет	[srédnih lét]
bejaard (bn)	пожилой	[pɔʒilój]
oud (bn)	старый	[stárij]

pensioen (het)	пенсия (ж)	[pénsija]
met pensioen gaan	уйти на пенсию	[ujtí na pénsiju]
gepensioneerde (de)	пенсионер (ж)	[pensiɔnér]

59. Kinderen

kind (het)	ребёнок (м)	[rebǿnɔk]
kinderen (mv.)	дети (мн)	[déti]
tweeling (de)	близнецы (мн)	[blizneʦī]

wieg (de)	люлька (ж), колыбель (ж)	[lʲúlʲka], [kɔlibélʲ]
rammelaar (de)	погремушка (ж)	[pɔgremúʃka]
luier (de)	подгузник (м)	[pɔdgúznik]

| speen (de) | соска (ж) | [sóska] |
| kinderwagen (de) | коляска (ж) | [kɔlʲáska] |

| kleuterschool (de) | детский сад (м) | [détskij sád] |
| babysitter (de) | няня (ж) | [nʲánʲa] |

| kindertijd (de) | детство (с) | [détstvɔ] |
| pop (de) | кукла (ж) | [kúkla] |

| speelgoed (het) | игрушка (ж) | [igrúʃka] |
| bouwspeelgoed (het) | конструктор (м) | [kɔnstrúktɔr] |

welopgevoed (bn)	воспитанный	[vɔspítanij]
onopgevoed (bn)	невоспитанный	[nevɔspítanij]
verwend (bn)	избалованный	[izbalóvannij]

| stout zijn (ww) | шалить (нсв, нпх) | [ʃalítʲ] |
| stout (bn) | шаловливый | [ʃalɔvlívij] |

| stoutheid (de) | шалость (ж) | [ʃálɔstʲ] |
| stouterd (de) | шалун (м) | [ʃalún] |

| gehoorzaam (bn) | послушный | [pɔslúʃnij] |
| ongehoorzaam (bn) | непослушный | [nepɔslúʃnij] |

braaf (bn)	умный, послушный	[úmnij], [pɔslúʃnij]
slim (verstandig)	умный, одарённый	[úmnij], [odarǿnnij]
wonderkind (het)	вундеркинд (м)	[vunderkínd]

60. Gehuwde paren. Gezinsleven

kussen (een kus geven)	целовать (нсв, пх)	[ʦɛlɔvátⁱ]
elkaar kussen (ww)	целоваться (нсв, возв)	[ʦɛlɔvátsa]
gezin (het)	семья (ж)	[semjá]
gezins- (abn)	семейный	[seméjnij]
paar (het)	пара (ж), чета (ж)	[pára], [ʧetá]
huwelijk (het)	брак (м)	[brák]
thuis (het)	домашний очаг (м)	[dɔmáʃnij ɔʧág]
dynastie (de)	династия (ж)	[dinástija]
date (de)	свидание (с)	[svidánie]
zoen (de)	поцелуй (м)	[pɔʦɛlúj]
liefde (de)	любовь (ж)	[lⁱubófⁱ]
liefhebben (ww)	любить (нсв, пх)	[lⁱubítⁱ]
geliefde (bn)	любимый	[lⁱubímij]
tederheid (de)	нежность (ж)	[néʒnɔstⁱ]
teder (bn)	нежный	[néʒnij]
trouw (de)	верность (ж)	[vérnɔstⁱ]
trouw (bn)	верный	[vérnij]
zorg (bijv. bejaarden~)	забота (ж)	[zabóta]
zorgzaam (bn)	заботливый	[zabótlivij]
jonggehuwden (mv.)	молодожёны (мн)	[mɔlɔdɔʒóni]
wittebroodsweken (mv.)	медовый месяц (м)	[medóvij mésiʦ]
trouwen (vrouw)	выйти замуж	[vɨ́jti zámuʃ]
trouwen (man)	жениться (н/св, возв)	[ʒenítsa]
bruiloft (de)	свадьба (ж)	[svátⁱba]
gouden bruiloft (de)	золотая свадьба (ж)	[zɔlɔtája svátⁱba]
verjaardag (de)	годовщина (ж)	[gɔdɔfʃína]
minnaar (de)	любовник (м)	[lⁱubóvnik]
minnares (de)	любовница (ж)	[lⁱubóvniʦa]
overspel (het)	измена (ж)	[izména]
overspel plegen (ww)	изменить (св, пх)	[izmenítⁱ]
jaloers (bn)	ревнивый	[rɛvnívij]
jaloers zijn (echtgenoot, enz.)	ревновать (нсв, н/пх)	[revnɔvátⁱ]
echtscheiding (de)	развод (м)	[razvódɟ]
scheiden (ww)	развестись (св, возв)	[razvestísⁱ]
ruzie hebben (ww)	ссориться (нсв, возв)	[ssóriʦa]
vrede sluiten (ww)	мириться (нсв, возв)	[miríʦa]
samen (bw)	вместе	[vméste]
seks (de)	секс (м)	[sǽks]
geluk (het)	счастье (с)	[ʃástje]
gelukkig (bn)	счастливый	[ʃislívij]
ongeluk (het)	несчастье (с)	[neʃástje]
ongelukkig (bn)	несчастный	[neʃásnij]

Karakter. Gevoelens. Emoties

61. Gevoelens. Emoties

gevoel (het)	чувство (с)	[ʧústvɔ]
gevoelens (mv.)	чувства (с мн)	[ʧústva]
voelen (ww)	чувствовать (нсв, пх)	[ʧústvɔvatʲ]
honger (de)	голод (м)	[gólɔd]
honger hebben (ww)	хотеть есть	[hɔtétʲ éstʲ]
dorst (de)	жажда (ж)	[ʒáʒda]
dorst hebben	хотеть пить	[hɔtétʲ pítʲ]
slaperigheid (de)	сонливость (ж)	[sɔnlívɔstʲ]
willen slapen	хотеть спать	[hɔtétʲ spátʲ]
moeheid (de)	усталость (ж)	[ustálɔstʲ]
moe (bn)	усталый	[ustálij]
vermoeid raken (ww)	устать (св, нпх)	[ustátʲ]
stemming (de)	настроение (с)	[nastrɔénie]
verveling (de)	скука (ж)	[skúka]
zich vervelen (ww)	скучать (нсв, нпх)	[skuʧátʲ]
afzondering (de)	уединение (с)	[uedinénie]
zich afzonderen (ww)	уединиться (св, возв)	[uedinítsa]
bezorgd maken	беспокоить (нсв, пх)	[bespɔkóitʲ]
bezorgd zijn (ww)	беспокоиться (нсв, возв)	[bespɔkóitsa]
zorg (bijv. geld~en)	беспокойство (с)	[bespɔkójstvɔ]
ongerustheid (de)	тревога (ж)	[trevóga]
ongerust (bn)	озабоченный	[ɔzabóʧenij]
zenuwachtig zijn (ww)	нервничать (нсв, нпх)	[nérvniʧatʲ]
in paniek raken	паниковать (нсв, нпх)	[panikɔvátʲ]
hoop (de)	надежда (ж)	[nadéʒda]
hopen (ww)	надеяться (нсв, возв)	[nadéɪtsa]
zekerheid (de)	уверенность (ж)	[uvérenɔstʲ]
zeker (bn)	уверенный	[uvérenij]
onzekerheid (de)	неуверенность (ж)	[neuvérenɔstʲ]
onzeker (bn)	неуверенный	[neuvérennij]
dronken (bn)	пьяный	[pjánij]
nuchter (bn)	трезвый	[trézvij]
zwak (bn)	слабый	[slábij]
doen schrikken (ww)	испугать (св, пх)	[ispugátʲ]
toorn (de)	бешенство (с)	[béʃɛnstvɔ]
woede (de)	ярость (ж)	[járɔstʲ]
depressie (de)	депрессия (ж)	[deprésija]
ongemak (het)	дискомфорт (м)	[diskɔmfórt]

gemak, comfort (het)	комфорт (м)	[komfórt]
spijt hebben (ww)	сожалеть (нсв, нпх)	[soʒilét¹]
spijt (de)	сожаление (с)	[soʒilénie]
pech (de)	невезение (с)	[nevezénie]
bedroefdheid (de)	огорчение (с)	[ogortʃénie]

schaamte (de)	стыд (м)	[stĩd]
pret (de), plezier (het)	веселье (с)	[vesélje]
enthousiasme (het)	энтузиазм (м)	[ɛntuziázm]
enthousiasteling (de)	энтузиаст (м)	[ɛntuziást]
enthousiasme vertonen	проявить энтузиазм	[projivít¹ ɛntuziázm]

62. Karakter. Persoonlijkheid

karakter (het)	характер (м)	[harákter]
karakterfout (de)	недостаток (м)	[nedostátok]
verstand (het)	ум (м)	[úm]
rede (de)	разум (м)	[rázum]

geweten (het)	совесть (ж)	[sóvest¹]
gewoonte (de)	привычка (ж)	[privĩtʃka]
bekwaamheid (de)	способность (ж)	[sposóbnost¹]
kunnen (bijv., ~ zwemmen)	уметь	[umét¹]

geduldig (bn)	терпеливый	[terpelívij]
ongeduldig (bn)	нетерпеливый	[neterpelívij]
nieuwsgierig (bn)	любопытный	[l¹ubopĩtnij]
nieuwsgierigheid (de)	любопытство (с)	[l¹ubopĩtstvo]

bescheidenheid (de)	скромность (ж)	[skrómnost¹]
bescheiden (bn)	скромный	[skrómnij]
onbescheiden (bn)	нескромный	[neskrómnij]

luiheid (de)	лень (ж)	[lén¹]
lui (bn)	ленивый	[lenívij]
luiwammes (de)	лентяй (м)	[lent¹áj]

sluwheid (de)	хитрость (ж)	[hítrost¹]
sluw (bn)	хитрый	[hítrij]
wantrouwen (het)	недоверие (с)	[nedovérie]
wantrouwig (bn)	недоверчивый	[nedovértʃivij]

gulheid (de)	щедрость (ж)	[ʃédrost¹]
gul (bn)	щедрый	[ʃédrij]
talentrijk (bn)	талантливый	[talántlivij]
talent (het)	талант (м)	[talánt]

moedig (bn)	смелый	[smélij]
moed (de)	смелость (ж)	[smélost¹]
eerlijk (bn)	честный	[tʃésnij]
eerlijkheid (de)	честность (ж)	[tʃésnost¹]

voorzichtig (bn)	осторожный	[ostoróʒnij]
manhaftig (bn)	отважный	[otváʒnij]

| ernstig (bn) | серьёзный | [serjóznij] |
| streng (bn) | строгий | [strógij] |

resoluut (bn)	решительный	[reʃítelʲnij]
onzeker, irresoluut (bn)	нерешительный	[nereʃítelʲnij]
schuchter (bn)	робкий	[rópkij]
schuchterheid (de)	робость (ж)	[róbostʲ]

vertrouwen (het)	доверие (c)	[dovérie]
vertrouwen (ww)	верить (нсв, пх)	[véritʲ]
goedgelovig (bn)	доверчивый	[dovértʃivij]

oprecht (bw)	искренне	[ískrene]
oprecht (bn)	искренний	[ískrenij]
oprechtheid (de)	искренность (ж)	[ískrenostʲ]
open (bn)	открытый	[otkrítij]

rustig (bn)	тихий	[tíhij]
openhartig (bn)	откровенный	[otkrovénnij]
naïef (bn)	наивный	[naívnij]
verstrooid (bn)	рассеянный	[rasséinij]
leuk, grappig (bn)	смешной	[smeʃnój]

gierigheid (de)	жадность (ж)	[ʒádnostʲ]
gierig (bn)	жадный	[ʒádnij]
inhalig (bn)	скупой	[skupój]
kwaad (bn)	злой	[zlój]
koppig (bn)	упрямый	[uprʲámij]
onaangenaam (bn)	неприятный	[neprijátnij]

egoïst (de)	эгоист (м)	[ɛgoíst]
egoïstisch (bn)	эгоистичный	[ɛgoistítʃnij]
lafaard (de)	трус (м)	[trús]
laf (bn)	трусливый	[truslívij]

63. Slaap. Dromen

slapen (ww)	спать (нсв, нпх)	[spátʲ]
slaap (in ~ vallen)	сон (м)	[són]
droom (de)	сон (м)	[són]
dromen (in de slaap)	видеть сны	[vídetʲ snī]
slaperig (bn)	сонный	[sónnij]

bed (het)	кровать (ж)	[krovátʲ]
matras (de)	матрас (м)	[matrás]
deken (de)	одеяло (c)	[odejálo]
kussen (het)	подушка (ж)	[podúʃka]
laken (het)	простыня (ж)	[prostinʲá]

slapeloosheid (de)	бессонница (ж)	[bessónitsa]
slapeloos (bn)	бессонный	[bessónij]
slaapmiddel (het)	снотворное (c)	[snotvórnoe]
slaapmiddel innemen	принять снотворное	[prinʲátʲ snotvórnoe]
willen slapen	хотеть спать	[hotétʲ spátʲ]

geeuwen (ww)	зевать (нсв, нпх)	[zevátʲ]
gaan slapen	идти спать	[itʲtí spátʲ]
het bed opmaken	стелить постель	[stelítʲ postélʲ]
inslapen (ww)	заснуть (св, нпх)	[zasnútʲ]

nachtmerrie (de)	кошмар (м)	[koʃmár]
gesnurk (het)	храп (м)	[hráp]
snurken (ww)	храпеть (нсв, нпх)	[hrapétʲ]

wekker (de)	будильник (м)	[budílʲnik]
wekken (ww)	разбудить (св, пх)	[razbudítʲ]
wakker worden (ww)	просыпаться (св, возв)	[prosīpatsa]
opstaan (ww)	вставать (нсв, нпх)	[fstavátʲ]
zich wassen (ww)	умываться (нсв, возв)	[umivátsa]

64. Humor. Gelach. Blijdschap

humor (de)	юмор (м)	[júmor]
gevoel (het) voor humor	чувство юмора (с)	[ʧústvo júmora]
plezier hebben (ww)	веселиться (нсв, возв)	[veselítsa]
vrolijk (bn)	весёлый	[vesǿlij]
pret (de), plezier (het)	веселье (с)	[vesélje]

glimlach (de)	улыбка (ж)	[ulīpka]
glimlachen (ww)	улыбаться (нсв, возв)	[ulibátsa]
beginnen te lachen (ww)	засмеяться (св, возв)	[zasmejátsa]
lachen (ww)	смеяться (нсв, возв)	[smejátsa]
lach (de)	смех (м)	[sméh]

mop (de)	анекдот (м)	[anekdót]
grappig (een ~ verhaal)	смешной	[smeʃnój]
grappig (~e clown)	смешной	[smeʃnój]

grappen maken (ww)	шутить (нсв, нпх)	[ʃutítʲ]
grap (de)	шутка (ж)	[ʃútka]
blijheid (de)	радость (ж)	[rádostʲ]
blij zijn (ww)	радоваться (нсв, возв)	[rádovatsa]
blij (bn)	радостный	[rádosnij]

65. Discussie, conversatie. Deel 1

| communicatie (de) | общение (с) | [opʃénie] |
| communiceren (ww) | общаться (нсв, возв) | [opʃátsa] |

conversatie (de)	разговор (м)	[razgovór]
dialoog (de)	диалог (м)	[dialóg]
discussie (de)	дискуссия (ж)	[diskúsija]
debat (het)	спор (м)	[spór]
debatteren, twisten (ww)	спорить (нсв, нпх)	[spóritʲ]

| gesprekspartner (de) | собеседник (м) | [sobesédnik] |
| thema (het) | тема (ж) | [téma] |

standpunt (het)	точка (ж) зрения	[tótʃka zrénija]
mening (de)	мнение (с)	[mnénie]
toespraak (de)	речь (ж)	[rétʃʲ]

bespreking (de)	обсуждение (с)	[ɔpsuʒdénie]
bespreken (spreken over)	обсуждать (нсв, пх)	[ɔpsuʒdátʲ]
gesprek (het)	беседа (ж)	[beséda]
spreken (converseren)	беседовать (нсв, нпх)	[besédɔvatʲ]
ontmoeting (de)	встреча (ж)	[fstrétʃa]
ontmoeten (ww)	встречаться (нсв, возв)	[fstretʃátsa]

spreekwoord (het)	пословица (ж)	[pɔslóvitsa]
gezegde (het)	поговорка (ж)	[pɔgɔvórka]
raadsel (het)	загадка (ж)	[zagátka]
een raadsel opgeven	загадывать загадку	[zagádivatʲ zagátku]
wachtwoord (het)	пароль (м)	[parólʲ]
geheim (het)	секрет (м)	[sekrét]

eed (de)	клятва (ж)	[klʲátva]
zweren (een eed doen)	клясться (нсв, возв)	[klʲástsa]
belofte (de)	обещание (с)	[ɔbeʃánie]
beloven (ww)	обещать (н/св, пх)	[ɔbeʃátʲ]

advies (het)	совет (м)	[sɔvét]
adviseren (ww)	советовать (нсв, пх)	[sɔvétɔvatʲ]
advies volgen (iemands ~)	следовать совету	[slédɔvatʲ sɔvétu]
luisteren (gehoorzamen)	слушаться (нсв, возв)	[slúʃatsa]

nieuws (het)	новость (ж)	[nóvɔstʲ]
sensatie (de)	сенсация (ж)	[sensátsija]
informatie (de)	сведения (мн)	[svédenja]
conclusie (de)	вывод (м)	[vīvɔd]
stem (de)	голос (ж)	[gólɔs]
compliment (het)	комплимент (м)	[kɔmplimént]
vriendelijk (bn)	любезный	[lʲubéznij]

woord (het)	слово (с)	[slóvɔ]
zin (de), zinsdeel (het)	фраза (ж)	[fráza]
antwoord (het)	ответ (м)	[ɔtvét]

| waarheid (de) | правда (ж) | [právda] |
| leugen (de) | ложь (ж) | [lóʃ] |

| gedachte (de) | мысль (ж) | [mīslʲ] |
| fantasie (de) | фантазия (ж) | [fantázija] |

66. Discussie, conversatie. Deel 2

gerespecteerd (bn)	уважаемый	[uvaʒáemij]
respecteren (ww)	уважать (нсв, пх)	[uvaʒátʲ]
respect (het)	уважение (с)	[uvaʒǽnie]
Geachte ... (brief)	Уважаемый ...	[uvaʒáemij ...]
voorstellen (Mag ik jullie ~)	познакомить (св, пх)	[pɔznakómitʲ]
kennismaken (met ...)	познакомиться (св, возв)	[pɔznakómitsa]

intentie (de)	намерение (c)	[namérenie]
intentie hebben (ww)	намереваться (нсв, возв)	[namerevátsa]
wens (de)	пожелание (c)	[poʒelánie]
wensen (ww)	пожелать (св, пх)	[poʒelátʲ]

verbazing (de)	удивление (c)	[udivlénie]
verbazen (verwonderen)	удивлять (нсв, пх)	[udivlʲátʲ]
verbaasd zijn (ww)	удивляться (нсв, возв)	[udivlʲátsa]

geven (ww)	дать (св, пх)	[dátʲ]
nemen (ww)	взять (св, пх)	[vzʲátʲ]
teruggeven (ww)	вернуть (св, пх)	[vernútʲ]
retourneren (ww)	отдать (св, пх)	[otdátʲ]

zich verontschuldigen	извиняться (нсв, возв)	[izvinʲátsa]
verontschuldiging (de)	извинение (c)	[izvinénie]
vergeven (ww)	прощать (нсв, пх)	[proʃátʲ]

spreken (ww)	разговаривать (нсв, нпх)	[razgovárivatʲ]
luisteren (ww)	слушать (нсв, пх)	[slúʃatʲ]
aanhoren (ww)	выслушать (св, пх)	[vīsluʃatʲ]
begrijpen (ww)	понять (св, пх)	[ponʲátʲ]

tonen (ww)	показать (св, пх)	[pokazátʲ]
kijken naar …	глядеть на … (нсв)	[glʲadétʲ na …]
roepen (vragen te komen)	позвать (св, пх)	[pozvátʲ]
afleiden (storen)	беспокоить (нсв, пх)	[bespokóitʲ]
storen (lastigvallen)	мешать (нсв, пх)	[meʃátʲ]
doorgeven (ww)	передать (св, пх)	[peredátʲ]

verzoek (het)	просьба (ж)	[prósʲba]
verzoeken (ww)	просить (нсв, пх)	[prosítʲ]
eis (de)	требование (c)	[trébovanie]
eisen (met klem vragen)	требовать (нсв, пх)	[trébovatʲ]

beledigen (beledigende namen geven)	дразнить (нсв, пх)	[draznítʲ]
uitlachen (ww)	насмехаться (нсв, возв)	[nasmehátsa]
spot (de)	насмешка (ж)	[nasméʃka]
bijnaam (de)	прозвище (c)	[prózviʃe]

zinspeling (de)	намёк (м)	[namǿk]
zinspelen (ww)	намекать (нсв, н/пх)	[namekátʲ]
impliceren (duiden op)	подразумевать (нсв, пх)	[podrazumevátʲ]

beschrijving (de)	описание (c)	[opisánie]
beschrijven (ww)	описать (нсв, пх)	[opisátʲ]
lof (de)	похвала (ж)	[pohvalá]
loven (ww)	похвалить (св, пх)	[pohvalítʲ]

teleurstelling (de)	разочарование (c)	[razoʧarovánie]
teleurstellen (ww)	разочаровать (св, пх)	[razoʧarovátʲ]
teleurgesteld zijn (ww)	разочароваться (св, возв)	[razoʧarovátsa]

veronderstelling (de)	предположение (c)	[pretpoloʒǽnie]
veronderstellen (ww)	предполагать (нсв, пх)	[pretpolagátʲ]

| waarschuwing (de) | предостережение (c) | [predɔsterezǽnie] |
| waarschuwen (ww) | предостеречь (св, пх) | [predɔsterétʃ] |

67. Discussie, conversatie. Deel 3

| aanpraten (ww) | уговорить (св, пх) | [ugɔvɔrítʲ] |
| kalmeren (kalm maken) | успокаивать (нсв, пх) | [uspɔkáivatʲ] |

stilte (de)	молчание (c)	[mɔltʃánie]
zwijgen (ww)	молчать (нсв, нпх)	[mɔltʃátʲ]
fluisteren (ww)	шепнуть (св, пх)	[ʃɛpnútʲ]
gefluister (het)	шёпот (м)	[ʃópɔt]

| open, eerlijk (bw) | откровенно | [ɔtkrɔvénnɔ] |
| volgens mij ... | по моему мнению ... | [pɔ mɔemú mnéniju ...] |

detail (het)	подробность (ж)	[pɔdróbnɔstʲ]
gedetailleerd (bn)	подробный	[pɔdróbnij]
gedetailleerd (bw)	подробно	[pɔdróbnɔ]

| hint (de) | подсказка (ж) | [pɔtskáska] |
| een hint geven | подсказать (св, пх) | [pɔtskazátʲ] |

blik (de)	взгляд (м)	[vzglʲád]
een kijkje nemen	взглянуть (св, нпх)	[vzglınútʲ]
strak (een ~ke blik)	неподвижный	[nepɔdvíznij]
knipperen (ww)	моргать (нсв, нпх)	[mɔrgátʲ]
knipogen (ww)	мигнуть (св, нпх)	[mignútʲ]
knikken (ww)	кивнуть (св, н/пх)	[kivnútʲ]

zucht (de)	вздох (м)	[vzdóh]
zuchten (ww)	вздохнуть (св, нпх)	[vzdɔhnútʲ]
huiveren (ww)	вздрагивать (нсв, нпх)	[vzdrágivatʲ]
gebaar (het)	жест (м)	[zǽst]
aanraken (ww)	прикоснуться (св, возв)	[prikɔsnútsa]
grijpen (ww)	хватать (нсв, пх)	[hvatátʲ]
een schouderklopje geven	хлопать (нсв, нпх)	[hlópatʲ]

Kijk uit!	Осторожно!	[ɔstɔróznɔ]
Echt?	Неужели?	[neuzǽli?]
Bent je er zeker van?	Ты уверен?	[tĩ uvéren?]
Succes!	Удачи!	[udátʃi]
Juist, ja!	Ясно!	[jásnɔ]
Wat jammer!	Жаль!	[zálʲ]

68. Overeenstemming. Weigering

instemming (het)	согласие (c)	[sɔglásie]
instemmen (akkoord gaan)	соглашаться (нсв, возв)	[sɔglaʃátsa]
goedkeuring (de)	одобрение (c)	[ɔdɔbrénie]
goedkeuren (ww)	одобрить (св, пх)	[ɔdóbritʲ]
weigering (de)	отказ (м)	[ɔtkás]

weigeren (ww)	отказываться (нсв, возв)	[ɔtkázivatsa]
Geweldig!	Отлично!	[ɔtlítʃnɔ]
Goed!	Хорошо!	[hɔrɔʃó]
Akkoord!	Ладно!	[ládnɔ]

verboden (bn)	запрещённый	[zapreʃǿnij]
het is verboden	нельзя	[nelʲzʲá]
het is onmogelijk	невозможно	[nevɔzmóznɔ]
onjuist (bn)	неправильный	[neprávilʲnij]

afwijzen (ww)	отклонить (св, пх)	[ɔtklɔnítʲ]
steunen	поддержать (св, пх)	[pɔddɛrʒátʲ]
(een goed doel, enz.)		
aanvaarden (excuses ~)	принять (св, пх)	[prinʲátʲ]

bevestigen (ww)	подтвердить (св, пх)	[pɔttverdítʲ]
bevestiging (de)	подтверждение (с)	[pɔttverʒdénie]
toestemming (de)	разрешение (с)	[razreʃǽnie]
toestaan (ww)	разрешить (св, пх)	[razreʃítʲ]
beslissing (de)	решение (с)	[reʃǽnie]
z'n mond houden (ww)	промолчать (св, нпх)	[prɔmɔltʃátʲ]

voorwaarde (de)	условие (с)	[uslóvie]
smoes (de)	отговорка (ж)	[ɔdgɔvórka]
lof (de)	похвала (ж)	[pɔhvalá]
loven (ww)	похвалить (св, пх)	[pɔhvalítʲ]

69. Succes. Veel geluk. Mislukking

succes (het)	успех (м)	[uspéh]
succesvol (bw)	успешно	[uspéʃnɔ]
succesvol (bn)	успешный	[uspéʃnij]

geluk (het)	удача (ж)	[udátʃa]
Succes!	Удачи!	[udátʃi]
geluks- (bn)	удачный	[udátʃnij]
gelukkig (fortuinlijk)	удачливый	[udátʃlivij]

mislukking (de)	неудача (ж)	[neudátʃa]
tegenslag (de)	неудача (ж)	[neudátʃa]
pech (de)	невезение (с)	[nevezénie]
zonder succes (bn)	неудачный	[neudátʃnij]
catastrofe (de)	катастрофа (ж)	[katastrófa]

fierheid (de)	гордость (ж)	[górdɔstʲ]
fier (bn)	гордый	[górdij]
fier zijn (ww)	гордиться (нсв, возв)	[gɔrdítsa]

winnaar (de)	победитель (м)	[pɔbedítelʲ]
winnen (ww)	победить (св, нпх)	[pɔbedítʲ]
verliezen (ww)	проиграть (св, нпх)	[prɔigrátʲ]
poging (de)	попытка (ж)	[popïtka]
pogen, proberen (ww)	пытаться (нсв, возв)	[pitátsa]
kans (de)	шанс (м)	[ʃáns]

70. Ruzies. Negatieve emoties

schreeuw (de)	крик (м)	[krík]
schreeuwen (ww)	кричать (нсв, нпх)	[kritʃátʲ]
beginnen te schreeuwen	закричать (св, нпх)	[zakritʃátʲ]
ruzie (de)	ссора (ж)	[ssóra]
ruzie hebben (ww)	ссориться (нсв, возв)	[ssóritsa]
schandaal (het)	скандал (м)	[skandál]
schandaal maken (ww)	скандалить (нсв, нпх)	[skandálitʲ]
conflict (het)	конфликт (м)	[kɔnflíkt]
misverstand (het)	недоразумение (с)	[nedɔrazuménie]
belediging (de)	оскорбление (с)	[ɔskɔrblénie]
beledigen (met scheldwoorden)	оскорблять (нсв, пх)	[ɔskɔrblʲátʲ]
beledigd (bn)	оскорблённый	[ɔskɔrblʲɔ́nnij]
krenking (de)	обида (ж)	[ɔbída]
krenken (beledigen)	обидеть (св, пх)	[ɔbídetʲ]
gekwetst worden (ww)	обидеться (св, возв)	[ɔbídetsa]
verontwaardiging (de)	возмущение (с)	[vɔzmuʃénie]
verontwaardigd zijn (ww)	возмущаться (нсв, возв)	[vɔzmuʃátsa]
klacht (de)	жалоба (ж)	[ʒálɔba]
klagen (ww)	жаловаться (нсв, возв)	[ʒálɔvatsa]
verontschuldiging (de)	извинение (с)	[izvinénie]
zich verontschuldigen	извиняться (нсв, возв)	[izvinʲátsa]
excuus vragen	просить прощения	[prɔsítʲ prɔʃénija]
kritiek (de)	критика (ж)	[krítika]
bekritiseren (ww)	критиковать (нсв, пх)	[kritikɔvátʲ]
beschuldiging (de)	обвинение (с)	[ɔbvinénie]
beschuldigen (ww)	обвинять (нсв, пх)	[ɔbvinʲátʲ]
wraak (de)	месть (ж)	[méstʲ]
wreken (ww)	мстить (нсв, пх)	[mstítʲ]
wraak nemen (ww)	отплатить (св, пх)	[ɔtplatítʲ]
minachting (de)	презрение (с)	[prezrénie]
minachten (ww)	презирать (нсв, пх)	[prezirátʲ]
haat (de)	ненависть (ж)	[nénavistʲ]
haten (ww)	ненавидеть (нсв, пх)	[nenavídetʲ]
zenuwachtig (bn)	нервный	[nérvnij]
zenuwachtig zijn (ww)	нервничать (нсв, нпх)	[nérvnitʃatʲ]
boos (bn)	сердитый	[serdítij]
boos maken (ww)	рассердить (св, пх)	[rasserdítʲ]
vernedering (de)	унижение (с)	[uniʒǽnie]
vernederen (ww)	унижать (нсв, пх)	[uniʒátʲ]
zich vernederen (ww)	унижаться (нсв, возв)	[uniʒátsa]
schok (de)	шок (м)	[ʃók]
schokken (ww)	шокировать (н/св, пх)	[ʃɔkírɔvatʲ]

onaangenaamheid (de)	**неприятность** (ж)	[neprijátnost']
onaangenaam (bn)	**неприятный**	[neprijátnij]
vrees (de)	**страх** (м)	[stráh]
vreselijk (bijv. ~ onweer)	**страшный**	[stráʃnij]
eng (bn)	**страшный**	[stráʃnij]
gruwel (de)	**ужас** (м)	[úʒas]
vreselijk (~ nieuws)	**ужасный**	[uʒásnij]
beginnen te beven	**задрожать** (нсв, нпх)	[zadroʒát']
huilen (wenen)	**плакать** (нсв, нпх)	[plákat']
beginnen te huilen (wenen)	**заплакать** (св, нпх)	[zaplákat']
traan (de)	**слеза** (мн)	[slezá]
schuld (~ geven aan)	**вина** (ж)	[viná]
schuldgevoel (het)	**вина** (ж)	[viná]
schande (de)	**позор** (м)	[pozór]
protest (het)	**протест** (м)	[protést]
stress (de)	**стресс** (м)	[strés]
storen (lastigvallen)	**беспокоить** (нсв, пх)	[bespokóit']
kwaad zijn (ww)	**злиться** (нсв, возв)	[zlítsa]
kwaad (bn)	**злой**	[zlój]
beëindigen (een relatie ~)	**прекращать** (нсв, пх)	[prekraʃát']
vloeken (ww)	**ругаться** (нсв, возв)	[rugátsa]
schrikken (schrik krijgen)	**пугаться** (нсв, возв)	[pugátsa]
slaan (iemand ~)	**ударить** (св, пх)	[udárit']
vechten (ww)	**драться** (нсв, возв)	[drátsa]
regelen (conflict)	**урегулировать** (св, пх)	[uregulírovat']
ontevreden (bn)	**недовольный**	[nedovól'nij]
woedend (bn)	**яростный**	[járosnij]
Dat is niet goed!	**Это нехорошо!**	[ǽto nehoroʃó]
Dat is slecht!	**Это плохо!**	[ǽto plóho]

Geneeskunde

ziekte (de)	болезнь (ж)	[bɔléznʲ]
ziek zijn (ww)	болеть (нсв, нпх)	[bɔlétʲ]
gezondheid (de)	здоровье (с)	[zdɔróvje]
snotneus (de)	насморк (м)	[násmɔrk]
angina (de)	ангина (ж)	[angína]
verkoudheid (de)	простуда (ж)	[prɔstúda]
verkouden raken (ww)	простудиться (св, возв)	[prɔstudítsa]
bronchitis (de)	бронхит (м)	[brɔnhít]
longontsteking (de)	воспаление (с) лёгких	[vɔspalénie lǿhkih]
griep (de)	грипп (м)	[gríp]
bijziend (bn)	близорукий	[blizɔrúkij]
verziend (bn)	дальнозоркий	[dalʲnɔzórkij]
scheelheid (de)	косоглазие (с)	[kɔsɔglázie]
scheel (bn)	косоглазый	[kɔsɔglázij]
grauwe staar (de)	катаракта (ж)	[katarákta]
glaucoom (het)	глаукома (ж)	[glaukóma]
beroerte (de)	инсульт (м)	[insúlʲt]
hartinfarct (het)	инфаркт (м)	[infárkt]
myocardiaal infarct (het)	инфаркт (м) миокарда	[infárkt miɔkárda]
verlamming (de)	паралич (м)	[paralítʃ]
verlammen (ww)	парализовать (нсв, пх)	[paralizɔvátʲ]
allergie (de)	аллергия (ж)	[alergíja]
astma (de/het)	астма (ж)	[ástma]
diabetes (de)	диабет (м)	[diabét]
tandpijn (de)	зубная боль (ж)	[zubnája bólʲ]
tandbederf (het)	кариес (м)	[káries]
diarree (de)	диарея (ж)	[diaréja]
constipatie (de)	запор (м)	[zapór]
maagstoornis (de)	расстройство (с) желудка	[rastrójstvɔ ʒelútka]
voedselvergiftiging (de)	отравление (с)	[ɔtravlénie]
voedselvergiftiging oplopen	отравиться (св, возв)	[ɔtravítsa]
artritis (de)	артрит (м)	[artrít]
rachitis (de)	рахит (м)	[rahít]
reuma (het)	ревматизм (м)	[revmatízm]
arteriosclerose (de)	атеросклероз (м)	[atɛrɔsklerós]
gastritis (de)	гастрит (м)	[gastrít]
blindedarmontsteking (de)	аппендицит (м)	[apenditsῑt]

| galblaasontsteking (de) | холецистит (м) | [hɔleʦistít] |
| zweer (de) | язва (ж) | [jázva] |

mazelen (mv.)	корь (ж)	[kórʲ]
rodehond (de)	краснуха (ж)	[krasnúha]
geelzucht (de)	желтуха (ж)	[ʒeltúha]
leverontsteking (de)	гепатит (м)	[gepatít]

schizofrenie (de)	шизофрения (ж)	[ʃizɔfreníja]
dolheid (de)	бешенство (с)	[béʃɛnstvɔ]
neurose (de)	невроз (м)	[nevrós]
hersenschudding (de)	сотрясение (с) мозга	[sɔtrɪsénie mózga]

kanker (de)	рак (м)	[rák]
sclerose (de)	склероз (м)	[sklerós]
multiple sclerose (de)	рассеянный склероз (м)	[rasséɪnnij sklerós]

alcoholisme (het)	алкоголизм (м)	[alkɔgɔlízm]
alcoholicus (de)	алкоголик (м)	[alkɔgólik]
syfilis (de)	сифилис (м)	[sífilis]
AIDS (de)	СПИД (м)	[spíd]

tumor (de)	опухоль (ж)	[ópuhɔlʲ]
kwaadaardig (bn)	злокачественная	[zlɔkátʃestvenaja]
goedaardig (bn)	доброкачественная	[dɔbrɔkátʃestvenaja]

koorts (de)	лихорадка (ж)	[lihɔrátka]
malaria (de)	малярия (ж)	[malîríja]
gangreen (het)	гангрена (ж)	[gangréna]
zeeziekte (de)	морская болезнь (ж)	[mɔrskája bɔléznʲ]
epilepsie (de)	эпилепсия (ж)	[ɛpilépsija]

epidemie (de)	эпидемия (ж)	[ɛpidémija]
tyfus (de)	тиф (м)	[tíf]
tuberculose (de)	туберкулёз (м)	[tuberkulǿs]
cholera (de)	холера (ж)	[hɔléra]
pest (de)	чума (ж)	[tʃumá]

72. Symptomen. Behandelingen. Deel 1

symptoom (het)	симптом (м)	[simptóm]
temperatuur (de)	температура (ж)	[temperatúra]
verhoogde temperatuur (de)	высокая температура (ж)	[visókaja temperatúra]
polsslag (de)	пульс (м)	[púlʲs]

duizeling (de)	головокружение (с)	[gólɔvɔ·kruʒǽnie]
heet (erg warm)	горячий	[gɔrʲátʃij]
koude rillingen (mv.)	озноб (м)	[ɔznób]
bleek (bn)	бледный	[blédnij]

hoest (de)	кашель (м)	[káʃɛlʲ]
hoesten (ww)	кашлять (нсв, нпх)	[káʃlɪtʲ]
niezen (ww)	чихать (нсв, нпх)	[tʃihátʲ]
flauwte (de)	обморок (м)	[óbmɔrɔk]

flauwvallen (ww)	упасть в обморок	[upást^j v óbmɔrɔk]
blauwe plek (de)	синяк (м)	[sin^ják]
buil (de)	шишка (ж)	[ʃʃka]
zich stoten (ww)	удариться (св, возв)	[udáritsa]
kneuzing (de)	ушиб (м)	[uʃb]
kneuzen (gekneusd zijn)	ударить ... (св, пх)	[udárit^j ...]
hinken (ww)	хромать (нсв, нпх)	[hrɔmát^j]
verstuiking (de)	вывих (м)	[vīvih]
verstuiken (enkel, enz.)	вывихнуть (св, пх)	[vīvihnut^j]
breuk (de)	перелом (м)	[perelóm]
een breuk oplopen	получить перелом	[pɔlutʃít^j perelóm]
snijwond (de)	порез (м)	[pɔrés]
zich snijden (ww)	порезаться (св, возв)	[pɔrézatsa]
bloeding (de)	кровотечение (с)	[krɔvɔ·tetʃénie]
brandwond (de)	ожог (м)	[ɔʒóg]
zich branden (ww)	обжечься (св, возв)	[ɔbʒǽtʃs^ja]
prikken (ww)	уколоть (св, пх)	[ukɔlót^j]
zich prikken (ww)	уколоться (св, возв)	[ukɔlótsa]
blesseren (ww)	повредить (св, пх)	[pɔvredít^j]
blessure (letsel)	повреждение (с)	[pɔvreʒdénie]
wond (de)	рана (ж)	[rána]
trauma (het)	травма (ж)	[trávma]
ijlen (ww)	бредить (нсв, нпх)	[brédit^j]
stotteren (ww)	заикаться (нсв, возв)	[zaikátsa]
zonnesteek (de)	солнечный удар (м)	[sólnetʃnij udár]

73. Symptomen. Behandelingen. Deel 2

pijn (de)	боль (ж)	[ból^j]
splinter (de)	заноза (ж)	[zanóza]
zweet (het)	пот (м)	[pót]
zweten (ww)	потеть (нсв, нпх)	[pɔtét^j]
braking (de)	рвота (ж)	[rvóta]
stuiptrekkingen (mv.)	судороги (ж мн)	[súdɔrɔgi]
zwanger (bn)	беременная	[berémennaja]
geboren worden (ww)	родиться (св, возв)	[rɔdítsa]
geboorte (de)	роды (мн)	[ródi]
baren (ww)	рожать (нсв, пх)	[rɔʒát^j]
abortus (de)	аборт (м)	[abórt]
ademhaling (de)	дыхание (с)	[dihánie]
inademing (de)	вдох (м)	[vdóh]
uitademing (de)	выдох (м)	[vīdɔh]
uitademen (ww)	выдохнуть (св, пх)	[vīdɔhnut^j]
inademen (ww)	вдыхать (нсв, нпх)	[vdɨhát^j]
invalide (de)	инвалид (м)	[invalíd]
gehandicapte (de)	калека (с)	[kaléka]

drugsverslaafde (de)	наркоман (м)	[narkomán]
doof (bn)	глухой	[gluhój]
stom (bn)	немой	[nemój]
doofstom (bn)	глухонемой	[gluhɔ·nemój]
krankzinnig (bn)	сумасшедший	[sumaʃǽdʃɛj]
krankzinnige (man)	сумасшедший (м)	[sumaʃǽdʃɛj]
krankzinnige (vrouw)	сумасшедшая (ж)	[sumaʃǽdʃaja]
krankzinnig worden	сойти с ума	[sɔjtí s umá]
gen (het)	ген (м)	[gén]
immuniteit (de)	иммунитет (м)	[imunitét]
erfelijk (bn)	наследственный	[naslétstvenɪj]
aangeboren (bn)	врождённый	[vrɔʒdǿnɪj]
virus (het)	вирус (м)	[vírus]
microbe (de)	микроб (м)	[mikrób]
bacterie (de)	бактерия (ж)	[baktǽrija]
infectie (de)	инфекция (ж)	[inféktsija]

74. Symptomen. Behandelingen. Deel 3

ziekenhuis (het)	больница (ж)	[bɔlʲnítsa]
patiënt (de)	пациент (м)	[patsiǽnt]
diagnose (de)	диагноз (м)	[diágnɔs]
genezing (de)	лечение (с)	[letʃénie]
medische behandeling (de)	лечение (с)	[letʃénie]
onder behandeling zijn	лечиться (нсв, возв)	[letʃítsa]
behandelen (ww)	лечить (нсв, пх)	[letʃítʲ]
zorgen (zieken ~)	ухаживать (нсв, нпх)	[uháʒivatʲ]
ziekenzorg (de)	уход (м)	[uhód]
operatie (de)	операция (ж)	[ɔperátsija]
verbinden (een arm ~)	перевязать (св, пх)	[perevɪzátʲ]
verband (het)	перевязка (ж)	[perevʲázka]
vaccin (het)	прививка (ж)	[privífka]
inenten (vaccineren)	делать прививку	[dólatʲ privífku]
injectie (de)	укол (м)	[ukól]
een injectie geven	делать укол	[délatʲ ukól]
amputatie (de)	ампутация (ж)	[amputátsija]
amputeren (ww)	ампутировать (н/св, пх)	[amputírovatʲ]
coma (het)	кома (ж)	[kóma]
in coma liggen	быть в коме	[bɪ̄tʲ f kóme]
intensieve zorg, ICU (de)	реанимация (ж)	[reanimátsija]
zich herstellen (ww)	выздоравливать (нсв, нпх)	[vizdɔrávlivatʲ]
toestand (de)	состояние (с)	[sɔstɔjánie]
bewustzijn (het)	сознание (с)	[sɔznánie]
geheugen (het)	память (ж)	[pámɪtʲ]
trekken (een kies ~)	удалять (нсв, пх)	[udalʲátʲ]
vulling (de)	пломба (ж)	[plómba]

vullen (ww)	пломбировать (нсв, пх)	[plɔmbirɔvátʲ]
hypnose (de)	гипноз (м)	[gipnós]
hypnotiseren (ww)	гипнотизировать (нсв, пх)	[gipnɔtizírɔvatʲ]

75. Artsen

dokter, arts (de)	врач (м)	[vrátʃ]
ziekenzuster (de)	медсестра (ж)	[metsestrá]
lijfarts (de)	личный врач (м)	[lítʃnij vrátʃ]

tandarts (de)	стоматолог (м)	[stɔmatólɔg]
oogarts (de)	окулист (м)	[ɔkulíst]
therapeut (de)	терапевт (м)	[terapévt]
chirurg (de)	хирург (м)	[hirúrg]

psychiater (de)	психиатр (м)	[psihiátr]
pediater (de)	педиатр (м)	[pediátr]
psycholoog (de)	психолог (м)	[psihólɔg]
gynaecoloog (de)	гинеколог (м)	[ginekólɔg]
cardioloog (de)	кардиолог (м)	[kardiólɔg]

76. Geneeskunde. Medicijnen. Accessoires

geneesmiddel (het)	лекарство (с)	[lekárstvɔ]
middel (het)	средство (с)	[srétstvɔ]
voorschrijven (ww)	прописать (нсв, пх)	[prɔpisátʲ]
recept (het)	рецепт (м)	[retsǽpt]

tablet (de/het)	таблетка (ж)	[tablétka]
zalf (de)	мазь (ж)	[másʲ]
ampul (de)	ампула (ж)	[ámpula]
drank (de)	микстура (ж)	[mikstúra]
siroop (de)	сироп (м)	[siróp]
pil (de)	пилюля (ж)	[pilʲúlʲa]
poeder (de/het)	порошок (м)	[pɔrɔʃók]

verband (het)	бинт (м)	[bínt]
watten (mv.)	вата (ж)	[váta]
jodium (het)	йод (м)	[jód]
pleister (de)	лейкопластырь (м)	[lejkɔplástirʲ]
pipet (de)	пипетка (ж)	[pipétka]
thermometer (de)	градусник (м)	[grádusnik]
spuit (de)	шприц (м)	[ʃpríts]

| rolstoel (de) | коляска (ж) | [kɔlʲáska] |
| krukken (mv.) | костыли (м мн) | [kɔstilí] |

pijnstiller (de)	обезболивающее (с)	[ɔbezbólivajuʃee]
laxeermiddel (het)	слабительное (с)	[slabítelʲnɔe]
spiritus (de)	спирт (м)	[spírt]
medicinale kruiden (mv.)	трава (ж)	[travá]
kruiden- (abn)	травяной	[travɪnój]

77. Roken. Tabaksproducten

tabak (de)	табак (м)	[tabák]
sigaret (de)	сигарета (ж)	[sigaréta]
sigaar (de)	сигара (ж)	[sigára]
pijp (de)	трубка (ж)	[trúpka]
pakje (~ sigaretten)	пачка (ж)	[pátʃka]
lucifers (mv.)	спички (ж мн)	[spítʃki]
luciferdoosje (het)	спичечный коробок (м)	[spítʃetʃnij korobók]
aansteker (de)	зажигалка (ж)	[zaʒigálka]
asbak (de)	пепельница (ж)	[pépelʲnitsa]
sigarettendoosje (het)	портсигар (м)	[portsigár]
sigarettenpijpje (het)	мундштук (м)	[munʃtúk]
filter (de/het)	фильтр (м)	[fílʲtr]
roken (ww)	курить (нсв, н/пх)	[kurítʲ]
een sigaret opsteken	прикурить (св, н/пх)	[prikurítʲ]
roken (het)	курение (с)	[kurénie]
roker (de)	курильщик (м)	[kurílʲʃik]
peuk (de)	окурок (м)	[ɔkúrɔk]
rook (de)	дым (м)	[dɯm]
as (de)	пепел (м)	[pépel]

HET MENSELIJKE LEEFGEBIED

Stad

stad (de)	город (м)	[górɔd]
hoofdstad (de)	столица (ж)	[stɔlítsa]
dorp (het)	деревня (ж)	[derévnʲa]
plattegrond (de)	план (м) города	[plán górɔda]
centrum (ov. een stad)	центр (м) города	[tsæntr górɔda]
voorstad (de)	пригород (м)	[prígɔrɔd]
voorstads- (abn)	пригородный	[prígɔrɔdnʲij]
randgemeente (de)	окраина (ж)	[ɔkráina]
omgeving (de)	окрестности (ж мн)	[ɔkrésnɔsti]
blok (huizenblok)	квартал (м)	[kvartál]
woonwijk (de)	жилой квартал (м)	[ʒilój kvartál]
verkeer (het)	движение (с)	[dviʒǽnie]
verkeerslicht (het)	светофор (м)	[svetɔfór]
openbaar vervoer (het)	городской транспорт (м)	[gɔrɔtskój tránspɔrt]
kruispunt (het)	перекрёсток (м)	[perekrǿstɔk]
zebrapad (oversteekplaats)	переход (м)	[perehód]
onderdoorgang (de)	подземный переход (м)	[podzémnʲij perehód]
oversteken (de straat ~)	переходить (нсв, н/пх)	[perehɔdítʲ]
voetganger (de)	пешеход (м)	[peʃhód]
trottoir (het)	тротуар (м)	[trɔtuár]
brug (de)	мост (м)	[móst]
dijk (de)	набережная (ж)	[nábereʒnaja]
fontein (de)	фонтан (м)	[fɔntán]
allee (de)	аллея (ж)	[aléja]
park (het)	парк (м)	[párk]
boulevard (de)	бульвар (м)	[bulʲvár]
plein (het)	площадь (ж)	[plóʃatʲ]
laan (de)	проспект (м)	[prɔspékt]
straat (de)	улица (ж)	[úlitsa]
zijstraat (de)	переулок (м)	[pereúlɔk]
doodlopende straat (de)	тупик (м)	[tupík]
huis (het)	дом (м)	[dóm]
gebouw (het)	здание (с)	[zdánie]
wolkenkrabber (de)	небоскрёб (м)	[nebɔskrǿb]
gevel (de)	фасад (м)	[fasád]
dak (het)	крыша (ж)	[krýʃa]

venster (het)	окно (с)	[ɔknó]
boog (de)	арка (ж)	[árka]
pilaar (de)	колонна (ж)	[kɔlóna]
hoek (ov. een gebouw)	угол (м)	[úgɔl]

vitrine (de)	витрина (ж)	[vitrína]
gevelreclame (de)	вывеска (ж)	[vīveska]
affiche (de/het)	афиша (ж)	[afíʃa]
reclameposter (de)	рекламный плакат (м)	[reklámnɨj plakát]
aanplakbord (het)	рекламный щит (м)	[reklámnɨj ʃít]

vuilnis (de/het)	мусор (м)	[músɔr]
vuilnisbak (de)	урна (ж)	[úrna]
afval weggooien (ww)	сорить (нсв, нпх)	[sɔrítʲ]
stortplaats (de)	свалка (ж)	[sválka]

telefooncel (de)	телефонная будка (ж)	[telefónnaja bútka]
straatlicht (het)	фонарный столб (м)	[fɔnárnɨj stólb]
bank (de)	скамейка (ж)	[skaméjka]

politieagent (de)	полицейский (м)	[pɔlitsǽjskij]
politie (de)	полиция (ж)	[pɔlítsija]
zwerver (de)	нищий (м)	[níʃij]
dakloze (de)	бездомный (м)	[bezdómnɨj]

79. Stedelijke instellingen

winkel (de)	магазин (м)	[magazín]
apotheek (de)	аптека (ж)	[aptéka]
optiek (de)	оптика (ж)	[óptika]
winkelcentrum (het)	торговый центр (м)	[tɔrgóvɨj tsǽntr]
supermarkt (de)	супермаркет (м)	[supermárket]

bakkerij (de)	булочная (ж)	[búlɔtʃnaja]
bakker (de)	пекарь (м)	[pékarʲ]
banketbakkerij (de)	кондитерская (ж)	[kɔndíterskaja]
kruidenier (de)	продуктовый магазин (м)	[prɔduktóvɨj magazín]
slagerij (de)	мясная лавка (ж)	[mɨsnája láfka]

| groentewinkel (de) | овощная лавка (ж) | [ɔvɔʃnája láfka] |
| markt (de) | рынок (м) | [rīnɔk] |

koffiehuis (het)	кафе (с)	[kafǽ]
restaurant (het)	ресторан (м)	[restɔrán]
bar (de)	пивная (ж)	[pivnája]
pizzeria (de)	пиццерия (ж)	[pitsǽrija], [pitsɛríja]

kapperssalon (de/het)	парикмахерская (ж)	[parihmáherskaja]
postkantoor (het)	почта (ж)	[pótʃta]
stomerij (de)	химчистка (ж)	[himtʃístka]
fotostudio (de)	фотоателье (с)	[foto·atɛljé]

| schoenwinkel (de) | обувной магазин (м) | [ɔbuvnój magazín] |
| boekhandel (de) | книжный магазин (м) | [kníʒnɨj magazín] |

sportwinkel (de)	спортивный магазин (м)	[sportívnij magazín]
kledingreparatie (de)	ремонт (м) одежды	[remónt odéʒdi]
kledingverhuur (de)	прокат (м) одежды	[prokát odéʒdi]
videotheek (de)	прокат (м) фильмов	[prokát fílʲmof]

circus (de/het)	цирк (м)	[tsïrk]
dierentuin (de)	зоопарк (м)	[zɔɔpárk]
bioscoop (de)	кинотеатр (м)	[kinoteátr]
museum (het)	музей (м)	[muzéj]
bibliotheek (de)	библиотека (ж)	[bibliotéka]

theater (het)	театр (м)	[teátr]
opera (de)	опера (ж)	[ópera]
nachtclub (de)	ночной клуб (м)	[notʃnój klúb]
casino (het)	казино (с)	[kazinó]

moskee (de)	мечеть (ж)	[metʃétʲ]
synagoge (de)	синагога (ж)	[sinagóga]
kathedraal (de)	собор (м)	[sobór]
tempel (de)	храм (м)	[hrám]
kerk (de)	церковь (ж)	[tsǽrkofʲ]

instituut (het)	институт (м)	[institút]
universiteit (de)	университет (м)	[universitét]
school (de)	школа (ж)	[ʃkóla]

gemeentehuis (het)	префектура (ж)	[prefektúra]
stadhuis (het)	мэрия (ж)	[mǽrija]
hotel (het)	гостиница (ж)	[gostínitsa]
bank (de)	банк (м)	[bánk]

ambassade (de)	посольство (с)	[posólʲstvo]
reisbureau (het)	турагентство (с)	[tur·agénstvo]
informatieloket (het)	справочное бюро (с)	[správotʃnoe bʲuró]
wisselkantoor (het)	обменный пункт (м)	[obménnij púnkt]

| metro (de) | метро (с) | [metró] |
| ziekenhuis (het) | больница (ж) | [bolʲnítsa] |

| benzinestation (het) | автозаправка (ж) | [afto·zapráfka] |
| parking (de) | стоянка (ж) | [stojánka] |

80. Borden

gevelreclame (de)	вывеска (ж)	[vïveska]
opschrift (het)	надпись (ж)	[nátpisʲ]
poster (de)	плакат, постер (м)	[plakát], [póstɛr]
wegwijzer (de)	указатель (м)	[ukazátelʲ]
pijl (de)	стрелка (ж)	[strélka]

waarschuwing (verwittiging)	предостережение (с)	[predostereʒǽnie]
waarschuwingsbord (het)	предупреждение (с)	[predupreʒdénie]
waarschuwen (ww)	предупредить (св, пх)	[predupredítʲ]
vrije dag (de)	выходной день (м)	[vihodnój dénʲ]

| dienstregeling (de) | расписание (c) | [raspisánie] |
| openingsuren (mv.) | часы (мн) работы | [tʃasī rabóti] |

WELKOM!	ДОБРО ПОЖАЛОВАТЬ!	[dɔbró pɔʒálɔvatʲ]
INGANG	ВХОД	[fhód]
UITGANG	ВЫХОД	[vīhɔd]

DUWEN	ОТ СЕБЯ	[ɔt sebʲá]
TREKKEN	НА СЕБЯ	[na sebʲá]
OPEN	ОТКРЫТО	[ɔtkrītɔ]
GESLOTEN	ЗАКРЫТО	[zakrītɔ]

| DAMES | ДЛЯ ЖЕНЩИН | [dlʲa ʒǽnʃin] |
| HEREN | ДЛЯ МУЖЧИН | [dlʲa muʃín] |

KORTING	СКИДКИ	[skítki]
UITVERKOOP	РАСПРОДАЖА	[rasprɔdáʒa]
NIEUW!	НОВИНКА!	[nɔvínka]
GRATIS	БЕСПЛАТНО	[besplátnɔ]

PAS OP!	ВНИМАНИЕ!	[vnimánie]
VOLGEBOEKT	МЕСТ НЕТ	[mést nét]
GERESERVEERD	ЗАРЕЗЕРВИРОВАНО	[zarezervírɔvanɔ]

ADMINISTRATIE	АДМИНИСТРАЦИЯ	[administrátsija]
ALLEEN VOOR	ТОЛЬКО	[tólʲkɔ
PERSONEEL	ДЛЯ ПЕРСОНАЛА	dlʲa persɔnála]

GEVAARLIJKE HOND	ЗЛАЯ СОБАКА	[zlája sɔbáka]
VERBODEN TE ROKEN!	НЕ КУРИТЬ!	[ne kurítʲ]
NIET AANRAKEN!	РУКАМИ НЕ ТРОГАТЬ!	[rukámi ne trógatʲ]

GEVAARLIJK	ОПАСНО	[ɔpásnɔ]
GEVAAR	ОПАСНОСТЬ	[ɔpásnɔstʲ]
HOOGSPANNING	ВЫСОКОЕ НАПРЯЖЕНИЕ	[visókɔe naprɪʒǽnie]
VERBODEN TE ZWEMMEN	КУПАТЬСЯ ЗАПРЕЩЕНО	[kupátsa zapreʃenó]
BUITEN GEBRUIK	НЕ РАБОТАЕТ	[ne rabótaet]

ONTVLAMBAAR	ОГНЕОПАСНО	[ɔgneɔpásnɔ]
VERBODEN	ЗАПРЕЩЕНО	[zapreʃenó]
DOORGANG VERBODEN	ПРОХОД ЗАПРЕЩЁН	[prɔhót zapreʃʲón]
OPGELET PAS GEVERFD	ОКРАШЕНО	[ɔkráʃɛnɔ]

81. Stedelijk vervoer

bus, autobus (de)	автобус (м)	[aftóbus]
tram (de)	трамвай (м)	[tramváj]
trolleybus (de)	троллейбус (м)	[trɔléjbus]
route (de)	маршрут (м)	[marʃrút]
nummer (busnummer, enz.)	номер (м)	[nómer]

rijden met ...	ехать на ... (нсв)	[éhatʲ na ...]
stappen (in de bus ~)	сесть на ... (св)	[séstʲ na ...]
afstappen (ww)	сойти с ... (св)	[sɔjtí s ...]

halte (de)	остановка (ж)	[ɔstanófka]
volgende halte (de)	следующая остановка (ж)	[sléduʃaja ɔstanófka]
eindpunt (het)	конечная остановка (ж)	[kɔnétʃnaja ɔstanófka]
dienstregeling (de)	расписание (c)	[raspisánie]
wachten (ww)	ждать (нсв, пх)	[ʒdátʲ]

| kaartje (het) | билет (м) | [bilét] |
| reiskosten (de) | стоимость (ж) билета | [stóimɔstʲ biléta] |

kassier (de)	кассир (м)	[kassír]
kaartcontrole (de)	контроль (м)	[kɔntrólʲ]
controleur (de)	контролёр (м)	[kɔntrɔlǿr]

te laat zijn (ww)	опаздывать на ... (нсв, нпх)	[ɔpázdivatʲ na ...]
missen (de bus ~)	опоздать на ... (св, нпх)	[ɔpɔzdátʲ na ...]
zich haasten (ww)	спешить (нсв, нпх)	[speʃítʲ]

taxi (de)	такси (c)	[taksí]
taxichauffeur (de)	таксист (м)	[taksíst]
met de taxi (bw)	на такси	[na taksí]
taxistandplaats (de)	стоянка (ж) такси	[stɔjánka taksí]
een taxi bestellen	вызвать такси	[vīzvatʲ taksí]
een taxi nemen	взять такси	[vzʲátʲ taksí]

verkeer (het)	уличное движение (c)	[úlitʃnɔe dviʒǽnie]
file (de)	пробка (ж)	[própka]
spitsuur (het)	часы пик (м)	[tʃasī pík]
parkeren (on.ww.)	парковаться (нсв, возв)	[parkɔvátsa]
parkeren (ov.ww.)	парковать (нсв, пх)	[parkɔvátʲ]
parking (de)	стоянка (ж)	[stɔjánka]

metro (de)	метро (c)	[metró]
halte (bijv. kleine treinhalte)	станция (ж)	[stántsija]
de metro nemen	ехать на метро	[éhatʲ na metró]
trein (de)	поезд (м)	[póezd]
station (treinstation)	вокзал (м)	[vɔkzál]

82. Bezienswaardigheden

monument (het)	памятник (м)	[pámɪtnik]
vesting (de)	крепость (ж)	[krépɔstʲ]
paleis (het)	дворец (м)	[dvɔréts]
kasteel (het)	замок (м)	[zámɔk]
toren (de)	башня (ж)	[báʃnʲa]
mausoleum (het)	мавзолей (м)	[mavzɔléj]

architectuur (de)	архитектура (ж)	[arhitektúra]
middeleeuws (bn)	средневековый	[srednevekóvij]
oud (bn)	старинный	[starínnij]
nationaal (bn)	национальный	[natsiɔnálʲnij]
bekend (bn)	известный	[izvésnij]

| toerist (de) | турист (м) | [turíst] |
| gids (de) | гид (м) | [gíd] |

rondleiding (de)	экскурсия (ж)	[εkskúrsija]
tonen (ww)	показывать (нсв, пх)	[pɔkázivatʲ]
vertellen (ww)	рассказывать (нсв, пх)	[raskázivatʲ]

vinden (ww)	найти (св, пх)	[najtí]
verdwalen (de weg kwijt zijn)	потеряться (св, возв)	[pɔterʲátsa]
plattegrond (~ van de metro)	схема (ж)	[sxéma]
plattegrond (~ van de stad)	план (м)	[plán]

souvenir (het)	сувенир (м)	[suvenír]
souvenirwinkel (de)	магазин (м) сувениров	[magazín suvenírɔf]
foto's maken	фотографировать (нсв, пх)	[fɔtɔgrafírɔvatʲ]
zich laten fotograferen	фотографироваться (нсв, возв)	[fɔtɔgrafírɔvatsa]

83. Winkelen

kopen (ww)	покупать (нсв, пх)	[pɔkupátʲ]
aankoop (de)	покупка (ж)	[pɔkúpka]
winkelen (ww)	делать покупки	[délatʲ pɔkúpki]
winkelen (het)	шоппинг (м)	[ʃóping]

| open zijn (ov. een winkel, enz.) | работать (нсв, нпх) | [rabótatʲ] |
| gesloten zijn (ww) | закрыться (св, возв) | [zakrĩtsa] |

schoeisel (het)	обувь (ж)	[óbufʲ]
kleren (mv.)	одежда (ж)	[ɔdéʒda]
cosmetica (mv.)	косметика (ж)	[kɔsmétika]
voedingswaren (mv.)	продукты (мн)	[prɔdúkti]
geschenk (het)	подарок (м)	[pɔdárɔk]

| verkoper (de) | продавец (м) | [prɔdavéts] |
| verkoopster (de) | продавщица (ж) | [prɔdafʃítsa] |

kassa (de)	касса (ж)	[kássa]
spiegel (de)	зеркало (с)	[zérkalɔ]
toonbank (de)	прилавок (м)	[prilávɔk]
paskamer (de)	примерочная (ж)	[primérɔtʃnaja]

aanpassen (ww)	примерить (св, пх)	[priméritʲ]
passen (ov. kleren)	подходить (нсв, нпх)	[pɔtxɔdítʲ]
bevallen (prettig vinden)	нравиться (нсв, возв)	[nrávitsa]

prijs (de)	цена (ж)	[tsɛná]
prijskaartje (het)	ценник (м)	[tsǽnnik]
kosten (ww)	стоить (нсв, пх)	[stóitʲ]
Hoeveel?	Сколько?	[skólʲkɔ?]
korting (de)	скидка (ж)	[skítka]

niet duur (bn)	недорогой	[nedɔrɔgój]
goedkoop (bn)	дешёвый	[deʃóvij]
duur (bn)	дорогой	[dɔrɔgój]
Dat is duur.	Это дорого.	[ǽtɔ dórɔgɔ]

verhuur (de)   прокат (м)   [prɔkát]
huren (smoking, enz.) взять напрокат   [vzʲátʲ naprɔkát]
krediet (het)   кредит (м)   [kredít]
op krediet (bw)   в кредит   [f kredít]

84. Geld

geld (het)   деньги (мн)   [dénʲgi]
ruil (de)   обмен (м)   [ɔbmén]
koers (de)   курс (м)   [kúrs]
geldautomaat (de) банкомат (м)   [bankɔmát]
muntstuk (de)   монета (ж)   [mɔnéta]

dollar (de)   доллар (м)   [dólar]
euro (de)   евро (с)   [évrɔ]

lire (de)   лира (ж)   [líra]
Duitse mark (de)   марка (ж)   [márka]
frank (de)   франк (м)   [fránk]
pond sterling (het) фунт стерлингов (м)   [fúnt stérlingɔf]
yen (de)   йена (ж)   [jéna]

schuld (geldbedrag) долг (м)   [dólg]
schuldenaar (de)   должник (м)   [dɔlʒník]
uitlenen (ww)   дать в долг   [dátʲ v dólg]
lenen (geld ~)   взять в долг   [vzʲátʲ v dólg]

bank (de)   банк (м)   [bánk]
bankrekening (de)   счёт (м)   [ʃǿt]
storten (ww)   положить (св, пх)   [pɔlɔʒítʲ]
op rekening storten положить на счёт   [pɔlɔʒítʲ na ʃǿt]
opnemen (ww)   снять со счёта   [snʲátʲ sɔ ʃǿta]

kredietkaart (de)   кредитная карта (ж) [kredítnaja kárta]
baar geld (het)   наличные деньги (мн) [nalíʧnie dénʲgi]
cheque (de)   чек (м)   [ʧék]
een cheque uitschrijven выписать чек   [vípisatʲ ʧék]
chequeboekje (het)   чековая книжка (ж)   [ʧékɔvaja kníʃka]

portefeuille (de) бумажник (м)   [bumáʒnik]
geldbeugel (de)   кошелёк (м)   [kɔʃelǿk]
safe (de)   сейф (м)   [séjf]

erfgenaam (de) наследник (м)   [naslédnik]
erfenis (de)   наследство (с)   [naslétstvɔ]
fortuin (het)   состояние (с)   [sɔstɔjánie]

huur (de)   аренда (ж)   [arénda]
huurprijs (de)   квартирная плата (ж) [kvartírnaja pláta]
huren (huis, kamer) снимать (нсв, пх)   [snimátʲ]

prijs (de)   цена (ж)   [ʦɛná]
kostprijs (de) стоимость (ж)   [stóimɔstʲ]
som (de)   сумма (ж)   [súmma]

uitgeven (geld besteden)	тратить (нсв, пх)	[trátit']
kosten (mv.)	расходы (мн)	[rasxódi]
bezuinigen (ww)	экономить (нсв, н/пх)	[ɛkɔnómit']
zuinig (bn)	экономный	[ɛkɔnómnij]

betalen (ww)	платить (нсв, н/пх)	[platít']
betaling (de)	оплата (ж)	[ɔpláta]
wisselgeld (het)	сдача (ж)	[zdátʃa]

belasting (de)	налог (м)	[nalóg]
boete (de)	штраф (м)	[ʃtráf]
beboeten (bekeuren)	штрафовать (нсв, пх)	[ʃtrafɔvát']

85. Post. Postkantoor

postkantoor (het)	почта (ж)	[pótʃta]
post (de)	почта (ж)	[pótʃta]
postbode (de)	почтальон (м)	[pɔtʃtaljón]
openingsuren (mv.)	часы (мн) работы	[tʃasī rabóti]

brief (de)	письмо (с)	[pis'mó]
aangetekende brief (de)	заказное письмо (с)	[zakaznóe pis'mó]
briefkaart (de)	открытка (ж)	[ɔtkrītka]
telegram (het)	телеграмма (ж)	[telegráma]
postpakket (het)	посылка (ж)	[posīlka]
overschrijving (de)	денежный перевод (м)	[déneʒnij perevód]

ontvangen (ww)	получить (св, пх)	[polutʃít']
sturen (zenden)	отправить (св, пх)	[ɔtprávit']
verzending (de)	отправка (ж)	[ɔtpráfka]

adres (het)	адрес (м)	[ádres]
postcode (de)	индекс (м)	[índɛks]
verzender (de)	отправитель (м)	[ɔtpravítel']
ontvanger (de)	получатель (м)	[polutʃátel']

naam (de)	имя (с)	[ím'a]
achternaam (de)	фамилия (ж)	[famílija]

tarief (het)	тариф (м)	[taríf]
standaard (bn)	обычный	[obītʃnij]
zuinig (bn)	экономичный	[ɛkɔnɔmítʃnij]

gewicht (het)	вес (м)	[vés]
afwegen (op de weegschaal)	взвешивать (нсв, пх)	[vzvéʃivat']
envelop (de)	конверт (м)	[kɔnvért]
postzegel (de)	марка (ж)	[márka]
een postzegel plakken op	наклеивать марку	[nakléivat' márku]

Woning. Huis. Thuis

huis (het)	дом (м)	[dóm]
thuis (bw)	дома	[dóma]
cour (de)	двор (м)	[dvór]
omheining (de)	ограда (ж)	[ɔgráda]
baksteen (de)	кирпич (м)	[kirpítʃ]
van bakstenen	кирпичный	[kirpítʃnij]
steen (de)	камень (м)	[kámenʲ]
stenen (bn)	каменный	[kámennij]
beton (het)	бетон (м)	[betón]
van beton	бетонный	[betónnij]
nieuw (bn)	новый	[nóvij]
oud (bn)	старый	[stárij]
vervallen (bn)	ветхий	[vétxij]
modern (bn)	современный	[sɔvreménnij]
met veel verdiepingen	многоэтажный	[mnɔgɔ·ɛtáʒnij]
hoog (bn)	высокий	[visókij]
verdieping (de)	этаж (м)	[ɛtáʃ]
met een verdieping	одноэтажный	[ɔdnɔ·ɛtáʒnij]
laagste verdieping (de)	нижний этаж (м)	[níʒnij ɛtáʃ]
bovenverdieping (de)	верхний этаж (м)	[vérhnij ɛtáʃ]
dak (het)	крыша (ж)	[krɨ́ʃa]
schoorsteen (de)	труба (ж)	[trubá]
dakpan (de)	черепица (ж)	[tʃerepítsa]
pannen- (abn)	черепичный	[tʃerepítʃnij]
zolder (de)	чердак (м)	[tʃerdák]
venster (het)	окно (с)	[ɔknó]
glas (het)	стекло (с)	[steklό]
vensterbank (de)	подоконник (м)	[pɔdɔkónik]
luiken (mv.)	ставни (ж мн)	[stávni]
muur (de)	стена (ж)	[stená]
balkon (het)	балкон (м)	[balkón]
regenpijp (de)	водосточная труба (ж)	[vɔdɔstótʃnaja trubá]
boven (bw)	наверху	[naverhú]
naar boven gaan (ww)	подниматься (нсв, возв)	[pɔdnimátsa]
afdalen (on.ww.)	спускаться (нсв, возв)	[spuskátsa]
verhuizen (ww)	переезжать (нсв, нпх)	[pereeʒátʲ]

87. Huis. Ingang. Lift

ingang (de)	подъезд (м)	[pɔdjézd]
trap (de)	лестница (ж)	[lésnitsa]
treden (mv.)	ступени (ж мн)	[stupéni]
trapleuning (de)	перила (мн)	[períla]
hal (de)	холл (м)	[hól]
postbus (de)	почтовый ящик (м)	[pɔt͡ʃtóvij jáʃik]
vuilnisbak (de)	мусорный бак (м)	[músɔrnij bák]
vuilniskoker (de)	мусоропровод (м)	[musɔrɔ·prɔvód]
lift (de)	лифт (м)	[líft]
goederenlift (de)	грузовой лифт (м)	[gruzɔvój líft]
liftcabine (de)	кабина (ж)	[kabína]
de lift nemen	ехать на лифте	[éhatʲ na lífte]
appartement (het)	квартира (ж)	[kvartíra]
bewoners (mv.)	жильцы (мн)	[ʒilʲtsí]
buurman (de)	сосед (м)	[sɔséd]
buurvrouw (de)	соседка (ж)	[sɔsétka]
buren (mv.)	соседи (мн)	[sɔsédi]

88. Huis. Elektriciteit

elektriciteit (de)	электричество (с)	[ɛlektríʧestvɔ]
lamp (de)	лампочка (ж)	[lámpɔʧka]
schakelaar (de)	выключатель (м)	[viklʲuʧátelʲ]
zekering (de)	пробка (ж)	[própka]
draad (de)	провод (м)	[próvɔd]
bedrading (de)	проводка (ж)	[prɔvótka]
elektriciteitsmeter (de)	счётчик (м)	[ʃ͡ʃóttʃik]
gegevens (mv.)	показание (с)	[pɔkazánie]

89. Huis. Deuren. Sloten

deur (de)	дверь (ж)	[dvérʲ]
toegangspoort (de)	ворота (мн)	[vɔróta]
deurkruk (de)	ручка (ж)	[rúʧka]
ontsluiten (ontgrendelen)	отпереть (св, н/пх)	[ɔtperétʲ]
openen (ww)	открывать (нсв, пх)	[ɔtkrivátʲ]
sluiten (ww)	закрывать (нсв, пх)	[zakrivátʲ]
sleutel (de)	ключ (м)	[klʲúʧ]
sleutelbos (de)	связка (ж)	[svʲáska]
knarsen (bijv. scharnier)	скрипеть (нсв, нпх)	[skripétʲ]
knarsgeluid (het)	скрип (м)	[skríp]
scharnier (het)	петля (ж)	[petlʲá]
deurmat (de)	коврик (м)	[kóvrik]
slot (het)	замок (м)	[zámɔk]

sleutelgat (het)	замочная скважина (ж)	[zamótʃnaja skváʒina]
grendel (de)	засов (м)	[zasóf]
schuif (de)	задвижка (ж)	[zadvíʃka]
hangslot (het)	навесной замок (м)	[navesnój zamók]

aanbellen (ww)	звонить (нсв, нпх)	[zvonítʲ]
bel (geluid)	звонок (м)	[zvonók]
deurbel (de)	звонок (м)	[zvonók]
belknop (de)	кнопка (ж)	[knópka]
geklop (het)	стук (м)	[stúk]
kloppen (ww)	стучать (нсв, нпх)	[stutʃátʲ]

code (de)	код (м)	[kód]
cijferslot (het)	кодовый замок (м)	[kódovij zamók]
parlofoon (de)	домофон (м)	[domofón]
nummer (het)	номер (м)	[nómer]
naambordje (het)	табличка (ж)	[tablítʃka]
deurspion (de)	глазок (м)	[glazók]

90. Huis op het platteland

dorp (het)	деревня (ж)	[derévnʲa]
moestuin (de)	огород (м)	[ogoród]
hek (het)	забор (м)	[zabór]
houten hekwerk (het)	изгородь (ж)	[ízgorotʲ]
tuinpoortje (het)	калитка (ж)	[kalítka]

graanschuur (de)	амбар (м)	[ambár]
wortelkelder (de)	погреб (м)	[pógreb]
schuur (de)	сарай (м)	[saráj]
waterput (de)	колодец (м)	[kolódets]

kachel (de)	печь (ж)	[pétʃʲ]
de kachel stoken	топить печь (нсв)	[topítʲ pétʃʲ]
brandhout (het)	дрова (ж)	[drová]
houtblok (het)	полено (с)	[poléno]

veranda (de)	веранда (ж)	[veránda]
terras (het)	терраса (ж)	[terása]
bordes (het)	крыльцо (с)	[krilʲtsó]
schommel (de)	качели (мн)	[katʃéli]

91. Villa. Herenhuis

landhuisje (het)	загородный дом (м)	[zágorodnij dom]
villa (de)	вилла (ж)	[vílla]
vleugel (de)	крыло (с)	[kriló]

tuin (de)	сад (м)	[sád]
park (het)	парк (м)	[párk]
oranjerie (de)	оранжерея (ж)	[oranʒeréja]
onderhouden (tuin, enz.)	ухаживать (нсв, нпх)	[uháʒivatʲ]

zwembad (het)	бассейн (м)	[baséjn]
gym (het)	тренажёрный зал (м)	[trenaʒórnij zál]
tennisveld (het)	теннисный корт (м)	[tǽnisnij kórt]
bioscoopkamer (de)	кинотеатр (м)	[kinɔteátr]
garage (de)	гараж (м)	[garáʃ]

| privé-eigendom (het) | частная собственность (ж) | [tʃásnaja sópstvenɔstʲ] |
| eigen terrein (het) | частные владения (с мн) | [tʃásnɪe vladénija] |

| waarschuwing (de) | предупреждение (с) | [predupreʒdénie] |
| waarschuwingsbord (het) | предупреждающая надпись (ж) | [predupreʒdájuʃaja nátpisʲ] |

bewaking (de)	охрана (ж)	[ɔhrána]
bewaker (de)	охранник (м)	[ɔhránnik]
inbraakalarm (het)	сигнализация (ж)	[signalizátsija]

92. Kasteel. Paleis

kasteel (het)	замок (м)	[zámɔk]
paleis (het)	дворец (м)	[dvɔréts]
vesting (de)	крепость (ж)	[krépɔstʲ]
ringmuur (de)	стена (ж)	[stená]
toren (de)	башня (ж)	[báʃnʲa]
donjon (de)	главная башня (ж)	[glávnaja báʃnʲa]

valhek (het)	подъёмные ворота (мн)	[pɔdjómnɪe vɔróta]
onderaardse gang (de)	подземный ход (м)	[pɔdzémnij hód]
slotgracht (de)	ров (м)	[róf]
ketting (de)	цепь (ж)	[tsǽpʲ]
schietgat (het)	бойница (ж)	[bɔjnítsa]

prachtig (bn)	великолепный	[velikɔlépnij]
majestueus (bn)	величественный	[velítʃestvenij]
onneembaar (bn)	неприступный	[nepristúpnij]
middeleeuws (bn)	средневековый	[srednevekóvij]

93. Appartement

appartement (het)	квартира (ж)	[kvartíra]
kamer (de)	комната (ж)	[kómnata]
slaapkamer (de)	спальня (ж)	[spálʲnʲa]
eetkamer (de)	столовая (ж)	[stɔlóvaja]
salon (de)	гостиная (ж)	[gɔstínaja]
studeerkamer (de)	кабинет (м)	[kabinét]

gang (de)	прихожая (ж)	[prihóʒaja]
badkamer (de)	ванная комната (ж)	[vánnaja kómnata]
toilet (het)	туалет (м)	[tualét]
plafond (het)	потолок (м)	[pɔtɔlók]
vloer (de)	пол (м)	[pól]
hoek (de)	угол (м)	[úɡɔl]

94. Appartement. Schoonmaken

schoonmaken (ww)	убирать (нсв, пх)	[ubirátʲ]
opbergen (in de kast, enz.)	уносить (нсв, пх)	[unɔsítʲ]
stof (het)	пыль (ж)	[pīlʲ]
stoffig (bn)	пыльный	[pīlʲnij]
stoffen (ww)	вытирать пыль	[vitirátʲ pīlʲ]
stofzuiger (de)	пылесос (м)	[pɨlesós]
stofzuigen (ww)	пылесосить (нсв, н/пх)	[pɨlesósitʲ]
vegen (de vloer ~)	подметать (нсв, н/пх)	[pɔdmetátʲ]
veegsel (het)	мусор (м)	[músɔr]
orde (de)	порядок (м)	[pɔrʲádɔk]
wanorde (de)	беспорядок (м)	[bespɔrʲádɔk]
zwabber (de)	швабра (ж)	[ʃvábra]
poetsdoek (de)	тряпка (ж)	[trʲápka]
veger (de)	веник (м)	[vénik]
stofblik (het)	совок (м) для мусора	[sɔvók dlʲa músɔra]

95. Meubels. Interieur

meubels (mv.)	мебель (ж)	[mébelʲ]
tafel (de)	стол (м)	[stól]
stoel (de)	стул (м)	[stúl]
bed (het)	кровать (ж)	[krɔvátʲ]
bankstel (het)	диван (м)	[diván]
fauteuil (de)	кресло (с)	[kréslɔ]
boekenkast (de)	книжный шкаф (м)	[kníʒnij ʃkáf]
boekenrek (het)	полка (ж)	[pólka]
kledingkast (de)	гардероб (м)	[garderób]
kapstok (de)	вешалка (ж)	[véʃəlka]
staande kapstok (de)	вешалка (ж)	[véʃəlka]
commode (de)	комод (м)	[kɔmód]
salontafeltje (het)	журнальный столик (м)	[ʒurnálʲnij stólik]
spiegel (de)	зеркало (с)	[zérkalɔ]
tapijt (het)	ковёр (м)	[kɔvǿr]
tapijtje (het)	коврик (м)	[kóvrik]
haard (de)	камин (м)	[kamín]
kaars (de)	свеча (ж)	[svetʃá]
kandelaar (de)	подсвечник (м)	[pɔtsvétʃnik]
gordijnen (mv.)	шторы (ж мн)	[ʃtóri]
behang (het)	обои (мн)	[ɔbói]
jaloezie (de)	жалюзи (мн)	[ʒalʲuzí]
bureaulamp (de)	настольная лампа (ж)	[nastólʲnaja lámpa]
wandlamp (de)	светильник (м)	[svetílʲnik]

| staande lamp (de) | торшер (м) | [tɔrʃǽr] |
| luchter (de) | люстра (ж) | [lʲústra] |

poot (ov. een tafel, enz.)	ножка (ж)	[nóʃka]
armleuning (de)	подлокотник (м)	[pɔdlɔkótnik]
rugleuning (de)	спинка (ж)	[spínka]
la (de)	ящик (м)	[jáʃik]

96. Beddengoed

beddengoed (het)	постельное бельё (с)	[pɔstélʲnɔe beljǿ]
kussen (het)	подушка (ж)	[pɔdúʃka]
kussenovertrek (de)	наволочка (ж)	[návɔlɔʧka]
deken (de)	одеяло (с)	[ɔdejálɔ]
laken (het)	простыня (ж)	[prɔstinʲá]
sprei (de)	покрывало (с)	[pɔkriválɔ]

97. Keuken

keuken (de)	кухня (ж)	[kúhnʲa]
gas (het)	газ (м)	[gás]
gasfornuis (het)	газовая плита (ж)	[gázɔvaja plitá]
elektrisch fornuis (het)	электроплита (ж)	[ɛléktrɔ·plitá]
oven (de)	духовка (ж)	[duhófka]
magnetronoven (de)	микроволновая печь (ж)	[mikrɔ·vɔlnóvaja péʧʲ]

koelkast (de)	холодильник (м)	[hɔlɔdílʲnik]
diepvriezer (de)	морозильник (м)	[mɔrɔzílʲnik]
vaatwasmachine (de)	посудомоечная машина (ж)	[pɔsúdɔ·móeʧnaja maʃina]

vleesmolen (de)	мясорубка (ж)	[mɪsɔrúpka]
vruchtenpers (de)	соковыжималка (ж)	[sɔkɔ·viʒimálka]
toaster (de)	тостер (м)	[tóstɛr]
mixer (de)	миксер (м)	[míkser]

koffiemachine (de)	кофеварка (ж)	[kɔfevárka]
koffiepot (de)	кофейник (м)	[kɔféjnik]
koffiemolen (de)	кофемолка (ж)	[kɔfemólka]

fluitketel (de)	чайник (м)	[ʧájnik]
theepot (de)	чайник (м)	[ʧájnik]
deksel (de/het)	крышка (ж)	[kríʃka]
theezeefje (het)	ситечко (с)	[síteʧkɔ]

lepel (de)	ложка (ж)	[lóʃka]
theelepeltje (het)	чайная ложка (ж)	[ʧájnaja lóʃka]
eetlepel (de)	столовая ложка (ж)	[stɔlóvaja lóʃka]
vork (de)	вилка (ж)	[vílka]
mes (het)	нож (м)	[nóʃ]

| vaatwerk (het) | посуда (ж) | [pɔsúda] |
| bord (het) | тарелка (ж) | [tarélka] |

schoteltje (het)	блюдце (с)	[blʲútse]
likeurglas (het)	рюмка (ж)	[rʲúmka]
glas (het)	стакан (м)	[stakán]
kopje (het)	чашка (ж)	[ʧáʃka]
suikerpot (de)	сахарница (ж)	[sáharnitsa]
zoutvat (het)	солонка (ж)	[sɔlónka]
pepervat (het)	перечница (ж)	[péreʧnitsa]
boterschaaltje (het)	маслёнка (ж)	[maslǿnka]
pan (de)	кастрюля (ж)	[kastrʲúlʲa]
bakpan (de)	сковородка (ж)	[skɔvɔrótka]
pollepel (de)	половник (м)	[pɔlóvnik]
vergiet (de/het)	дуршлаг (м)	[durʃlág]
dienblad (het)	поднос (м)	[pɔdnós]
fles (de)	бутылка (ж)	[butĩlka]
glazen pot (de)	банка (ж)	[bánka]
blik (conserven~)	банка (ж)	[bánka]
flesopener (de)	открывалка (ж)	[ɔtkriválka]
blikopener (de)	открывалка (ж)	[ɔtkriválka]
kurkentrekker (de)	штопор (м)	[ʃtópɔr]
filter (de/het)	фильтр (м)	[fílʲtr]
filteren (ww)	фильтровать (нсв, пх)	[filʲtrɔvátʲ]
huisvuil (het)	мусор (м)	[músɔr]
vuilnisemmer (de)	мусорное ведро (с)	[músɔrnɔe vedró]

98. Badkamer

badkamer (de)	ванная комната (ж)	[vánnaja kómnata]
water (het)	вода (ж)	[vɔdá]
kraan (de)	кран (м)	[krán]
warm water (het)	горячая вода (ж)	[gɔrʲáʧaja vɔdá]
koud water (het)	холодная вода (ж)	[hɔlódnaja vɔdá]
tandpasta (de)	зубная паста (ж)	[zubnája pásta]
tanden poetsen (ww)	чистить зубы	[ʧístitʲ zúbi]
tandenborstel (de)	зубная щётка (ж)	[zubnája ʃǿtka]
zich scheren (ww)	бриться (нсв, возв)	[brítsa]
scheercrème (de)	пена (ж) для бритья	[péna dlʲa britjá]
scheermes (het)	бритва (ж)	[brítva]
wassen (ww)	мыть (нсв, пх)	[mĩtʲ]
een bad nemen	мыться (нсв, возв)	[mĩtsa]
douche (de)	душ (м)	[dúʃ]
een douche nemen	принимать душ	[prinimátʲ dúʃ]
bad (het)	ванна (ж)	[vánna]
toiletpot (de)	унитаз (м)	[unitás]
wastafel (de)	раковина (ж)	[rákɔvina]
zeep (de)	мыло (с)	[mĩlɔ]

zeepbakje (het)	мыльница (ж)	[mi̇́lʲnitsa]
spons (de)	губка (ж)	[gúpka]
shampoo (de)	шампунь (м)	[ʃampúnʲ]
handdoek (de)	полотенце (с)	[polotén̯tse]
badjas (de)	халат (м)	[halát]

was (bijv. handwas)	стирка (ж)	[stírka]
wasmachine (de)	стиральная машина (ж)	[stirálʲnaja maʃína]
de was doen	стирать бельё	[stirátʲ beljó]
waspoeder (de)	стиральный порошок (м)	[stirálʲnij poroʃók]

99. Huishoudelijke apparaten

televisie (de)	телевизор (м)	[televízor]
cassettespeler (de)	магнитофон (м)	[magnitofón]
videorecorder (de)	видеомагнитофон (м)	[vídeo·magnitofón]
radio (de)	приёмник (м)	[prijómnik]
speler (de)	плеер (м)	[plǽjer]

videoprojector (de)	видеопроектор (м)	[vídeo·proǽktor]
home theater systeem (het)	домашний кинотеатр (м)	[domáʃnij kinoteátr]
DVD-speler (de)	DVD проигрыватель (м)	[di·vi·dí proígrivatelʲ]
versterker (de)	усилитель (м)	[usilítelʲ]
spelconsole (de)	игровая приставка (ж)	[igrovája pristáfka]

videocamera (de)	видеокамера (ж)	[vídeo·kámera]
fotocamera (de)	фотоаппарат (м)	[foto·aparát]
digitale camera (de)	цифровой фотоаппарат (м)	[tsifrovój fotoaparát]

stofzuiger (de)	пылесос (м)	[pilesós]
strijkijzer (het)	утюг (м)	[utʲúg]
strijkplank (de)	гладильная доска (ж)	[gladílʲnaja doská]

telefoon (de)	телефон (м)	[telefón]
mobieltje (het)	мобильный телефон (м)	[mobílʲnij telefón]
naaimachine (de)	швейная машинка (ж)	[ʃvejnaja maʃínka]

microfoon (de)	микрофон (м)	[mikrofón]
koptelefoon (de)	наушники (м мн)	[naúʃniki]
afstandsbediening (de)	пульт (м)	[púlʲt]

CD (de)	компакт-диск (м)	[kompákt-dísk]
cassette (de)	кассета (ж)	[kaséta]
vinylplaat (de)	пластинка (ж)	[plastínka]

100. Reparaties. Renovatie

renovatie (de)	ремонт (м)	[remónt]
renoveren (ww)	делать ремонт	[délatʲ remónt]
repareren (ww)	ремонтировать (нсв, пх)	[remontírovatʲ]
op orde brengen	приводить в порядок	[privodítʲ f porʲádok]

overdoen (ww)	переделывать (нсв, пх)	[peredélivat']
verf (de)	краска (ж)	[kráska]
verven (muur ~)	красить (нсв, пх)	[krásit']
schilder (de)	маляр (м)	[mal'ár]
kwast (de)	кисть (ж)	[kíst']
kalk (de)	побелка (ж)	[pɔbélka]
kalken (ww)	белить (нсв, пх)	[belít']
behang (het)	обои (мн)	[ɔbói]
behangen (ww)	оклеить обоями	[ɔkléit' ɔbójɪmi]
lak (de/het)	лак (м)	[lák]
lakken (ww)	покрывать лаком	[pɔkrivát' lákɔm]

101. Loodgieterswerk

water (het)	вода (ж)	[vɔdá]
warm water (het)	горячая вода (ж)	[gɔr'átʃaja vɔdá]
koud water (het)	холодная вода (ж)	[hɔlódnaja vɔdá]
kraan (de)	кран (м)	[krán]
druppel (de)	капля (ж)	[kápl'a]
druppelen (ww)	капать (нсв, нпх)	[kápat']
lekken (een lek hebben)	течь (нсв, нпх)	[tétʃ']
lekkage (de)	течь (ж)	[tétʃ']
plasje (het)	лужа (ж)	[lúʒa]
buis, leiding (de)	труба (ж)	[trubá]
stopkraan (de)	вентиль (м)	[véntil']
verstopt raken (ww)	засориться (св, возв)	[zasorítsa]
gereedschap (het)	инструменты (м мн)	[instruménti]
Engelse sleutel (de)	разводной ключ (м)	[razvodnój kl'útʃ]
losschroeven (ww)	открутить (св, пх)	[ɔtkrutít']
aanschroeven (ww)	закрутить (св, пх)	[zakrutít']
ontstoppen (riool, enz.)	прочищать (нсв, пх)	[prɔtʃiʃát']
loodgieter (de)	сантехник (м)	[santéhnik]
kelder (de)	подвал (м)	[pɔdvál]
riolering (de)	канализация (ж)	[kanalizátsija]

102. Brand. Vuurzee

brand (de)	пожар (м)	[pɔʒár]
vlam (de)	пламя (ж)	[plám'a]
vonk (de)	искра (ж)	[ískra]
rook (de)	дым (м)	[dīm]
fakkel (de)	факел (м)	[fákel]
kampvuur (het)	костёр (м)	[kɔstǿr]
benzine (de)	бензин (м)	[benzín]
kerosine (de)	керосин (м)	[kerɔsín]

brandbaar (bn)	горючий	[gorʲútʃij]
ontplofbaar (bn)	взрывоопасный	[vzrivɔ·ɔpásnij]
VERBODEN TE ROKEN!	НЕ КУРИТЬ!	[ne kurítʲ]
veiligheid (de)	безопасность (ж)	[bezɔpásnɔstʲ]
gevaar (het)	опасность (ж)	[ɔpásnɔstʲ]
gevaarlijk (bn)	опасный	[ɔpásnij]
in brand vliegen (ww)	загореться (св, возв)	[zagɔrétsa]
explosie (de)	взрыв (м)	[vzrȋf]
in brand steken (ww)	поджечь (св, пх)	[pɔdʒǽtʃʲ]
brandstichter (de)	поджигатель (м)	[pɔdʒigátelʲ]
brandstichting (de)	поджог (м)	[pɔdʒóg]
vlammen (ww)	пылать (нсв, нпх)	[pilátʲ]
branden (ww)	гореть (нсв, нпх)	[gɔrétʲ]
afbranden (ww)	сгореть (св, нпх)	[sgɔrétʲ]
de brandweer bellen	вызвать пожарных	[vȋzvatʲ pɔʒárnih]
brandweerman (de)	пожарный (м)	[pɔʒárnij]
brandweerwagen (de)	пожарная машина (ж)	[pɔʒárnaja maʃína]
brandweer (de)	пожарная команда (ж)	[pɔʒárnaja kɔmánda]
uitschuifbare ladder (de)	пожарная лестница (ж)	[pɔʒárnaja lésnitsa]
brandslang (de)	шланг (м)	[ʃláng]
brandblusser (de)	огнетушитель (м)	[ɔgnetuʃítelʲ]
helm (de)	каска (ж)	[káska]
sirene (de)	сирена (ж)	[siréna]
roepen (ww)	кричать (нсв, нпх)	[kritʃátʲ]
hulp roepen	звать на помощь	[zvátʲ na pómɔʃʲ]
redder (de)	спасатель (м)	[spasátelʲ]
redden (ww)	спасать (нсв, пх)	[spasátʲ]
aankomen (per auto, enz.)	приехать (св, нпх)	[priéhatʲ]
blussen (ww)	тушить (нсв, пх)	[tuʃítʲ]
water (het)	вода (ж)	[vɔdá]
zand (het)	песок (м)	[pesók]
ruïnes (mv.)	руины (мн)	[ruíni]
instorten (gebouw, enz.)	рухнуть (св, нпх)	[rúhnutʲ]
ineenstorten (ww)	обвалиться (св, возв)	[ɔbvalítsa]
inzakken (ww)	обрушиться (св, возв)	[ɔbrúʃitsa]
brokstuk (het)	обломок (м)	[ɔblómɔk]
as (de)	пепел (м)	[pépel]
verstikken (ww)	задохнуться (св, возв)	[zadɔhnútsa]
omkomen (ww)	погибнуть (св, нпх)	[pɔgíbnutʲ]

MENSELIJKE ACTIVITEITEN

Baan. Business. Deel 1

103. Kantoor. Op kantoor werken

kantoor (het)	офис (м)	[ófis]
kamer (de)	кабинет (м)	[kabinét]
receptie (de)	ресепшн (м)	[resépʃn]
secretaris (de)	секретарь (м, ж)	[sekretárʲ]
secretaresse (de)	секретарша (ж)	[sekretárʃa]
directeur (de)	директор (м)	[diréktɔr]
manager (de)	менеджер (м)	[ménɛdʒɛr]
boekhouder (de)	бухгалтер (м)	[buhgálter]
werknemer (de)	сотрудник (м)	[sɔtrúdnik]
meubilair (het)	мебель (ж)	[mébelʲ]
tafel (de)	стол (м)	[stól]
bureaustoel (de)	кресло (с)	[kréslɔ]
ladeblok (het)	тумбочка (ж)	[túmbɔtʃka]
kapstok (de)	вешалка (ж)	[véʃəlka]
computer (de)	компьютер (м)	[kɔmpjútɛr]
printer (de)	принтер (м)	[príntɛr]
fax (de)	факс (м)	[fáks]
kopieerapparaat (het)	копировальный аппарат (м)	[kɔpirɔválʲnij aparát]
papier (het)	бумага (ж)	[bumága]
kantoorartikelen (mv.)	канцтовары (ж мн)	[kants·tɔvári]
muismat (de)	коврик (м) для мыши	[kóvrik dlʲa mɯ̄ʃi]
blad (het)	лист (м)	[líst]
ordner (de)	папка (ж)	[pápka]
catalogus (de)	каталог (м)	[katalóg]
telefoongids (de)	справочник (м)	[správɔtʃnik]
documentatie (de)	документация (ж)	[dɔkumentátsija]
brochure (de)	брошюра (ж)	[brɔʃúra]
flyer (de)	листовка (ж)	[listófka]
monster (het), staal (de)	образец (м)	[ɔbrazéts]
training (de)	тренинг (м)	[tréning]
vergadering (de)	совещание (с)	[sɔveʃánie]
lunchpauze (de)	перерыв (м) на обед	[pererɯ̄f na ɔbéd]
een kopie maken	делать копию	[délatʲ kópiju]
de kopieën maken	размножить (св, пх)	[razmnóʒitʲ]
een fax ontvangen	получать факс	[pɔlutʃátʲ fáks]

een fax versturen	отправлять факс	[ɔtpravl'át' fáks]
opbellen (ww)	позвонить (св, н/пх)	[pɔzvɔnít']
antwoorden (ww)	ответить (св, пх)	[ɔtvétit']
doorverbinden (ww)	соединить (св, пх)	[sɔedinít']

afspreken (ww)	назначать (нсв, пх)	[naznatʃát']
demonstreren (ww)	демонстрировать (нсв, пх)	[demɔnstrírɔvat']
absent zijn (ww)	отсутствовать (нсв, нпх)	[ɔtsútstvɔvat']
afwezigheid (de)	пропуск (м)	[própusk]

104. Bedrijfsprocessen. Deel 1

| bedrijf (business) | бизнес (м) | [bíznɛs] |
| zaak (de), beroep (het) | дело (с) | [délɔ] |

firma (de)	фирма (ж)	[fírma]
bedrijf (maatschap)	компания (ж)	[kɔmpánija]
corporatie (de)	корпорация (ж)	[kɔrpɔrátsija]
onderneming (de)	предприятие (с)	[pretprijátie]
agentschap (het)	агентство (с)	[agénstvɔ]

overeenkomst (de)	договор (м)	[dɔgɔvór]
contract (het)	контракт (м)	[kɔntrákt]
transactie (de)	сделка (ж)	[zdélka]
bestelling (de)	заказ (м)	[zakás]
voorwaarde (de)	условие (с)	[uslóvie]

in het groot (bw)	оптом	[óptɔm]
groothandels- (abn)	оптовый	[ɔptóvij]
groothandel (de)	продажа (ж) оптом	[prɔdáʒa óptɔm]
kleinhandels- (abn)	розничный	[róznitʃnij]
kleinhandel (de)	продажа (ж) в розницу	[prɔdáʒa v róznitsu]

concurrent (de)	конкурент (м)	[kɔnkurént]
concurrentie (de)	конкуренция (ж)	[kɔnkuréntsija]
concurreren (ww)	конкурировать (нсв, нпх)	[kɔnkurírɔvat']

| partnor (do) | партнёр (м) | [partnǿr] |
| partnerschap (het) | партнёрство (с) | [partnǿrstvɔ] |

crisis (de)	кризис (м)	[krízis]
bankroet (het)	банкротство (с)	[bankrótstvɔ]
bankroet gaan (ww)	обанкротиться (нсв, возв)	[ɔbankrótitsa]
moeilijkheid (de)	трудность (ж)	[trúdnɔst']
probleem (het)	проблема (ж)	[prɔbléma]
catastrofe (de)	катастрофа (ж)	[katastrófa]

economie (de)	экономика (ж)	[ɛkɔnómika]
economisch (bn)	экономический	[ɛkɔnómítʃeskij]
economische recessie (de)	экономический спад (м)	[ɛkɔnómítʃeskij spád]

doel (het)	цель (ж)	[tsǽl']
taak (de)	задача (ж)	[zadátʃa]
handelen (handel drijven)	торговать (нсв, нпх)	[tɔrgɔvát']

netwerk (het)	сеть (ж)	[sétʲ]
voorraad (de)	склад (м)	[sklád]
assortiment (het)	ассортимент (м)	[asɔrtimént]

leider (de)	лидер (м)	[líder]
groot (bn)	крупный	[krúpnij]
monopolie (het)	монополия (ж)	[mɔnɔpólija]

theorie (de)	теория (ж)	[teórija]
praktijk (de)	практика (ж)	[práktika]
ervaring (de)	опыт (м)	[ópit]
tendentie (de)	тенденция (ж)	[tɛndǽntsija]
ontwikkeling (de)	развитие (с)	[razvítie]

105. Bedrijfsprocessen. Deel 2

| voordeel (het) | выгода (ж) | [vīgɔda] |
| voordelig (bn) | выгодный | [vīgɔdnij] |

delegatie (de)	делегация (ж)	[delegátsija]
salaris (het)	заработная плата (ж)	[zárabɔtnaja pláta]
corrigeren (fouten ~)	исправлять (нсв, пх)	[ispravlʲátʲ]
zakenreis (de)	командировка (ж)	[kɔmandirófka]
commissie (de)	комиссия (ж)	[kɔmísija]

controleren (ww)	контролировать (нсв, пх)	[kɔntrɔlírɔvatʲ]
conferentie (de)	конференция (ж)	[kɔnferéntsija]
licentie (de)	лицензия (ж)	[litsǽnzija]
betrouwbaar (partner, enz.)	надёжный	[nadǿʒnij]

aanzet (de)	начинание (с)	[natʃinánie]
norm (bijv. ~ stellen)	норма (ж)	[nórma]
omstandigheid (de)	обстоятельство (с)	[ɔpstɔjátelʲstvɔ]
taak, plicht (de)	обязанность (ж)	[ɔbʲázanɔstʲ]

organisatie (bedrijf, zaak)	организация (ж)	[ɔrganizátsija]
organisatie (proces)	организация (ж)	[ɔrganizátsija]
georganiseerd (bn)	организованный	[ɔrganizóvanij]
afzegging (de)	отмена (ж)	[ɔtména]
afzeggen (ww)	отменить (св, пх)	[ɔtmenítʲ]
verslag (het)	отчёт (м)	[ɔtʃót]

patent (het)	патент (м)	[patént]
patenteren (ww)	патентовать (н/св, пх)	[patentɔvátʲ]
plannen (ww)	планировать (нсв, пх)	[planírɔvatʲ]

premie (de)	премия (ж)	[prémija]
professioneel (bn)	профессиональный	[prɔfesiɔnálʲnij]
procedure (de)	процедура (ж)	[prɔtsɛdúra]

onderzoeken (contract, enz.)	рассмотреть (св, пх)	[rasmɔtrétʲ]
berekening (de)	расчёт (м)	[raʃót]
reputatie (de)	репутация (ж)	[reputátsija]
risico (het)	риск (м)	[rísk]

beheren (managen)	руководить (нсв, пх)	[rukɔvɔdítʲ]
informatie (de)	сведения (мн)	[svédenja]
eigendom (bezit)	собственность (ж)	[sópstvenɔstʲ]
unie (de)	союз (м)	[sɔjús]
levensverzekering (de)	страхование (с) жизни	[strahɔvánie ʒīzni]
verzekeren (ww)	страховать (нсв, пх)	[strahɔvátʲ]
verzekering (de)	страховка (ж)	[strahófka]
veiling (de)	торги (мн)	[tɔrgí]
verwittigen (ww)	уведомить (св, пх)	[uvédɔmitʲ]
beheer (het)	управление (с)	[upravlénie]
dienst (de)	услуга (ж)	[uslúga]
forum (het)	форум (м)	[fórum]
functioneren (ww)	функционировать (нсв, нпх)	[funktsiɔnírɔvatʲ]
stap, etappe (de)	этап (м)	[ɛtáp]
juridisch (bn)	юридический	[juridítʃeskij]
jurist (de)	юрист (м)	[juríst]

106. Productie. Werken

industriële installatie (fabriek)	завод (м)	[zavód]
fabriek (de)	фабрика (ж)	[fábrika]
werkplaatsruimte (de)	цех (м)	[tsǽh]
productielocatie (de)	производство (с)	[prɔizvótstvɔ]
industrie (de)	промышленность (ж)	[prɔmīʃlenɔstʲ]
industrieel (bn)	промышленный	[prɔmīʃlenij]
zware industrie (de)	тяжёлая промышленность (ж)	[tɪʒólaja prɔmīʃlenɔstʲ]
lichte industrie (de)	лёгкая промышленность (ж)	[lʲóhkaja prɔmīʃlenɔstʲ]
productie (de)	продукция (ж)	[prɔdúktsija]
produceren (ww)	производить (нсв, пх)	[prɔizvɔdítʲ]
grondstof (de)	сырьё (с)	[sirʲjó]
voorman, ploegbaas (de)	бригадир (м)	[brigadír]
ploeg (de)	бригада (ж)	[brigáda]
arbeider (de)	рабочий (м)	[rabótʃij]
werkdag (de)	рабочий день (м)	[rabótʃij dénʲ]
pauze (de)	остановка (ж)	[ɔstanófka]
samenkomst (de)	собрание (с)	[sɔbránie]
bespreken (spreken over)	обсуждать (нсв, пх)	[ɔpsuʒdátʲ]
plan (het)	план (м)	[plán]
het plan uitvoeren	выполнять план	[vipɔlnʲátʲ plán]
productienorm (de)	норма (ж) выработки	[nórma vīrabotki]
kwaliteit (de)	качество (с)	[kátʃestvɔ]
controle (de)	контроль (м)	[kɔntrólʲ]
kwaliteitscontrole (de)	контроль (м) качества	[kɔntrólʲ kátʃestva]
arbeidsveiligheid (de)	безопасность (ж) труда	[bezɔpásnɔstʲ trudá]

discipline (de)	дисциплина (ж)	[disʦiplína]
overtreding (de)	нарушение (с)	[naruʃǽnie]
overtreden (ww)	нарушать (нсв, пх)	[naruʃátʲ]

staking (de)	забастовка (ж)	[zabastófka]
staker (de)	забастовщик (м)	[zabastófʃʲik]
staken (ww)	бастовать (нсв, нпх)	[bastɔvátʲ]
vakbond (de)	профсоюз (м)	[prɔfsɔjús]

uitvinden (machine, enz.)	изобретать (нсв, пх)	[izɔbretátʲ]
uitvinding (de)	изобретение (с)	[izɔbreténie]
onderzoek (het)	исследование (с)	[islédɔvanie]
verbeteren (beter maken)	улучшать (нсв, пх)	[ulutʃátʲ]
technologie (de)	технология (ж)	[tehnɔlógija]
technische tekening (de)	чертёж (м)	[tʃertǿʃ]

vracht (de)	груз (м)	[grús]
lader (de)	грузчик (м)	[grúʃʲik]
laden (vrachtwagen)	грузить (нсв, пх)	[gruzítʲ]
laden (het)	погрузка (ж)	[pɔgrúzka]
lossen (ww)	разгружать (нсв, пх)	[razgruʒátʲ]
lossen (het)	разгрузка (ж)	[razgrúska]

transport (het)	транспорт (м)	[tránspɔrt]
transportbedrijf (de)	транспортная компания (ж)	[tránspɔrtnaja kɔmpánija]
transporteren (ww)	перевозить (нсв, пх)	[perevɔzítʲ]

goederenwagon (de)	вагон (м)	[vagón]
tank (bijv. ketelwagen)	цистерна (ж)	[ʦistǽrna]
vrachtwagen (de)	грузовик (м)	[gruzɔvík]

| machine (de) | станок (м) | [stanók] |
| mechanisme (het) | механизм (м) | [mehanízm] |

industrieel afval (het)	отходы (мн)	[ɔtxódɨ]
verpakking (de)	упаковка (ж)	[upakófka]
verpakken (ww)	упаковать (св, пх)	[upakɔvátʲ]

107. Contract. Overeenstemming

contract (het)	контракт (м)	[kɔntrákt]
overeenkomst (de)	соглашение (с)	[sɔglaʃǽnie]
bijlage (de)	приложение (с)	[prilɔʒǽnie]

een contract sluiten	заключить контракт	[zaklʲutʃítʲ kɔntrákt]
handtekening (de)	подпись (ж)	[pótpisʲ]
ondertekenen (ww)	подписать (св, пх)	[pɔtpisátʲ]
stempel (de)	печать (ж)	[petʃátʲ]

voorwerp (het) van de overeenkomst	предмет (м) договора	[predmét dɔgɔvóra]
clausule (de)	пункт (м)	[púnkt]
partijen (mv.)	стороны (ж мн)	[stórɔnɨ]
vestigingsadres (het)	юридический адрес (м)	[juridítʃeskij ádres]

het contract verbreken (overtreden)	нарушить контракт	[narúʃitʲ kɔntrákt]
verplichting (de)	обязательство (c)	[ɔbɪzátelʲstvɔ]
verantwoordelijkheid (de)	ответственность (ж)	[ɔtvétstvenɔstʲ]
overmacht (de)	форс-мажор (м)	[fórs-maʒór]
geschil (het)	спор (м)	[spór]
sancties (mv.)	штрафные санкции (ж мн)	[ʃtrafnīe sánktsii]

108. Import & Export

import (de)	импорт (м)	[ímpɔrt]
importeur (de)	импортёр (м)	[impɔrtǿr]
importeren (ww)	импортировать (нсв, пх)	[importírovatʲ]
import- (abn)	импортный	[ímpɔrtnij]

uitvoer (export)	экспорт (м)	[ǽkspɔrt]
exporteur (de)	экспортёр (м)	[ɛkspɔrtǿr]
exporteren (ww)	экспортировать (н/св, пх)	[ɛkspɔrtírovatʲ]
uitvoer- (bijv., ~goederen)	экспортный	[ǽkspɔrtnij]

| goederen (mv.) | товар (м) | [tɔvár] |
| partij (de) | партия (ж) | [pártija] |

gewicht (het)	вес (м)	[vés]
volume (het)	объём (м)	[ɔbjóm]
kubieke meter (de)	кубический метр (м)	[kubítʃeskij métr]

producent (de)	производитель (м)	[prɔizvodítelʲ]
transportbedrijf (de)	транспортная компания (ж)	[tránspɔrtnaja kɔmpánija]
container (de)	контейнер (м)	[kɔntǽjner]

grens (de)	граница (ж)	[granítsa]
douane (de)	таможня (ж)	[tamóʒnʲa]
douanerecht (het)	таможенная пошлина (ж)	[tamóʒenaja póʃlina]
douanier (de)	таможенник (м)	[tamóʒenik]
smokkelen (het)	контрабанда (ж)	[kɔntrabánda]
smokkelwaar (de)	контрабанда (ж)	[kɔntrabánda]

109. Financiën

aandeel (het)	акция (ж)	[áktsija]
obligatie (de)	облигация (ж)	[ɔbligátsija]
wissel (de)	вексель (м)	[vékselʲ]

| beurs (de) | биржа (ж) | [bírʒa] |
| aandelenkoers (de) | курс (м) акций | [kúrs áktsij] |

| dalen (ww) | подешеветь (св, нпх) | [pɔdeʃɛvétʲ] |
| stijgen (ww) | подорожать (св, нпх) | [pɔdoraʒátʲ] |

| deel (het) | доля (ж), пай | [dólʲa], [páj] |
| meerderheidsbelang (het) | контрольный пакет (м) | [kɔntrólʲnij pakét] |

investeringen (mv.)	инвестиции (ж мн)	[investítsii]
investeren (ww)	инвестировать (н/св, н/пх)	[investírovat^j]
procent (het)	процент (м)	[protsǽnt]
rente (de)	проценты (м мн)	[protsǽnti]

winst (de)	прибыль (ж)	[príbil^j]
winstgevend (bn)	прибыльный	[príbil^jnij]
belasting (de)	налог (м)	[nalóg]

valuta (vreemde ~)	валюта (ж)	[val^júta]
nationaal (bn)	национальный	[natsionál^jnij]
ruil (de)	обмен (м)	[obmén]

boekhouder (de)	бухгалтер (м)	[buhgálter]
boekhouding (de)	бухгалтерия (ж)	[buhgaltérija]

bankroet (het)	банкротство (с)	[bankrótstvo]
ondergang (de)	крах (м)	[kráh]
faillissement (het)	разорение (с)	[razorénie]
geruïneerd zijn (ww)	разориться (св, возв)	[razorítsa]
inflatie (de)	инфляция (ж)	[infl^játsija]
devaluatie (de)	девальвация (ж)	[deval^jvátsija]

kapitaal (het)	капитал (м)	[kapitál]
inkomen (het)	доход (м)	[dohód]
omzet (de)	оборот (м)	[oborót]
middelen (mv.)	ресурсы (м мн)	[resúrsi]
financiële middelen (mv.)	денежные средства (с мн)	[déneʒnie srétstva]

operationele kosten (mv.)	накладные расходы (мн)	[nakladnïe rasxódi]
reduceren (kosten ~)	сократить (св, пх)	[sokratít^j]

110. Marketing

marketing (de)	маркетинг (м)	[markéting]
markt (de)	рынок (м)	[rïnok]
marktsegment (het)	сегмент (м) рынка	[segmént rïnka]
product (het)	продукт (м)	[prodúkt]
goederen (mv.)	товар (м)	[továr]

handelsmerk (het)	торговая марка (ж)	[torgóvaja márka]
beeldmerk (het)	фирменный знак (м)	[fírmenij znák]
logo (het)	логотип (м)	[logotíp]

vraag (de)	спрос (м)	[sprós]
aanbod (het)	предложение (с)	[predloʒǽnie]
behoefte (de)	потребность (ж)	[potrébnost^j]
consument (de)	потребитель (м)	[potrebítel^j]

analyse (de)	анализ (м)	[anális]
analyseren (ww)	анализировать (нсв, пх)	[analizírovat^j]
positionering (de)	позиционирование (с)	[pozitsionírovanie]
positioneren (ww)	позиционировать (нсв, пх)	[pozitsionírovat^j]
prijs (de)	цена (ж)	[tsená]

| prijspolitiek (de) | ценовая политика (ж) | [tsɛnɔvája polítika] |
| prijsvorming (de) | ценообразование (с) | [tsɛnɔ·ɔbrazɔvánie] |

111. Reclame

reclame (de)	реклама (ж)	[rekláma]
adverteren (ww)	рекламировать (нсв, пх)	[reklamírovatʲ]
budget (het)	бюджет (м)	[bʲudʒǽt]

advertentie, reclame (de)	реклама (ж)	[rekláma]
TV-reclame (de)	телереклама (ж)	[tele·rékláma]
radioreclame (de)	реклама (ж) на радио	[rekláma na rádiɔ]
buitenreclame (de)	наружная реклама (ж)	[narúʒnaja rekláma]

massamedia (de)	масс медиа (мн)	[mas·média]
periodiek (de)	периодическое издание (с)	[periɔdítʃeskɔe izdánie]
imago (het)	имидж (м)	[ímidʒ]

| slagzin (de) | лозунг (м) | [lózung] |
| motto (het) | девиз (м) | [devís] |

campagne (de)	кампания (ж)	[kampánija]
reclamecampagne (de)	рекламная кампания (ж)	[reklámnaja kampánija]
doelpubliek (het)	целевая аудитория (ж)	[tselevája auditórija]

visitekaartje (het)	визитная карточка (ж)	[vizítnaja kártɔtʃka]
flyer (de)	листовка (ж)	[listófka]
brochure (de)	брошюра (ж)	[brɔʃúra]
folder (de)	буклет (м)	[buklét]
nieuwsbrief (de)	бюллетень (м)	[bʲuleténʲ]

gevelreclame (de)	вывеска (ж)	[vīveska]
poster (de)	плакат, постер (м)	[plakát], [póstɛr]
aanplakbord (het)	рекламный щит (м)	[reklámnij ʃít]

112. Bankieren

| bank (de) | банк (м) | [bánk] |
| bankfiliaal (het) | отделение (с) | [ɔtdelénie] |

| bankbediende (de) | консультант (м) | [kɔnsulʲtánt] |
| manager (de) | управляющий (м) | [upravlʲájuʃʲij] |

bankrekening (de)	счёт (м)	[ʃót]
rekeningnummer (het)	номер (м) счёта	[nómer ʃóta]
lopende rekening (de)	текущий счёт (м)	[tekúʃʲij ʃót]
spaarrekening (de)	накопительный счёт (м)	[nakɔpítelʲnij ʃót]

een rekening openen	открыть счёт	[ɔtkrītʲ ʃót]
de rekening sluiten	закрыть счёт	[zakrītʲ ʃót]
op rekening storten	положить на счёт	[pɔlɔʒītʲ na ʃót]
opnemen (ww)	снять со счёта	[snʲatʲ sɔ ʃóta]

storting (de)	вклад (м)	[fklád]
een storting maken	сделать вклад	[zdélatʲ fklád]
overschrijving (de)	перевод (м)	[perevód]
een overschrijving maken	сделать перевод	[zdélatʲ perevód]

| som (de) | сумма (ж) | [súmma] |
| Hoeveel? | Сколько? | [skólʲkɔ?] |

| handtekening (de) | подпись (ж) | [pótpisʲ] |
| ondertekenen (ww) | подписать (св, пх) | [potpisátʲ] |

kredietkaart (de)	кредитная карта (ж)	[kredítnaja kárta]
code (de)	код (м)	[kód]
kredietkaartnummer (het)	номер (м) кредитной карты	[nómer kredítnɔj kárti]
geldautomaat (de)	банкомат (м)	[bankɔmát]

cheque (de)	чек (м)	[tʃék]
een cheque uitschrijven	выписать чек	[vīpisatʲ tʃék]
chequeboekje (het)	чековая книжка (ж)	[tʃékɔvaja kníʃka]

lening, krediet (de)	кредит (м)	[kredít]
een lening aanvragen	обращаться за кредитом	[ɔbraʃátsa za kredítɔm]
een lening nemen	брать кредит	[brátʲ kredít]
een lening verlenen	предоставлять кредит	[predɔstavlʲátʲ kredít]
garantie (de)	гарантия (ж)	[garántija]

113. Telefoon. Telefoongesprek

telefoon (de)	телефон (м)	[telefón]
mobieltje (het)	мобильный телефон (м)	[mɔbílʲnij telefón]
antwoordapparaat (het)	автоответчик (м)	[áftɔ·ɔtvéttʃik]

| bellen (ww) | звонить (нсв, н/пх) | [zvɔnítʲ] |
| belletje (telefoontje) | звонок (м) | [zvɔnók] |

een nummer draaien	набрать номер	[nabrátʲ nómer]
Hallo!	Алло!	[aló]
vragen (ww)	спросить (св, пх)	[sprɔsítʲ]
antwoorden (ww)	ответить (св, пх)	[ɔtvétitʲ]

horen (ww)	слышать (нсв, пх)	[slīʃatʲ]
goed (bw)	хорошо	[hɔrɔʃó]
slecht (bw)	плохо	[plóhɔ]
storingen (mv.)	помехи (ж мн)	[pɔméhi]

hoorn (de)	трубка (ж)	[trúpka]
opnemen (ww)	снять трубку	[snʲátʲ trúpku]
ophangen (ww)	положить трубку	[pɔlɔʒītʲ trúpku]

bezet (bn)	занятый	[zánıtij]
overgaan (ww)	звонить (нсв, нпх)	[zvɔnítʲ]
telefoonboek (het)	телефонная книга (ж)	[telefónnaja kníga]
lokaal (bn)	местный	[mésnij]

lokaal gesprek (het)	местный звонок (м)	[mésnij zvɔnók]
interlokaal (bn)	междугородний	[meʒdugɔródnij]
interlokaal gesprek (het)	междугородний звонок (м)	[meʒdugɔródnij zvɔnók]
buitenlands (bn)	международный	[meʒdunaródnij]

114. Mobiele telefoon

mobieltje (het)	мобильный телефон (м)	[mɔbílʲnij telefón]
scherm (het)	дисплей (м)	[displǽj]
toets, knop (de)	кнопка (ж)	[knópka]
simkaart (de)	SIM-карта (ж)	[sim-kárta]

batterij (de)	батарея (ж)	[bataréja]
leeg zijn (ww)	разрядиться (св, возв)	[razrɪdítsa]
acculader (de)	зарядное устройство (с)	[zarʲádnɔe ustrójstvɔ]

menu (het)	меню (с)	[menʲú]
instellingen (mv.)	настройки (ж мн)	[nastrójki]
melodie (beltoon)	мелодия (ж)	[melódija]
selecteren (ww)	выбрать (св, пх)	[vɪbratʲ]

rekenmachine (de)	калькулятор (м)	[kalʲkulʲátɔr]
voicemail (de)	голосовая почта (ж)	[gɔlɔsɔvája pótʃta]
wekker (de)	будильник (м)	[budílʲnik]
contacten (mv.)	телефонная книга (ж)	[telefónnaja kníga]

| SMS-bericht (het) | SMS-сообщение (с) | [ɛs·ɛm·ǽs-sɔɔpʃénie] |
| abonnee (de) | абонент (м) | [abɔnént] |

115. Schrijfbehoeften

| balpen (de) | шариковая ручка (ж) | [ʃárikɔvaja rútʃka] |
| vulpen (de) | перьевая ручка (ж) | [perjevája rútʃka] |

potlood (het)	карандаш (м)	[karandáʃ]
marker (de)	маркер (м)	[márker]
viltstift (de)	фломастер (м)	[flɔmáster]

| notitieboekje (het) | блокнот (м) | [blɔknót] |
| agenda (boekje) | ежедневник (м) | [eʒednévnik] |

liniaal (de/het)	линейка (ж)	[linéjka]
rekenmachine (de)	калькулятор (м)	[kalʲkulʲátɔr]
gom (de)	ластик (м)	[lástik]

| punaise (de) | кнопка (ж) | [knópka] |
| paperclip (de) | скрепка (ж) | [skrépka] |

lijm (de)	клей (м)	[kléj]
nietmachine (de)	степлер (м)	[stǽpler]
perforator (de)	дырокол (м)	[dirɔkól]
potloodslijper (de)	точилка (ж)	[tɔtʃílka]

116. Verschillende soorten documenten

verslag (het)	отчёт (м)	[ɔtʧót]
overeenkomst (de)	соглашение (с)	[sɔglaʃǽnie]
aanvraagformulier (het)	заявка (ж)	[zajáfka]
origineel, authentiek (bn)	подлинный	[pódlinij]
badge, kaart (de)	бэдж (м)	[bǽdʒ]
visitekaartje (het)	визитная карточка (ж)	[vizítnaja kártɔʧka]

certificaat (het)	сертификат (м)	[sertifikát]
cheque (de)	чек (м)	[ʧék]
rekening (in restaurant)	счёт (м)	[ʃʧót]
grondwet (de)	конституция (ж)	[kɔnstitútsija]

contract (het)	договор (м)	[dɔgɔvór]
kopie (de)	копия (ж)	[kópija]
exemplaar (het)	экземпляр (м)	[ɛkzɛmpliár]

douaneaangifte (de)	декларация (ж)	[deklarátsija]
document (het)	документ (м)	[dɔkumént]
rijbewijs (het)	водительские права (мн)	[vɔdíteliskie pravá]
bijlage (de)	приложение (с)	[prilɔʒǽnie]
formulier (het)	анкета (ж)	[ankéta]

identiteitskaart (de)	удостоверение (с)	[udɔstɔverénie]
aanvraag (de)	запрос (м)	[zaprós]
uitnodigingskaart (de)	приглашение (с)	[priglaʃǽnie]
factuur (de)	счёт (м)	[ʃʧót]

wet (de)	закон (м)	[zakón]
brief (de)	письмо (с)	[pisimó]
briefhoofd (het)	бланк (м)	[blánk]
lijst (de)	список (м)	[spísɔk]
manuscript (het)	рукопись (ж)	[rúkɔpisi]
nieuwsbrief (de)	бюллетень (м)	[biuleténi]
briefje (het)	записка (ж)	[zapíska]

pasje (voor personeel, enz.)	пропуск (м)	[própusk]
paspoort (het)	паспорт (м)	[páspɔrt]
vergunning (de)	разрешение (с)	[razreʃǽnie]
CV, curriculum vitae (het)	резюме (с)	[reziumé]
schuldbekentenis (de)	расписка (ж)	[raspíska]
kwitantie (de)	квитанция (ж)	[kvitántsija]
bon (kassabon)	чек (м)	[ʧék]
rapport (het)	рапорт (м)	[rápɔrt]

tonen (paspoort, enz.)	предъявлять (нсв, пх)	[predjivliáti]
ondertekenen (ww)	подписать (св, пх)	[pɔtpisáti]
handtekening (de)	подпись (ж)	[pótpisi]
stempel (de)	печать (ж)	[peʧáti]
tekst (de)	текст (м)	[tékst]
biljet (het)	билет (м)	[bilét]

doorhalen (doorstrepen)	зачеркнуть (св, пх)	[zaʧerknúti]
invullen (een formulier ~)	заполнить (св, пх)	[zapólniti]

vrachtbrief (de)   накладная (ж)   [nakladnája]
testament (het)   завещание (c)   [zaveʃánie]

117. Soorten bedrijven

uitzendbureau (het)   кадровое агентство (c)   [kádrɔvɔe agénstvɔ]
bewakingsfirma (de)   охранное агентство (c)   [ɔhránnɔe agénstvɔ]
persbureau (het)   информационное   [informatsiónnɔe
                           агентство (c)   agénstvɔ]
reclamebureau (het)   рекламное агентство (c)   [reklámnɔe agénstvɔ]

antiek (het)   антиквариат (м)   [antikvariát]
verzekering (de)   страхование (c)   [strahɔvánie]
naaiatelier (het)   ателье (c)   [atɛljé]

banken (mv.)   банковский бизнес (м)   [bánkɔfskij bíznɛs]
bar (de)   бар (м)   [bár]
bouwbedrijven (mv.)   строительство (c)   [strɔítelˈstvɔ]
juwelen (mv.)   ювелирные изделия (с мн) [juvelírnie izdélija]
juwelier (de)   ювелир (м)   [juvelír]

wasserette (de)   прачечная (ж)   [prátʃetʃnaja]
alcoholische dranken (mv.) спиртные напитки (м мн)   [spirtnīe napítki]
nachtclub (de)   ночной клуб (м)   [nɔtʃnój klúb]
handelsbeurs (de)   биржа (ж)   [bírʒa]
bierbrouwerij (de)   пивоварня (ж)   [pivɔvárnˈa]
uitvaartcentrum (het)   похоронное бюро (c)   [pɔhɔrónnɔe bˈuró]

casino (het)   казино (c)   [kazinó]
zakencentrum (het)   бизнес-центр (м)   [bíznɛs-tsæntr]
bioscoop (de)   кинотеатр (м)   [kinɔteátr]
airconditioning (de)   кондиционеры (м мн)   [kɔnditsiɔnéri]

handel (de)   торговля (ж)   [tɔrgóvlˈa]
luchtvaartmaatschappij (de) авиакомпания (ж)   [avia·kɔmpánija]
adviesbureau (het)   консалтинг (м)   [kɔnsálting]
koerierdienst (de)   курьерская служба (ж)   [kurjérskaja slúʒba]

tandheelkunde (de)   стоматология (ж)   [stɔmatɔlógija]
design (het)   дизайн (м)   [dizájn]
business school (de)   бизнес-школа (ж)   [bíznɛs-ʃkóla]
magazijn (het)   склад (м)   [sklád]
kunstgalerie (de)   арт-галерея (ж)   [art-galeréja]
ijsje (het)   мороженое (c)   [mɔróʒenɔe]
hotel (het)   гостиница (ж)   [gɔstínitsa]

vastgoed (het)   недвижимость (ж)   [nedvíʒimɔstˈ]
drukkerij (de)   полиграфия (ж)   [pɔligrafíja]
industrie (de)   промышленность (ж)   [prɔmīʃlenɔstˈ]
Internet (het)   интернет (м)   [intɛrnæt]
investeringen (mv.)   инвестиции (ж мн)   [investítsii]

krant (de)   газета (ж)   [gazéta]
boekhandel (de)   книжный магазин (м)   [knīʒnij magazín]

lichte industrie (de)	лёгкая промышленность (ж)	[lǿhkaja prɔmíʃlenɔstʲ]
winkel (de)	магазин (м)	[magazín]
uitgeverij (de)	издательство (с)	[izdátelʲstvɔ]
medicijnen (mv.)	медицина (ж)	[meditsīna]
meubilair (het)	мебель (ж)	[mébelʲ]
museum (het)	музей (м)	[muzéj]
olie (aardolie)	нефть (ж)	[néftʲ]
apotheek (de)	аптека (ж)	[aptéka]
farmacie (de)	фармацевтика (ж)	[farmatsǽftika]
zwembad (het)	бассейн (м)	[basǽjn]
stomerij (de)	химчистка (ж)	[himtʃístka]
voedingswaren (mv.)	продукты (м мн) питания	[prɔdúktɨ pitánija]
reclame (de)	реклама (ж)	[rekláma]
radio (de)	радио (с)	[rádiɔ]
afvalinzameling (de)	вывоз (м) мусора	[vīvɔs músɔra]
restaurant (het)	ресторан (м)	[restɔrán]
tijdschrift (het)	журнал (м)	[ʒurnál]
schoonheidssalon (de/het)	салон (м) красоты	[salón krasɔtī]
financiële diensten (mv.)	финансовые услуги (ж мн)	[finánsɔvie uslúgi]
juridische diensten (mv.)	юридические услуги (ж мн)	[juridítʃeskie uslúgi]
boekhouddiensten (mv.)	бухгалтерские услуги (ж мн)	[buhgálterskie uslúgi]
audit diensten (mv.)	аудиторские услуги (ж мн)	[audítɔrskie uslúgi]
sport (de)	спорт (м)	[spórt]
supermarkt (de)	супермаркет (м)	[supermárket]
televisie (de)	телевидение (с)	[televídenje]
theater (het)	театр (м)	[teátr]
toerisme (het)	туризм (м)	[turízm]
transport (het)	перевозки (ж мн)	[perevóski]
postorderbedrijven (mv.)	торговля (ж) по каталогу	[tɔrgóvlʲa pɔ katalógu]
kleding (de)	одежда (ж)	[ɔdéʒda]
dierenarts (de)	ветеринар (м)	[veterinár]

Baan. Business. Deel 2

118. Show. Tentoonstelling

Nederlands	Русский	Transcriptie
beurs (de)	выставка (ж)	[vīstafka]
vakbeurs, handelsbeurs (de)	торговая выставка (ж)	[tɔrgóvaja vīstafka]
deelneming (de)	участие (с)	[utʃástie]
deelnemen (ww)	участвовать (нсв, нпх)	[utʃástvɔvatʲ]
deelnemer (de)	участник (м)	[utʃásnik]
directeur (de)	директор (м)	[diréktɔr]
organisatiecomité (het)	дирекция (ж)	[diréktsija]
organisator (de)	организатор (м)	[ɔrganizátɔr]
organiseren (ww)	организовывать (нсв, пх)	[ɔrganizóvivatʲ]
deelnemingsaanvraag (de)	заявка (ж) на участие	[zajáfka na utʃástie]
invullen (een formulier ~)	заполнить (св, пх)	[zapólnitʲ]
details (mv.)	детали (ж мн)	[detáli]
informatie (de)	информация (ж)	[infɔrmátsija]
prijs (de)	цена (ж)	[tsɛná]
inclusief (bijv. ~ BTW)	включая	[fklʲutʃája]
inbegrepen (alles ~)	включать (нсв, пх)	[fklʲutʃátʲ]
betalen (ww)	платить (нсв, н/пх)	[platítʲ]
registratietarief (het)	регистрационный взнос (м)	[registratsiónij vznós]
ingang (de)	вход (м)	[fhód]
paviljoen (het), hal (de)	павильон (м)	[paviljón]
registreren (ww)	регистрировать (нсв, пх)	[registrírɔvatʲ]
badge, kaart (de)	бэдж (м)	[bǽdʒ]
beursstand (de)	выставочный стенд (м)	[vīstavɔtʃnij stǽnd]
reserveren (een stand ~)	резервировать (н/св, пх)	[rezervírɔvatʲ]
vitrine (de)	витрина (ж)	[vitrína]
licht (het)	светильник (м)	[svetílʲnik]
design (het)	дизайн (м)	[dizájn]
plaatsen (ww)	располагать (нсв, пх)	[raspɔlagátʲ]
geplaatst zijn (ww)	располагаться (нсв, возв)	[raspɔlagátsa]
distributeur (de)	дистрибьютор (м)	[distribjútɔr]
leverancier (de)	поставщик (м)	[pɔstafʃík]
leveren (ww)	поставлять (нсв, пх)	[pɔstavlʲátʲ]
land (het)	страна (ж)	[straná]
buitenlands (bn)	иностранный	[inɔstránnij]
product (het)	продукт (м)	[prɔdúkt]
associatie (de)	ассоциация (ж)	[asɔtsiátsija]

conferentiezaal (de)	конференц-зал (м)	[kɔnferénts-zál]
congres (het)	конгресс (м)	[kɔngrés]
wedstrijd (de)	конкурс (м)	[kónkurs]

bezoeker (de)	посетитель (м)	[pɔsetítelʲ]
bezoeken (ww)	посещать (нсв, пх)	[pɔseʃátʲ]
afnemer (de)	заказчик (м)	[zakáʃik]

119. Massamedia

krant (de)	газета (ж)	[gazéta]
tijdschrift (het)	журнал (м)	[ʒurnál]
pers (gedrukte media)	пресса (ж)	[présa]
radio (de)	радио (с)	[rádiɔ]
radiostation (het)	радиостанция (ж)	[radiɔ·stántsija]
televisie (de)	телевидение (с)	[televídenje]

presentator (de)	ведущий (м)	[vedúʃij]
nieuwslezer (de)	диктор (м)	[díktɔr]
commentator (de)	комментатор (м)	[kɔmentátɔr]

journalist (de)	журналист (м)	[ʒurnalíst]
correspondent (de)	корреспондент (м)	[kɔrespɔndént]
fotocorrespondent (de)	фотокорреспондент (м)	[fɔtɔ·kɔrespɔndént]
reporter (de)	репортёр (м)	[repɔrtǿr]

| redacteur (de) | редактор (м) | [redáktɔr] |
| chef-redacteur (de) | главный редактор (м) | [glávnij redáktɔr] |

zich abonneren op	подписаться (св, возв)	[pɔtpisátsa]
abonnement (het)	подписка (ж)	[pɔtpíska]
abonnee (de)	подписчик (м)	[pɔtpíʃik]
lezen (ww)	читать (нсв, н/пх)	[ʧitátʲ]
lezer (de)	читатель (м)	[ʧitátelʲ]

oplage (de)	тираж (м)	[tiráʃ]
maand-, maandelijks (bn)	ежемесячный	[eʒemésɨʧnij]
wekelijks (bn)	еженедельный	[eʒenedélʲnij]
nummer (het)	номер (м)	[nómer]
vers (~ van de pers)	свежий	[svéʒij]

kop (de)	заголовок (м)	[zagɔlóvɔk]
korte artikel (het)	заметка (ж)	[zamétka]
rubriek (de)	рубрика (ж)	[rúbrika]
artikel (het)	статья (ж)	[statjá]
pagina (de)	страница (ж)	[stranítsa]

reportage (de)	репортаж (м)	[repɔrtáʃ]
gebeurtenis (de)	событие (с)	[sɔbītie]
sensatie (de)	сенсация (ж)	[sensátsija]
schandaal (het)	скандал (м)	[skandál]
schandalig (bn)	скандальный	[skandálʲnij]
groot (~ schandaal, enz.)	громкий	[grómkij]
programma (het)	передача (ж)	[peredátʃa]

interview (het)	интервью (c)	[intɛrvjú]
live uitzending (de)	прямая трансляция (ж)	[prɪmája translʲátsija]
kanaal (het)	канал (м)	[kanál]

120. Landbouw

landbouw (de)	сельское хозяйство (c)	[sélʲskɔe hɔzʲájstvɔ]
boer (de)	крестьянин (м)	[krestjánin]
boerin (de)	крестьянка (ж)	[krestjánka]
landbouwer (de)	фермер (м)	[férmer]

| tractor (de) | трактор (м) | [tráktɔr] |
| maaidorser (de) | комбайн (м) | [kɔmbájn] |

ploeg (de)	плуг (м)	[plúg]
ploegen (ww)	пахать (нсв, н/пх)	[pahátʲ]
akkerland (het)	пашня (ж)	[páʃnʲa]
voor (de)	борозда (ж)	[bɔrɔzdá]

zaaien (ww)	сеять (нсв, пх)	[séjatʲ]
zaaimachine (de)	сеялка (ж)	[séjalka]
zaaien (het)	посев (м)	[pɔséf]

| zeis (de) | коса (ж) | [kɔsá] |
| maaien (ww) | косить (нсв, н/пх) | [kɔsítʲ] |

| schop (de) | лопата (ж) | [lɔpáta] |
| spitten (ww) | копать (нсв, пх) | [kɔpátʲ] |

schoffel (de)	тяпка (ж)	[tʲápka]
wieden (ww)	полоть (нсв, пх)	[pɔlótʲ]
onkruid (het)	сорняк (м)	[sɔrnʲák]

gieter (de)	лейка (ж)	[léjka]
begieten (water geven)	поливать (нсв, пх)	[pɔlivátʲ]
bewatering (de)	полив (м)	[pɔlíf]

| riek, hooivork (de) | вилы (мн) | [vílɨ] |
| hark (de) | грабли (мн) | [grábli] |

kunstmest (de)	удобрение (c)	[udɔbrénie]
bemesten (ww)	удобрять (нсв, пх)	[udɔbrʲátʲ]
mest (de)	навоз (м)	[navós]

veld (het)	поле (c)	[póle]
wei (de)	луг (м)	[lúg]
moestuin (de)	огород (м)	[ɔgɔród]
boomgaard (de)	сад (м)	[sád]

weiden (ww)	пасти (нсв, пх)	[pastí]
herder (de)	пастух (м)	[pastúh]
weiland (de)	пастбище (c)	[pázbiʃʲe]
veehouderij (de)	животноводство (c)	[ʒivɔtnɔvótstvɔ]
schapenteelt (de)	овцеводство (c)	[ɔftsɛvótstvɔ]

plantage (de)	плантация (ж)	[plantátsija]
rijtje (het)	грядка (ж)	[grʲátka]
broeikas (de)	парник (м)	[parník]

| droogte (de) | засуха (ж) | [zásuha] |
| droog (bn) | засушливый | [zasúʃlivij] |

graan (het)	зерно (с)	[zernó]
graangewassen (mv.)	зерновые (мн)	[zernovïje]
oogsten (ww)	убирать (нсв, пх)	[ubirátʲ]

molenaar (de)	мельник (м)	[mélʲnik]
molen (de)	мельница (ж)	[mélʲnitsa]
malen (graan ~)	молоть (нсв, пх)	[mɔlótʲ]
bloem (bijv. tarwebloem)	мука (ж)	[muká]
stro (het)	солома (ж)	[sɔlóma]

121. Gebouw. Bouwproces

bouwplaats (de)	стройка (ж)	[strójka]
bouwen (ww)	строить (нсв, пх)	[stróitʲ]
bouwvakker (de)	строитель (м)	[strɔítelʲ]

project (het)	проект (м)	[prɔǽkt]
architect (de)	архитектор (м)	[arhitéktɔr]
arbeider (de)	рабочий (м)	[rabótʃij]

fundering (de)	фундамент (м)	[fundáment]
dak (het)	крыша (ж)	[krïʃa]
heipaal (de)	свая (ж)	[svája]
muur (de)	стена (ж)	[stená]

| betonstaal (het) | арматура (ж) | [armatúra] |
| steigers (mv.) | строительные леса (мн) | [strɔítelʲnie lesá] |

beton (het)	бетон (м)	[betón]
graniet (het)	гранит (м)	[granít]
steen (de)	камень (м)	[kámenʲ]
baksteen (de)	кирпич (м)	[kirpítʃ]

zand (het)	песок (м)	[pesók]
cement (de/het)	цемент (м)	[tsɛmént]
pleister (het)	штукатурка (ж)	[ʃtukatúrka]
pleisteren (ww)	штукатурить (нсв, пх)	[ʃtukatúritʲ]

verf (de)	краска (ж)	[kráska]
verven (muur ~)	красить (нсв, пх)	[krásitʲ]
ton (de)	бочка (ж)	[bótʃka]

kraan (de)	кран (м)	[krán]
heffen, hijsen (ww)	поднимать (нсв, пх)	[pɔdnimátʲ]
neerlaten (ww)	опускать (нсв, пх)	[ɔpuskátʲ]
bulldozer (de)	бульдозер (м)	[bulʲdózer]
graafmachine (de)	экскаватор (м)	[ɛkskavátɔr]

graafbak (de)	ковш (м)	[kóvʃ]
graven (tunnel, enz.)	копать (нсв, пх)	[kɔpátʲ]
helm (de)	каска (ж)	[káska]

122. Wetenschap. Onderzoek. Wetenschappers

wetenschap (de)	наука (ж)	[naúka]
wetenschappelijk (bn)	научный	[naúʧnij]
wetenschapper (de)	учёный (м)	[uʧónij]
theorie (de)	теория (ж)	[teórija]

axioma (het)	аксиома (ж)	[aksióma]
analyse (de)	анализ (м)	[anális]
analyseren (ww)	анализировать (нсв, пх)	[analizírovatʲ]
argument (het)	аргумент (м)	[argumént]
substantie (de)	вещество (с)	[veʃestvó]

hypothese (de)	гипотеза (ж)	[gipóteza]
dilemma (het)	дилемма (ж)	[diléma]
dissertatie (de)	диссертация (ж)	[disertátsija]
dogma (het)	догма (ж)	[dógma]

doctrine (de)	доктрина (ж)	[dɔktrína]
onderzoek (het)	исследование (с)	[islédɔvanie]
onderzoeken (ww)	исследовать (н/св, пх)	[islédɔvatʲ]
toetsing (de)	контроль (м)	[kɔntrólʲ]
laboratorium (het)	лаборатория (ж)	[labɔratórija]

methode (de)	метод (м)	[métɔd]
molecule (de/het)	молекула (ж)	[mɔlékula]
monitoring (de)	мониторинг (м)	[mɔnitóring]
ontdekking (de)	открытие (с)	[ɔtkrĩtie]

postulaat (het)	постулат (м)	[pɔstulát]
principe (het)	принцип (м)	[príntsip]
voorspelling (de)	прогноз (м)	[prɔgnós]
een prognose maken	прогнозировать (нсв, пх)	[prɔgnɔzírovatʲ]

synthese (de)	синтез (м)	[síntɛs]
tendentie (de)	тенденция (ж)	[tɛndǽntsija]
theorema (het)	теорема (ж)	[teɔréma]

| leerstellingen (mv.) | учение (с) | [uʧénie] |
| feit (het) | факт (м) | [fákt] |

| expeditie (de) | экспедиция (ж) | [ɛkspedítsija] |
| experiment (het) | эксперимент (м) | [ɛksperimént] |

academicus (de)	академик (м)	[akadémik]
bachelor (bijv. BA, LLB)	бакалавр (м)	[bakalávr]
doctor (de)	доктор (м)	[dóktɔr]
universitair docent (de)	доцент (м)	[dɔtsǽnt]
master, magister (de)	магистр (м)	[magístr]
professor (de)	профессор (м)	[prɔfésɔr]

Beroepen en ambachten

| baan (de) | работа (ж) | [rabóta] |
| personeel (het) | персонал (м) | [persɔnál] |

carrière (de)	карьера (ж)	[karjéra]
vooruitzichten (mv.)	перспектива (ж)	[perspektíva]
meesterschap (het)	мастерство (с)	[masterstvó]

keuze (de)	подбор (м)	[pɔdbór]
uitzendbureau (het)	кадровое агентство (с)	[kádrɔvɔe agénstvɔ]
CV, curriculum vitae (het)	резюме (с)	[rezʲumé]
sollicitatiegesprek (het)	собеседование (с)	[sɔbesédɔvanie]
vacature (de)	вакансия (ж)	[vakánsija]

salaris (het)	зарплата (ж)	[zarpláta]
vaste salaris (het)	оклад (м)	[ɔklád]
loon (het)	оплата (ж)	[ɔpláta]

betrekking (de)	должность (ж)	[dólʒnɔstʲ]
taak, plicht (de)	обязанность (ж)	[ɔbʲázanɔstʲ]
takenpakket (het)	круг (м)	[krúg]
bezig (~ zijn)	занятой	[zanɪtój]

| ontslagen (ww) | уволить (св, пх) | [uvólitʲ] |
| ontslag (het) | увольнение (с) | [uvɔlʲnénie] |

werkloosheid (de)	безработица (ж)	[bezrabótitsa]
werkloze (de)	безработный (м)	[bezrabótnij]
pensioen (het)	пенсия (ж)	[pénsija]
met pensioen gaan	уйти на пенсию	[ujtí na pénsiju]

directeur (de)	директор (м)	[diréktɔr]
beheerder (de)	управляющий (м)	[upravlʲájuʃʲij]
hoofd (het)	руководитель, шеф (м)	[rukɔvɔdítelʲ], [ʃæf]

baas (de)	начальник (м)	[natʃálʲnik]
superieuren (mv.)	начальство (с)	[natʃálʲstvɔ]
president (de)	президент (м)	[prezidént]
voorzitter (de)	председатель (м)	[pretsedátelʲ]

adjunct (de)	заместитель (м)	[zamestítelʲ]
assistent (de)	помощник (м)	[pɔmóʃʲnik]
secretaris (de)	секретарь (м)	[sekretárʲ]

persoonlijke assistent (de)	личный секретарь (м)	[líʧnij sekretárʲ]
zakenman (de)	бизнесмен (м)	[biznɛsmén]
ondernemer (de)	предприниматель (м)	[pretprinimátelʲ]
oprichter (de)	основатель (м)	[ɔsnɔvátelʲ]
oprichten	основать (св, пх)	[ɔsnɔvátʲ]
(een nieuw bedrijf ~)		
stichter (de)	учредитель (м)	[uʧredítelʲ]
partner (de)	партнёр (м)	[partnǿr]
aandeelhouder (de)	акционер (м)	[aktsiɔnér]
miljonair (de)	миллионер (м)	[miliɔnér]
miljardair (de)	миллиардер (м)	[miliardér]
eigenaar (de)	владелец (м)	[vladélets]
landeigenaar (de)	землевладелец (м)	[zemle·vladélets]
klant (de)	клиент (м)	[kliént]
vaste klant (de)	постоянный клиент (м)	[pɔstɔjánnij kliént]
koper (de)	покупатель (м)	[pɔkupátelʲ]
bezoeker (de)	посетитель (м)	[pɔsetítelʲ]
professioneel (de)	профессионал (м)	[prɔfesiɔnál]
expert (de)	эксперт (м)	[ɛkspért]
specialist (de)	специалист (м)	[spetsialíst]
bankier (de)	банкир (м)	[bankír]
makelaar (de)	брокер (м)	[brόker]
kassier (de)	кассир (м)	[kassír]
boekhouder (de)	бухгалтер (м)	[buhgálter]
bewaker (de)	охранник (м)	[ɔhránnik]
investeerder (de)	инвестор (м)	[invéstɔr]
schuldenaar (de)	должник (м)	[dɔlʒník]
crediteur (de)	кредитор (м)	[kreditór]
lener (de)	заёмщик (м)	[zajómʃik]
importeur (de)	импортёр (м)	[impɔrtǿr]
exporteur (de)	экспортёр (м)	[ɛkspɔrtǿr]
producent (do)	производитель (м)	[prɔizvɔdítelʲ]
distributeur (de)	дистрибьютор (м)	[distribjútɔr]
bemiddelaar (de)	посредник (м)	[pɔsrédnik]
adviseur, consulent (de)	консультант (м)	[kɔnsulʲtánt]
vertegenwoordiger (de)	представитель (м)	[pretstavítelʲ]
agent (de)	агент (м)	[agént]
verzekeringsagent (de)	страховой агент (м)	[strahɔvój agént]

125. Dienstverlenende beroepen

kok (de)	повар (м)	[póvar]
chef-kok (de)	шеф-повар (м)	[ʃǽf-póvar]
bakker (de)	пекарь (м)	[pékarʲ]

barman (de)	бармен (м)	[bármɛn]
kelner, ober (de)	официант (м)	[ɔfitsiánt]
serveerster (de)	официантка (ж)	[ɔfitsiántka]

advocaat (de)	адвокат (м)	[advɔkát]
jurist (de)	юрист (м)	[juríst]
notaris (de)	нотариус (м)	[nɔtárius]

elektricien (de)	электрик (м)	[ɛléktrik]
loodgieter (de)	сантехник (м)	[santéhnik]
timmerman (de)	плотник (м)	[plótnik]

masseur (de)	массажист (м)	[masaʒíst]
masseuse (de)	массажистка (ж)	[masaʒístka]
dokter, arts (de)	врач (м)	[vrátʃ]

taxichauffeur (de)	таксист (м)	[taksíst]
chauffeur (de)	шофёр (м)	[ʃofǿr]
koerier (de)	курьер (м)	[kurjér]

kamermeisje (het)	горничная (ж)	[górnitʃnaja]
bewaker (de)	охранник (м)	[ɔhránnik]
stewardess (de)	стюардесса (ж)	[stiuardǽsa]

meester (de)	учитель (м)	[utʃítelʲ]
bibliothecaris (de)	библиотекарь (м)	[bibliɔtékarʲ]
vertaler (de)	переводчик (м)	[perevóttʃik]
tolk (de)	переводчик (м)	[perevóttʃik]
gids (de)	гид (м)	[gíd]

kapper (de)	парикмахер (м)	[parikmáher]
postbode (de)	почтальон (м)	[potʃtaljón]
verkoper (de)	продавец (м)	[prɔdavéts]

tuinman (de)	садовник (м)	[sadóvnik]
huisbediende (de)	слуга (ж)	[slugá]
dienstmeisje (het)	служанка (ж)	[sluʒánka]
schoonmaakster (de)	уборщица (ж)	[ubórʃitsa]

126. Militaire beroepen en rangen

soldaat (rang)	рядовой (м)	[rɪdɔvój]
sergeant (de)	сержант (м)	[serʒánt]
luitenant (de)	лейтенант (м)	[lejtenánt]
kapitein (de)	капитан (м)	[kapitán]

majoor (de)	майор (м)	[majór]
kolonel (de)	полковник (м)	[pɔlkóvnik]
generaal (de)	генерал (м)	[generál]
maarschalk (de)	маршал (м)	[márʃal]
admiraal (de)	адмирал (м)	[admirál]

| militair (de) | военный (м) | [vɔénnij] |
| soldaat (de) | солдат (м) | [sɔldát] |

| officier (de) | офицер (м) | [ɔfitsǽr] |
| commandant (de) | командир (м) | [kɔmandír] |

grenswachter (de)	пограничник (м)	[pɔgranítʃnik]
marconist (de)	радист (м)	[radíst]
verkenner (de)	разведчик (м)	[razvéttʃik]
sappeur (de)	сапёр (м)	[sapǿr]
schutter (de)	стрелок (м)	[strelók]
stuurman (de)	штурман (м)	[ʃtúrman]

127. Ambtenaren. Priesters

| koning (de) | король (м) | [kɔrólʲ] |
| koningin (de) | королева (ж) | [kɔrɔléva] |

| prins (de) | принц (м) | [prínts] |
| prinses (de) | принцесса (ж) | [printsǽsa] |

| tsaar (de) | царь (м) | [tsárʲ] |
| tsarina (de) | царица (ж) | [tsarítsa] |

president (de)	президент (м)	[prezidént]
minister (de)	министр (м)	[minístr]
eerste minister (de)	премьер-министр (м)	[premjér-minístr]
senator (de)	сенатор (м)	[senátɔr]

diplomaat (de)	дипломат (м)	[diplɔmát]
consul (de)	консул (м)	[kónsul]
ambassadeur (de)	посол (м)	[pɔsól]
adviseur (de)	советник (м)	[sɔvétnik]

ambtenaar (de)	чиновник (м)	[tʃinóvnik]
prefect (de)	префект (м)	[prefékt]
burgemeester (de)	мэр (м)	[mǽr]

| rechter (de) | судья (ж) | [sudjá] |
| aanklager (de) | прокурор (м) | [prɔkurór] |

missionaris (de)	миссионер (м)	[misiɔnér]
monnik (de)	монах (м)	[mɔnáh]
abt (de)	аббат (м)	[abát]
rabbi, rabbijn (de)	раввин (м)	[ravín]

vizier (de)	визирь (м)	[vizírʲ]
sjah (de)	шах (м)	[ʃáh]
sjeik (de)	шейх (м)	[ʃǽjh]

128. Agrarische beroepen

imker (de)	пчеловод (м)	[ptʃelɔvód]
herder (de)	пастух (м)	[pastúh]
landbouwkundige (de)	агроном (м)	[agrɔnóm]

| veehouder (de) | животновод (м) | [ʒivɔtnɔvód] |
| dierenarts (de) | ветеринар (м) | [veterinár] |

landbouwer (de)	фермер (м)	[férmer]
wijnmaker (de)	винодел (м)	[vinɔdél]
zoöloog (de)	зоолог (м)	[zɔólɔg]
cowboy (de)	ковбой (м)	[kɔvbój]

129. Kunst beroepen

| acteur (de) | актёр (м) | [aktǿr] |
| actrice (de) | актриса (ж) | [aktrísa] |

| zanger (de) | певец (м) | [pevéts] |
| zangeres (de) | певица (ж) | [pevítsa] |

| danser (de) | танцор (м) | [tantsór] |
| danseres (de) | танцовщица (ж) | [tantsófʃitsa] |

| artiest (mann.) | артист (м) | [artíst] |
| artiest (vrouw.) | артистка (ж) | [artístka] |

muzikant (de)	музыкант (м)	[muzikánt]
pianist (de)	пианист (м)	[pianíst]
gitarist (de)	гитарист (м)	[gitaríst]

orkestdirigent (de)	дирижёр (м)	[diriʒór]
componist (de)	композитор (м)	[kɔmpɔzítɔr]
impresario (de)	импресарио (м)	[impresáriɔ]

filmregisseur (de)	режиссёр (м)	[reʒisǿr]
filmproducent (de)	продюсер (м)	[prɔdʲúsɛr]
scenarioschrijver (de)	сценарист (м)	[stsɛnaríst]
criticus (de)	критик (м)	[krítik]

schrijver (de)	писатель (м)	[pisátelʲ]
dichter (de)	поэт (м)	[pɔǽt]
beeldhouwer (de)	скульптор (м)	[skúlʲptɔr]
kunstenaar (de)	художник (м)	[hudóʒnik]

jongleur (de)	жонглёр (м)	[ʒɔnglór]
clown (de)	клоун (м)	[klóun]
acrobaat (de)	акробат (м)	[akrɔbát]
goochelaar (de)	фокусник (м)	[fókusnik]

130. Verschillende beroepen

dokter, arts (de)	врач (м)	[vrátʃ]
ziekenzuster (de)	медсестра (ж)	[metsestrá]
psychiater (de)	психиатр (м)	[psihiátr]
tandarts (de)	стоматолог (м)	[stɔmatólɔg]
chirurg (de)	хирург (м)	[hirúrg]

astronaut (de)	астронавт (м)	[astrɔnávt]
astronoom (de)	астроном (м)	[astrɔnóm]
chauffeur (de)	водитель (м)	[vɔdítelʲ]
machinist (de)	машинист (м)	[maʃiníst]
mecanicien (de)	механик (м)	[mehánik]
mijnwerker (de)	шахтёр (м)	[ʃahtǿr]
arbeider (de)	рабочий (м)	[rabóʧij]
bankwerker (de)	слесарь (м)	[slésarʲ]
houtbewerker (de)	столяр (м)	[stolʲár]
draaier (de)	токарь (м)	[tókarʲ]
bouwvakker (de)	строитель (м)	[strɔítelʲ]
lasser (de)	сварщик (м)	[svárʃʲik]
professor (de)	профессор (м)	[prɔfésɔr]
architect (de)	архитектор (м)	[arhitéktɔr]
historicus (de)	историк (м)	[istórik]
wetenschapper (de)	учёный (м)	[uʧónij]
fysicus (de)	физик (м)	[fízik]
scheikundige (de)	химик (м)	[hímik]
archeoloog (de)	археолог (м)	[arheólɔg]
geoloog (de)	геолог (м)	[geólɔg]
onderzoeker (de)	исследователь (м)	[islédɔvatelʲ]
babysitter (de)	няня (ж)	[nʲánʲa]
leraar, pedagoog (de)	учитель (м)	[uʧítelʲ]
redacteur (de)	редактор (м)	[redáktɔr]
chef-redacteur (de)	главный редактор (м)	[glávnij redáktɔr]
correspondent (de)	корреспондент (м)	[kɔrespɔndént]
typiste (de)	машинистка (ж)	[maʃinístka]
designer (de)	дизайнер (м)	[dizájner]
computerexpert (de)	компьютерщик (м)	[kɔmpjúterʃʲik]
programmeur (de)	программист (м)	[prɔgramíst]
ingenieur (de)	инженер (м)	[inʒenér]
matroos (de)	моряк (м)	[mɔrʲák]
zeeman (de)	матрос (м)	[matrós]
redder (de)	спасатель (м)	[spasátelʲ]
brandweerman (de)	пожарный (м)	[pɔʒárnij]
politieagent (de)	полицейский (м)	[pɔlitsǽjskij]
nachtwaker (de)	сторож (м)	[stórɔʃ]
detective (de)	сыщик (м)	[sɨ́ʃʲik]
douanier (de)	таможенник (м)	[tamóʒenik]
lijfwacht (de)	телохранитель (м)	[telɔhranítelʲ]
gevangenisbewaker (de)	охранник (м)	[ɔhránnik]
inspecteur (de)	инспектор (м)	[inspéktɔr]
sportman (de)	спортсмен (м)	[spɔrtsmén]
trainer (de)	тренер (м)	[tréner]
slager, beenhouwer (de)	мясник (м)	[mɪsník]

schoenlapper (de)	сапожник (м)	[sapóʒnik]
handelaar (de)	коммерсант (м)	[kɔmersánt]
lader (de)	грузчик (м)	[grúʃik]

| kledingstilist (de) | модельер (м) | [mɔdɛljér] |
| model (het) | модель (ж) | [mɔdǽlʲ] |

131. Beroepen. Sociale status

| scholier (de) | школьник (м) | [ʃkólʲnik] |
| student (de) | студент (м) | [studént] |

filosoof (de)	философ (м)	[filósɔf]
econoom (de)	экономист (м)	[ɛkɔnɔmíst]
uitvinder (de)	изобретатель (м)	[izɔbretátelʲ]

werkloze (de)	безработный (м)	[bezrabótnij]
gepensioneerde (de)	пенсионер (м)	[pensiɔnér]
spion (de)	шпион (м)	[ʃpión]

gedetineerde (de)	заключённый (м)	[zaklʲutʃónnij]
staker (de)	забастовщик (м)	[zabastófʃik]
bureaucraat (de)	бюрократ (м)	[bʲurɔkrát]
reiziger (de)	путешественник (м)	[puteʃǽstvenik]

homoseksueel (de)	гомосексуалист (м)	[gɔmɔ·sɛksualíst]
hacker (computerkraker)	хакер (м)	[háker]
hippie (de)	хиппи (м)	[híppi]

bandiet (de)	бандит (м)	[bandít]
huurmoordenaar (de)	наёмный убийца (м)	[najómnij ubíjtsa]
drugsverslaafde (de)	наркоман (м)	[narkɔmán]
drugshandelaar (de)	торговец (м) наркотиками	[tɔrgóvets narkótikami]
prostituee (de)	проститутка (ж)	[prɔstitútka]
pooier (de)	сутенёр (м)	[sutenǿr]

tovenaar (de)	колдун (м)	[kɔldún]
tovenares (de)	колдунья (ж)	[kɔldúnja]
piraat (de)	пират (м)	[pirát]
slaaf (de)	раб (м)	[ráb]
samoerai (de)	самурай (м)	[samuráj]
wilde (de)	дикарь (м)	[dikárʲ]

Sport

sportman (de)	спортсмен (м)	[sportsmén]
soort sport (de/het)	вид (м) спорта	[víd spórta]
basketbal (het)	баскетбол (м)	[basketból]
basketbalspeler (de)	баскетболист (м)	[basketbolíst]
baseball (het)	бейсбол (м)	[bejzból]
baseballspeler (de)	бейсболист (м)	[bejzbolíst]
voetbal (het)	футбол (м)	[futból]
voetballer (de)	футболист (м)	[futbolíst]
doelman (de)	вратарь (м)	[vratárʲ]
hockey (het)	хоккей (м)	[hɔkéj]
hockeyspeler (de)	хоккеист (м)	[hɔkeíst]
volleybal (het)	волейбол (м)	[vɔlejból]
volleybalspeler (de)	волейболист (м)	[vɔlejbolíst]
boksen (het)	бокс (м)	[bóks]
bokser (de)	боксёр (м)	[bɔksǿr]
worstelen (het)	борьба (ж)	[borʲbá]
worstelaar (de)	борец (м)	[bɔréts]
karate (de)	карате (с)	[karatǽ]
karateka (de)	каратист (м)	[karatíst]
judo (de)	дзюдо (с)	[dzʲudó]
judoka (de)	дзюдоист (м)	[dzʲudoíst]
tennis (het)	теннис (м)	[tǽnis]
tennisspeler (de)	теннисист (м)	[tɛnisíst]
zwemmen (het)	плавание (с)	[plávanie]
zwemmer (de)	пловец (м)	[plɔvéts]
schermen (het)	фехтование (с)	[fehtɔvánie]
schermer (de)	фехтовальщик (м)	[fehtɔválʲʃik]
schaak (het)	шахматы (мн)	[ʃáhmati]
schaker (de)	шахматист (м)	[ʃahmatíst]
alpinisme (het)	альпинизм (м)	[alʲpinízm]
alpinist (de)	альпинист (м)	[alʲpiníst]
hardlopen (het)	бег (м)	[bég]

renner (de)	бегун (м)	[begún]
atletiek (de)	лёгкая атлетика (ж)	[lǿhkaja atlétika]
atleet (de)	атлет (м)	[atlét]

| paardensport (de) | конный спорт (м) | [kónnij spórt] |
| ruiter (de) | наездник (м) | [naéznik] |

kunstschaatsen (het)	фигурное катание (с)	[figúrnɔe katánie]
kunstschaatser (de)	фигурист (м)	[figuríst]
kunstschaatsster (de)	фигуристка (ж)	[figurístka]

| gewichtheffen (het) | тяжёлая атлетика (ж) | [tɪʒólaja atlétika] |
| gewichtheffer (de) | штангист (м) | [ʃtangíst] |

| autoraces (mv.) | автогонки (ж мн) | [aftɔ·gónki] |
| coureur (de) | гонщик (м) | [gónʃik] |

| wielersport (de) | велоспорт (м) | [velɔspórt] |
| wielrenner (de) | велосипедист (м) | [velɔsipedíst] |

verspringen (het)	прыжки (м мн) в длину	[priʃkí v dlinú]
polsstokspringen (het)	прыжки (м мн) с шестом	[priʃkí s ʃestóm]
verspringer (de)	прыгун (м)	[prigún]

133. Soorten sporten. Diversen

Amerikaans voetbal (het)	американский футбол (м)	[amerikánskij futból]
badminton (het)	бадминтон (м)	[badmintón]
biatlon (de)	биатлон (м)	[biatlón]
biljart (het)	бильярд (м)	[biljárd]

bobsleeën (het)	бобслей (м)	[bɔbsléj]
bodybuilding (de)	бодибилдинг (м)	[bɔdibílding]
waterpolo (het)	водное поло (с)	[vódnɔe pólɔ]
handbal (de)	гандбол (м)	[ganból]
golf (het)	гольф (м)	[gólʲf]

roeisport (de)	гребля (ж)	[gréblʲa]
duiken (het)	дайвинг (м)	[dájving]
langlaufen (het)	лыжные гонки (ж мн)	[lʲiʒnie gónki]
tafeltennis (het)	настольный теннис (м)	[nastólʲnij tǽnis]

zeilen (het)	парусный спорт (м)	[párusnij spórt]
rally (de)	ралли (с)	[ráli]
rugby (het)	регби (с)	[rǽgbi]
snowboarden (het)	сноуборд (м)	[snɔubórd]
boogschieten (het)	стрельба (ж) из лука	[strelʲbá iz lúka]

134. Fitnessruimte

| lange halter (de) | штанга (ж) | [ʃtánga] |
| halters (mv.) | гантели (ж мн) | [gantéli] |

training machine (de)	тренажёр (м)	[trenaʒór]
hometrainer (de)	велотренажёр (м)	[velɔ·trenaʒór]
loopband (de)	беговая дорожка (ж)	[begɔvája dɔróʃka]

rekstok (de)	перекладина (ж)	[perekládina]
brug (de) gelijke leggers	брусья (мн)	[brúsja]
paardsprong (de)	конь (м)	[kónʲ]
mat (de)	мат (м)	[mát]

springtouw (het)	скакалка (ж)	[skakálka]
aerobics (de)	аэробика (ж)	[aɛróbika]
yoga (de)	йога (ж)	[jóga]

135. Hockey

hockey (het)	хоккей (м)	[hɔkéj]
hockeyspeler (de)	хоккеист (м)	[hɔkeíst]
hockey spelen	играть в хоккей	[igrátʲ f hɔkéj]
ijs (het)	лёд (м)	[lǿd]

puck (de)	шайба (ж)	[ʃájba]
hockeystick (de)	клюшка (ж)	[klʲúʃka]
schaatsen (mv.)	коньки (м мн)	[kɔnʲkí]

| boarding (de) | борт (м) | [bórt] |
| schot (het) | бросок (м) | [brɔsók] |

doelman (de)	вратарь (м)	[vratárʲ]
goal (de)	гол (м)	[gól]
een goal scoren	забить гол	[zabítʲ gól]

periode (de)	период (м)	[períud]
tweede periode (de)	2-й период	[ftɔrój períud]
reservebank (de)	скамейка (ж) запасных	[skaméjka zapasnīh]

136. Voetbal

voetbal (het)	футбол (м)	[futból]
voetballer (de)	футболист (м)	[futbɔlíst]
voetbal spelen	играть в футбол	[igrátʲ f futból]

eredivisie (de)	высшая лига (ж)	[vīsʃaja líga]
voetbalclub (de)	футбольный клуб (м)	[futbólʲnij klúb]
trainer (de)	тренер (м)	[tréner]
eigenaar (de)	владелец (м)	[vladélets]
team (het)	команда (ж)	[kɔmánda]
aanvoerder (de)	капитан (м) команды	[kapitán kɔmándi]
speler (de)	игрок (м)	[igrók]
reservespeler (de)	запасной игрок (м)	[zapasnój igrók]
aanvaller (de)	нападающий (м)	[napadájuʃʲij]
centrale aanvaller (de)	центральный нападающий (м)	[tsɛntrálʲnij napadájuʃʲij]

doelpuntmaker (de)	бомбардир (м)	[bɔmbardír]
verdediger (de)	защитник (м)	[zaʃítnik]
middenvelder (de)	полузащитник (м)	[pɔluzaʃítnik]

match, wedstrijd (de)	матч (м)	[mátʧ]
elkaar ontmoeten (ww)	встречаться (нсв, возв)	[fstretʃátsa]
finale (de)	финал (м)	[finál]
halve finale (de)	полуфинал (м)	[pɔlu·finál]
kampioenschap (het)	чемпионат (м)	[ʧempiɔnát]

helft (de)	тайм (м)	[tájm]
eerste helft (de)	1-й тайм (м)	[pérvij tájm]
pauze (de)	перерыв (м)	[pererïf]

doel (het)	ворота (мн)	[vɔróta]
doelman (de)	вратарь (м)	[vratárʲ]
doelpaal (de)	штанга (ж)	[ʃtánga]
lat (de)	перекладина (ж)	[perekládina]
doelnet (het)	сетка (ж)	[sétka]
een goal incasseren	пропустить гол	[prɔpustítʲ gól]

bal (de)	мяч (м)	[mʲátʃ]
pass (de)	пас, передача (ж)	[pás], [peredátʃa]
schot (het), schop (de)	удар (м)	[udár]
schieten (de bal ~)	нанести удар	[nanestí udár]
vrije schop (directe ~)	штрафной удар (м)	[ʃtrafnój udár]
hoekschop, corner (de)	угловой удар (м)	[uglɔvój udár]

aanval (de)	атака (ж)	[atáka]
tegenaanval (de)	контратака (ж)	[kɔntratáka]
combinatie (de)	комбинация (ж)	[kɔmbinátsija]

scheidsrechter (de)	арбитр (м)	[arbítr]
fluiten (ww)	свистеть (нсв, нпх)	[svistétʲ]
fluitsignaal (het)	свисток (м)	[svistók]
overtreding (de)	нарушение (с)	[naruʃǽnie]
een overtreding maken	нарушить (св, пх)	[narúʃitʲ]
uit het veld te sturen	удалить с поля	[udalítʲ s pólʲa]

gele kaart (de)	жёлтая карточка (ж)	[ʒóltaja kártɔʧka]
rode kaart (de)	красная карточка (ж)	[krásnaja kártɔʧka]
diskwalificatie (de)	дисквалификация (ж)	[diskvalifikátsija]
diskwalificeren (ww)	дисквалифицировать (нсв, пх)	[diskvalifitsïrovatʲ]

strafschop, penalty (de)	пенальти (м)	[penálʲti]
muur (de)	стенка (ж)	[sténka]
scoren (ww)	забить (св, н/пх)	[zabítʲ]
goal (de), doelpunt (het)	гол (м)	[gól]
een goal scoren	забить гол	[zabítʲ gól]

vervanging (de)	замена (ж)	[zaména]
vervangen (ov.ww.)	заменить (св, пх)	[zamenítʲ]
regels (mv.)	правила (с мн)	[právila]
tactiek (de)	тактика (ж)	[táktika]
stadion (het)	стадион (м)	[stadión]

tribune (de)	трибуна (ж)	[tribúna]
fan, supporter (de)	болельщик (м)	[bɔlélʲʃik]
schreeuwen (ww)	кричать (нсв, нпх)	[kritʃátʲ]
scorebord (het)	табло (с)	[tabló]
stand (~ is 3-1)	счёт (м)	[ʃót]
nederlaag (de)	поражение (с)	[pɔraʒǽnie]
verliezen (ww)	проиграть (св, нпх)	[prɔigrátʲ]
gelijkspel (het)	ничья (ж)	[nitʃjá]
in gelijk spel eindigen	сыграть вничью	[sɨgrátʲ vnitʃjú]
overwinning (de)	победа (ж)	[pɔbéda]
overwinnen (ww)	победить (св, н/пх)	[pɔbedítʲ]
kampioen (de)	чемпион (м)	[tʃempión]
best (bn)	лучший	[lútʃʃij]
feliciteren (ww)	поздравлять (нсв, пх)	[pɔzdravlʲátʲ]
commentator (de)	комментатор (м)	[kɔmentátɔr]
becommentariëren (ww)	комментировать (нсв, пх)	[kɔmentírovatʲ]
uitzending (de)	трансляция (ж)	[translʲátsija]

137. Alpine skiën

ski's (mv.)	лыжи (ж мн)	[lɨʒi]
skiën (ww)	кататься на лыжах	[katátsa na lɨʒah]
skigebied (het)	горнолыжный курорт (м)	[gɔrnɔlɨʒnij kurórt]
skilift (de)	подъёмник (м)	[pɔdjómnik]
skistokken (mv.)	палки (ж мн)	[pálki]
helling (de)	склон (м)	[sklón]
slalom (de)	слалом (м)	[slálɔm]

138. Tennis. Golf

golf (het)	гольф (м)	[gólʲf]
golfclub (de)	гольф-клуб (м)	[gólʲf-klúh]
golfer (de)	игрок в гольф (м)	[igrók v gólʲf]
hole (de)	лунка (ж)	[lúnka]
golfclub (de)	клюшка (ж)	[klʲúʃka]
trolley (de)	тележка (ж) для клюшек	[teléʃka dlʲa klʲúʃɛk]
tennis (het)	теннис (м)	[tǽnis]
tennisveld (het)	корт (м)	[kórt]
opslag (de)	подача (ж)	[pɔdátʃa]
serveren, opslaan (ww)	подавать (нсв, пх)	[pɔdavátʲ]
racket (het)	ракетка (ж)	[rakétka]
net (het)	сетка (ж)	[sétka]
bal (de)	мяч (м)	[mʲátʃ]

139. Schaken

schaak (het)	шахматы (мн)	[ʃáhmati]
schaakstukken (mv.)	шахматы (мн)	[ʃáhmati]
schaker (de)	шахматист (м)	[ʃahmatíst]
schaakbord (het)	шахматная доска (ж)	[ʃáhmatnaja dɔská]
schaakstuk (het)	фигура (ж)	[figúra]
witte stukken (mv.)	белые (мн)	[bélie]
zwarte stukken (mv.)	чёрные (мн)	[ʧórnie]
pion (de)	пешка (ж)	[péʃka]
loper (de)	слон (м)	[slón]
paard (het)	конь (м)	[kónʲ]
toren (de)	ладья (ж)	[ladjá]
dame, koningin (de)	ферзь (м)	[fʲérsʲ]
koning (de)	король (м)	[kɔrólʲ]
zet (de)	ход (м)	[hód]
zetten (ww)	ходить (нсв, нпх)	[hɔdítʲ]
opofferen (ww)	пожертвовать (св, пх)	[pɔʒǽrtvɔvatʲ]
rokade (de)	рокировка (ж)	[rɔkirófka]
schaak (het)	шах (м)	[ʃáh]
schaakmat (het)	мат (м)	[mát]
schaakwedstrijd (de)	шахматный турнир (м)	[ʃáhmatnij turnír]
grootmeester (de)	гроссмейстер (м)	[grɔsméjster]
combinatie (de)	комбинация (ж)	[kɔmbinátsija]
partij (de)	партия (ж)	[pártija]
dammen (de)	шашки (ж мн)	[ʃáʃki]

140. Boksen

boksen (het)	бокс (м)	[bóks]
boksgevecht (het)	бой (м)	[bój]
bokswedstrijd (de)	поединок (м)	[pɔedínɔk]
ronde (de)	раунд (м)	[ráund]
ring (de)	ринг (м)	[ríng]
gong (de)	гонг (м)	[góng]
stoot (de)	удар (м)	[udár]
knock-down (de)	нокдаун (м)	[nɔkdáun]
knock-out (de)	нокаут (м)	[nɔkáut]
knock-out slaan (ww)	нокаутировать (св, пх)	[nɔkautírɔvatʲ]
bokshandschoen (de)	боксёрская перчатка (ж)	[boksórskaja perʧátka]
referee (de)	рефери (м)	[réferi]
lichtgewicht (het)	лёгкий вес (м)	[lóhkij vés]
middengewicht (het)	средний вес (м)	[srédnij vés]
zwaargewicht (het)	тяжёлый вес (м)	[tɪʒólij vés]

141. Sporten. Diversen

Olympische Spelen (mv.)	Олимпийские игры (ж мн)	[ɔlimpíjskie ígri]
winnaar (de)	победитель (м)	[pɔbedítelʲ]
overwinnen (ww)	побеждать (нсв, нпх)	[pɔbeʒdátʲ]
winnen (ww)	выиграть (св, нпх)	[vÿigratʲ]
leider (de)	лидер (м)	[líder]
leiden (ww)	лидировать (нсв, нпх)	[lidírɔvatʲ]
eerste plaats (de)	первое место (с)	[pérvɔe méstɔ]
tweede plaats (de)	второе место (с)	[ftɔróe méstɔ]
derde plaats (de)	третье место (с)	[trétje méstɔ]
medaille (de)	медаль (ж)	[medálʲ]
trofee (de)	трофей (м)	[trɔféj]
beker (de)	кубок (м)	[kúbɔk]
prijs (de)	приз (м)	[prís]
hoofdprijs (de)	главный приз (м)	[glávnij prís]
record (het)	рекорд (м)	[rekórd]
een record breken	ставить рекорд	[stávitʲ rekórd]
finale (de)	финал (м)	[finál]
finale (bn)	финальный	[finálʲnij]
kampioen (de)	чемпион (м)	[tʃempión]
kampioenschap (het)	чемпионат (м)	[tʃempiɔnát]
stadion (het)	стадион (м)	[stadión]
tribune (de)	трибуна (ж)	[tribúna]
fan, supporter (de)	болельщик (м)	[bɔlélʲʃik]
tegenstander (de)	противник (м)	[prɔtívnik]
start (de)	старт (м)	[stárt]
finish (de)	финиш (м)	[fíniʃ]
nederlaag (de)	поражение (с)	[pɔraʒǽnie]
verliezen (ww)	проиграть (св, нпх)	[prɔigrátʲ]
rechter (de)	судья (ж)	[sudjá]
jury (de)	жюри (с)	[ʒurí]
stand (~ is 3-1)	счёт (м)	[ʃót]
gelijkspel (het)	ничья (ж)	[nitʃjá]
in gelijk spel eindigen	сыграть вничью	[sigrátʲ vnitʃjú]
punt (het)	очко (с)	[ɔtʃkó]
uitslag (de)	результат (м)	[rezulʲtát]
pauze (de)	перерыв (м)	[pererÿf]
doping (de)	допинг (м)	[dóping]
straffen (ww)	штрафовать (нсв, пх)	[ʃtrafɔvátʲ]
diskwalificeren (ww)	дисквалифицировать (нсв, пх)	[diskvalifitsÏrovatʲ]
toestel (het)	снаряд (м)	[snarʲád]
speer (de)	копьё (с)	[kɔpjǿ]

kogel (de)	ядро (c)	[jɪdró]
bal (de)	шар (м)	[ʃár]
doel (het)	цель (ж)	[tsǽlʲ]
schietkaart (de)	мишень (ж)	[miʃǽnʲ]
schieten (ww)	стрелять (нсв, нпх)	[strelʲátʲ]
precies (bijv. precieze schot)	точный	[tótʃnij]
trainer, coach (de)	тренер (м)	[tréner]
trainen (ww)	тренировать (нсв, пх)	[trenirɔvátʲ]
zich trainen (ww)	тренироваться (нсв, возв)	[trenirɔvátsa]
training (de)	тренировка (ж)	[trenirófka]
gymnastiekzaal (de)	спортзал (м)	[spɔrtzál]
oefening (de)	упражнение (c)	[upraʒnénie]
opwarming (de)	разминка (ж)	[razmínka]

Onderwijs

school (de)	школа (ж)	[ʃkóla]
schooldirecteur (de)	директор (м) школы	[diréktɔr ʃkóli]
leerling (de)	ученик (м)	[utʃeník]
leerlinge (de)	ученица (ж)	[utʃenítsa]
scholier (de)	школьник (м)	[ʃkólʲnik]
scholiere (de)	школьница (ж)	[ʃkólʲnitsa]
leren (lesgeven)	учить (нсв, пх)	[utʃítʲ]
studeren (bijv. een taal ~)	учить (нсв, пх)	[utʃítʲ]
van buiten leren	учить наизусть	[utʃítʲ naizústʲ]
leren (bijv. ~ tellen)	учиться (нсв, возв)	[utʃítsa]
in school zijn	учиться (нсв, возв)	[utʃítsa]
(schooljongen zijn)		
naar school gaan	идти в школу	[itʲtʲí f ʃkólu]
alfabet (het)	алфавит (м)	[alfavít]
vak (schoolvak)	предмет (м)	[predmét]
klaslokaal (het)	класс (м)	[klás]
les (de)	урок (м)	[urók]
pauze (de)	перемена (ж)	[pereména]
bel (de)	звонок (м)	[zvɔnók]
schooltafel (de)	парта (ж)	[párta]
schoolbord (het)	доска (ж)	[dɔská]
cijfer (het)	отметка (ж)	[ɔtmétka]
goed cijfer (het)	хорошая отметка (ж)	[hɔróʃaja ɔtmétka]
slecht cijfer (het)	плохая отметка (ж)	[plɔhája ɔtmétka]
een cijfer geven	ставить отметку	[stávitʲ ɔtmétku]
fout (de)	ошибка (ж)	[ɔʃípka]
fouten maken	делать ошибки	[délatʲ ɔʃípki]
corrigeren (fouten ~)	исправлять (нсв, пх)	[ispravlʲátʲ]
spiekbriefje (het)	шпаргалка (ж)	[ʃpargálka]
huiswerk (het)	домашнее задание (с)	[dɔmáʃnee zadánie]
oefening (de)	упражнение (с)	[upraʒnénie]
aanwezig zijn (ww)	присутствовать (нсв, нпх)	[prisútstvovatʲ]
absent zijn (ww)	отсутствовать (нсв, нпх)	[ɔtsútstvovatʲ]
school verzuimen	пропускать уроки	[prɔpuskátʲ uróki]
bestraffen (een stout kind ~)	наказывать (нсв, пх)	[nakázivatʲ]
bestraffing (de)	наказание (с)	[nakazánie]

gedrag (het)	поведение (c)	[povedénie]
cijferlijst (de)	дневник (м)	[dnevník]
potlood (het)	карандаш (м)	[karandáʃ]
gom (de)	ластик (м)	[lástik]
krijt (het)	мел (м)	[mél]
pennendoos (de)	пенал (м)	[penál]

boekentas (de)	портфель (м)	[portfélʲ]
pen (de)	ручка (ж)	[rútʃka]
schrift (de)	тетрадь (ж)	[tetrátʲ]
leerboek (het)	учебник (м)	[utʃébnik]
passer (de)	циркуль (м)	[tsīrkulʲ]

| technisch tekenen (ww) | чертить (нсв, пх) | [tʃertítʲ] |
| technische tekening (de) | чертёж (м) | [tʃertóʃ] |

gedicht (het)	стихотворение (c)	[stihotvorénie]
van buiten (bw)	наизусть	[naizústʲ]
van buiten leren	учить наизусть	[utʃítʲ naizústʲ]

vakantie (de)	каникулы (мн)	[kaníkulɨ]
met vakantie zijn	быть на каникулах	[bɨtʲ na kaníkulah]
vakantie doorbrengen	провести каникулы	[provestí kaníkulɨ]

toets (schriftelijke ~)	контрольная работа (ж)	[kontrólʲnaja rabóta]
opstel (het)	сочинение (c)	[sotʃinénie]
dictee (het)	диктант (м)	[diktánt]
examen (het)	экзамен (м)	[ɛkzámen]
examen afleggen	сдавать экзамены	[zdavátʲ ɛkzámenɨ]
experiment (het)	опыт (м)	[ópit]

143. Hogeschool. Universiteit

academie (de)	академия (ж)	[akadémija]
universiteit (de)	университет (м)	[universitét]
faculteit (de)	факультет (м)	[fakulʲtét]

student (de)	студент (м)	[studént]
studente (de)	студентка (ж)	[studéntka]
leraar (de)	преподаватель (м)	[prepodavátelʲ]

| collegezaal (de) | аудитория (ж) | [auditórija] |
| afgestudeerde (de) | выпускник (м) | [vɨpuskník] |

| diploma (het) | диплом (м) | [diplóm] |
| dissertatie (de) | диссертация (ж) | [disertátsija] |

| onderzoek (het) | исследование (c) | [islédovanie] |
| laboratorium (het) | лаборатория (ж) | [laboratórija] |

college (het)	лекция (ж)	[léktsija]
medestudent (de)	однокурсник (м)	[odnokúrsnik]
studiebeurs (de)	стипендия (ж)	[stipéndija]
academische graad (de)	учёная степень (ж)	[utʃónaja stépenʲ]

144. Wetenschappen. Disciplines

wiskunde (de)	математика (ж)	[matemátika]
algebra (de)	алгебра (ж)	[álgebra]
meetkunde (de)	геометрия (ж)	[geométrija]
astronomie (de)	астрономия (ж)	[astronómija]
biologie (de)	биология (ж)	[biológija]
geografie (de)	география (ж)	[geográfija]
geologie (de)	геология (ж)	[geológija]
geschiedenis (de)	история (ж)	[istórija]
geneeskunde (de)	медицина (ж)	[meditsīna]
pedagogiek (de)	педагогика (ж)	[pedagógika]
rechten (mv.)	право (с)	[právɔ]
fysica, natuurkunde (de)	физика (ж)	[fízika]
scheikunde (de)	химия (ж)	[hímija]
filosofie (de)	философия (ж)	[filɔsófija]
psychologie (de)	психология (ж)	[psihɔlógija]

145. Schrift. Spelling

grammatica (de)	грамматика (ж)	[gramátika]
vocabulaire (het)	лексика (ж)	[léksika]
fonetiek (de)	фонетика (ж)	[fɔnǽtika]
zelfstandig naamwoord (het)	существительное (с)	[suʃestvítel'nɔe]
bijvoeglijk naamwoord (het)	прилагательное (с)	[prilagátel'nɔe]
werkwoord (het)	глагол (м)	[glagól]
bijwoord (het)	наречие (с)	[narétʃie]
voornaamwoord (het)	местоимение (с)	[mestɔiménie]
tussenwerpsel (het)	междометие (с)	[meʒdɔmétie]
voorzetsel (het)	предлог (м)	[predlóg]
stam (de)	корень (м) слова	[kóren' slóva]
achtervoegsel (het)	окончание (с)	[okɔntʃánie]
voorvoegsel (het)	приставка (ж)	[pristáfka]
lettergreep (de)	слог (м)	[slóg]
achtervoegsel (het)	суффикс (м)	[súfiks]
nadruk (de)	ударение (с)	[udarénie]
afkappingsteken (het)	апостроф (м)	[apóstrɔf]
punt (de)	точка (ж)	[tótʃka]
komma (de/het)	запятая (ж)	[zapıtája]
puntkomma (de)	точка (ж) с запятой	[tótʃka s zapıtój]
dubbelpunt (de)	двоеточие (с)	[dvɔetótʃie]
beletselteken (het)	многоточие (с)	[mnɔgɔtótʃie]
vraagteken (het)	вопросительный знак (м)	[vɔprɔsítel'nij znák]
uitroepteken (het)	восклицательный знак (м)	[vɔsklıtsátel'nij znák]

aanhalingstekens (mv.)	кавычки (ж мн)	[kavītʃki]
tussen aanhalingstekens (bw)	в кавычках	[f kavītʃkah]
haakjes (mv.)	скобки (ж мн)	[skópki]
tussen haakjes (bw)	в скобках	[f skópkah]

streepje (het)	дефис (м)	[defís]
gedachtestreepje (het)	тире (с)	[tirǽ]
spatie	пробел (м)	[prɔbél]
(~ tussen twee woorden)		

letter (de)	буква (ж)	[búkva]
hoofdletter (de)	большая буква (ж)	[bɔlʲʃája búkva]

klinker (de)	гласный звук (м)	[glásnij zvúk]
medeklinker (de)	согласный звук (м)	[sɔglásnij zvúk]

zin (de)	предложение (с)	[predlɔʒǽnie]
onderwerp (het)	подлежащее (с)	[pɔdleʒáʃee]
gezegde (het)	сказуемое (с)	[skazúemɔe]

regel (in een tekst)	строка (ж)	[strɔká]
op een nieuwe regel (bw)	с новой строки	[s nóvɔj strɔkí]
alinea (de)	абзац (м)	[abzáts]

woord (het)	слово (с)	[slóvɔ]
woordgroep (de)	словосочетание (с)	[slɔvɔ·sɔtʃetánie]
uitdrukking (de)	выражение (с)	[viraʒǽnie]
synoniem (het)	синоним (м)	[sinónim]
antoniem (het)	антоним (м)	[antónim]

regel (de)	правило (с)	[právilɔ]
uitzondering (de)	исключение (с)	[isklʲutʃénie]
correct (bijv. ~e spelling)	верный	[vérnij]

vervoeging, conjugatie (de)	спряжение (с)	[sprɪʒǽnie]
verbuiging, declinatie (de)	склонение (с)	[sklɔnénie]
naamval (de)	падеж (м)	[padéʃ]
vraag (de)	вопрос (м)	[vɔprós]
onderstrepen (ww)	подчеркнуть (св, пх)	[pɔttʃerknútʲ]
stippellijn (de)	пунктир (м)	[punktír]

146. Vreemde talen

taal (de)	язык (м)	[jɪzīk]
vreemd (bn)	иностранный	[inɔstránnij]
vreemde taal (de)	иностранный язык (м)	[inɔstránnij jɪzīk]
leren (bijv. van buiten ~)	изучать (нсв, пх)	[izutʃátʲ]
studeren (Nederlands ~)	учить (нсв, пх)	[utʃítʲ]

lezen (ww)	читать (нсв, н/пх)	[tʃitátʲ]
spreken (ww)	говорить (нсв, н/пх)	[gɔvɔrítʲ]
begrijpen (ww)	понимать (нсв, пх)	[pɔnimátʲ]
schrijven (ww)	писать (нсв, пх)	[pisátʲ]
snel (bw)	быстро	[bīstrɔ]

langzaam (bw)	медленно	[médlenɔ]
vloeiend (bw)	свободно	[svɔbódnɔ]
regels (mv.)	правила (с мн)	[právila]
grammatica (de)	грамматика (ж)	[gramátika]
vocabulaire (het)	лексика (ж)	[léksika]
fonetiek (de)	фонетика (ж)	[fɔnǽtika]
leerboek (het)	учебник (м)	[utʃébnik]
woordenboek (het)	словарь (м)	[slɔvárʲ]
leerboek (het) voor zelfstudie	самоучитель (м)	[samɔutʃíteIʲ]
taalgids (de)	разговорник (м)	[razgɔvórnik]
cassette (de)	кассета (ж)	[kaséta]
videocassette (de)	видеокассета (ж)	[vídeɔ·kaséta]
CD (de)	компакт-диск (м)	[kɔmpákt-dísk]
DVD (de)	DVD-диск (м)	[di·vi·dí dísk]
alfabet (het)	алфавит (м)	[alfavít]
spellen (ww)	говорить по буквам	[gɔvɔrítʲ pɔ búkvam]
uitspraak (de)	произношение (с)	[prɔiznɔʃǽnie]
accent (het)	акцент (м)	[aktsǽnt]
met een accent (bw)	с акцентом	[s aktsǽntɔm]
zonder accent (bw)	без акцента	[bez aktsǽnta]
woord (het)	слово (с)	[slóvɔ]
betekenis (de)	смысл (м)	[smĩsl]
cursus (de)	курсы (мн)	[kúrsi]
zich inschrijven (ww)	записаться (св, возв)	[zapisátsa]
leraar (de)	преподаватель (м)	[prepɔdaváteIʲ]
vertaling (een ~ maken)	перевод (м)	[perevód]
vertaling (tekst)	перевод (м)	[perevód]
vertaler (de)	переводчик (м)	[perevóttʃik]
tolk (de)	переводчик (м)	[perevóttʃik]
polyglot (de)	полиглот (м)	[pɔliglót]
geheugen (het)	память (ж)	[pámitʲ]

147. Sprookjesfiguren

Sinterklaas (de)	Санта Клаус (м)	[sánta kláus]
Assepoester (de)	Золушка (ж)	[zóluʃka]
zeemeermin (de)	русалка (ж)	[rusálka]
Neptunus (de)	Нептун (м)	[neptún]
magiër, tovenaar (de)	волшебник (м)	[vɔlʃǽbnik]
goede heks (de)	волшебница (ж)	[vɔlʃǽbnitsa]
magisch (bn)	волшебный	[vɔlʃǽbnij]
toverstokje (het)	волшебная палочка (ж)	[vɔlʃǽbnaja pálɔtʃka]
sprookje (het)	сказка (ж)	[skáska]
wonder (het)	чудо (с)	[tʃúdɔ]

dwerg (de) | гном (м) | [gnóm]
veranderen in ... | превратиться в ... (св) | [prevratítsa f ...]
(anders worden)

geest (de) | привидение (с) | [prividénie]
spook (het) | призрак (м) | [prízrak]
monster (het) | чудовище (с) | [tʃudóviʃe]
draak (de) | дракон (м) | [drakón]
reus (de) | великан (м) | [velikán]

148. Dierenriem

Ram (de) | Овен (м) | [ɔven]
Stier (de) | Телец (м) | [teléts]
Tweelingen (mv.) | Близнецы (мн) | [bliznetsī]
Kreeft (de) | Рак (м) | [rák]
Leeuw (de) | Лев (м) | [léf]
Maagd (de) | Дева (ж) | [déva]

Weegschaal (de) | Весы (мн) | [vesī]
Schorpioen (de) | Скорпион (м) | [skɔrpión]
Boogschutter (de) | Стрелец (м) | [streléts]
Steenbok (de) | Козерог (м) | [kɔzeróg]
Waterman (de) | Водолей (м) | [vɔdɔléj]
Vissen (mv.) | Рыбы (мн) | [rībi]

karakter (het) | характер (м) | [harákter]
karaktertrekken (mv.) | черты (ж мн) характера | [tʃertī haráktera]
gedrag (het) | поведение (с) | [povedénie]
waarzeggen (ww) | гадать (нсв, нпх) | [gadátʲ]
waarzegster (de) | гадалка (ж) | [gadálka]
horoscoop (de) | гороскоп (м) | [gɔrɔskóp]

Kunst

theater (het)	театр (м)	[teátr]
opera (de)	опера (ж)	[ópera]
operette (de)	оперетта (ж)	[operétta]
ballet (het)	балет (м)	[balét]

affiche (de/het)	афиша (ж)	[afíʃa]
theatergezelschap (het)	труппа (ж)	[trúpa]
tournee (de)	гастроли (мн)	[gastróli]
op tournee zijn	гастролировать (нсв, нпх)	[gastrolírovatʲ]
repeteren (ww)	репетировать (нсв, н/пх)	[repetírovatʲ]
repetitie (de)	репетиция (ж)	[repetítsija]
repertoire (het)	репертуар (м)	[repertuár]

voorstelling (de)	представление (с)	[pretstavlénie]
spektakel (het)	спектакль (м)	[spektáklʲ]
toneelstuk (het)	пьеса (ж)	[pjésa]

biljet (het)	билет (м)	[bilét]
kassa (de)	билетная касса (ж)	[bilétnaja kássa]
foyer (de)	холл (м)	[hól]
garderobe (de)	гардероб (м)	[garderób]
garderobe nummer (het)	номерок (м)	[nomerók]
verrekijker (de)	бинокль (м)	[binóklʲ]
plaatsaanwijzer (de)	контролёр (м)	[kontrolór]

parterre (de)	партер (м)	[partǽr]
balkon (het)	балкон (м)	[balkón]
gouden rang (de)	бельэтаж (м)	[beljetáʃ]
loge (de)	ложа (ж)	[lóʒa]
rij (de)	ряд (м)	[rʲád]
plaats (de)	место (с)	[místo]

publiek (het)	публика (ж)	[publika]
kijker (de)	зритель (м)	[zrítelʲ]
klappen (ww)	хлопать (нсв, нпх)	[hlópatʲ]
applaus (het)	аплодисменты (мн)	[aplodisménti]
ovatie (de)	овации (ж мн)	[ovátsii]

toneel (op het ~ staan)	сцена (ж)	[stsǽna]
gordijn, doek (het)	занавес (м)	[zánaves]
toneeldecor (het)	декорация (ж)	[dekorátsija]
backstage (de)	кулисы (мн)	[kulísi]

scène (de)	сцена (ж)	[stsǽna]
bedrijf (het)	акт (м)	[ákt]
pauze (de)	антракт (м)	[antrákt]

150. Bioscoop

acteur (de)	актёр (м)	[aktǿr]
actrice (de)	актриса (ж)	[aktrísa]
bioscoop (de)	кино (с)	[kinó]
speelfilm (de)	кино, фильм (м)	[kinó], [fíĺm]
aflevering (de)	серия (ж)	[sérija]
detectivefilm (de)	детектив (м)	[dɛtɛktíf]
actiefilm (de)	боевик (м)	[bɔevík]
avonturenfilm (de)	приключенческий фильм (м)	[prikĺutʃéntʃeskij fíĺm]
sciencefictionfilm (de)	фантастический фильм (м)	[fantastítʃeskij fíĺm]
griezelfilm (de)	фильм (м) ужасов	[fíĺm úʒasɔf]
komedie (de)	кинокомедия (ж)	[kinɔ·kɔmédija]
melodrama (het)	мелодрама (ж)	[melɔdráma]
drama (het)	драма (ж)	[dráma]
speelfilm (de)	художественный фильм (м)	[hudóʒestvenij fíĺm]
documentaire (de)	документальный фильм (м)	[dɔkumentáĺnij fíĺm]
tekenfilm (de)	мультфильм (м)	[muĺtfíĺm]
stomme film (de)	немое кино (с)	[nemóe kinó]
rol (de)	роль (ж)	[róĺ]
hoofdrol (de)	главная роль (ж)	[glávnaja róĺ]
spelen (ww)	играть (нсв, н/пх)	[igráť]
filmster (de)	кинозвезда (ж)	[kinɔ·zvezdá]
bekend (bn)	известный	[izvésnij]
beroemd (bn)	знаменитый	[znamenítij]
populair (bn)	популярный	[pɔpuĺárnij]
scenario (het)	сценарий (м)	[stsɛnárij]
scenarioschrijver (de)	сценарист (м)	[stsɛnaríst]
regisseur (de)	режиссёр (м)	[reʒisǿr]
filmproducent (de)	продюсер (м)	[prɔdĺúsɛr]
assistent (de)	ассистент (м)	[asistént]
cameraman (de)	оператор (м)	[ɔperátɔr]
stuntman (de)	каскадёр (м)	[kaskadǿr]
stuntdubbel (de)	дублёр (м)	[dublǿr]
een film maken	снимать фильм	[snimáť fíĺm]
auditie (de)	пробы (мн)	[próbi]
opnamen (mv.)	съёмки (мн)	[sjómki]
filmploeg (de)	съёмочная группа (ж)	[sjómɔtʃnaja grúpa]
filmset (de)	съёмочная площадка (ж)	[sjómɔtʃnaja plɔʃátka]
filmcamera (de)	кинокамера (ж)	[kinɔ·kámera]
bioscoop (de)	кинотеатр (м)	[kinɔteátr]
scherm (het)	экран (м)	[ɛkrán]

een film vertonen	показывать фильм	[pokázivatʲ fílʲm]
geluidsspoor (de)	звуковая дорожка (ж)	[zvukɔvája dɔróʃka]
speciale effecten (mv.)	специальные эффекты (м мн)	[spetsiálʲnie ɛfékti]
ondertiteling (de)	субтитры (мн)	[suptítri]
voortiteling, aftiteling (de)	титры (мн)	[títri]
vertaling (de)	перевод (м)	[perevód]

151. Schilderij

kunst (de)	искусство (с)	[iskústvɔ]
schone kunsten (mv.)	изящные искусства (с мн)	[izʲáʃnie iskústva]
kunstgalerie (de)	арт-галерея (ж)	[art-galeréja]
kunsttentoonstelling (de)	выставка (ж) картин	[vīstafka kartín]

schilderkunst (de)	живопись (ж)	[ʒīvɔpisʲ]
grafiek (de)	графика (ж)	[gráfika]
abstracte kunst (de)	абстракционизм (м)	[abstraktsiɔnízm]
impressionisme (het)	импрессионизм (м)	[impresiɔnízm]

schilderij (het)	картина (ж)	[kartína]
tekening (de)	рисунок (м)	[risúnɔk]
poster (de)	постер (м)	[póstɛr]

illustratie (de)	иллюстрация (ж)	[ilʲustrátsija]
miniatuur (de)	миниатюра (ж)	[miniatʲúra]
kopie (de)	копия (ж)	[kópija]
reproductie (de)	репродукция (ж)	[reprodúktsija]

mozaïek (het)	мозаика (ж)	[mɔzáika]
gebrandschilderd glas (het)	витраж (м)	[vitráʃ]
fresco (het)	фреска (ж)	[fréska]
gravure (de)	гравюра (ж)	[gravʲúra]

buste (de)	бюст (м)	[bʲúst]
beeldhouwwerk (het)	скульптура (ж)	[skulʲptúra]
beeld (bronzen ~)	статуя (ж)	[státuja]
gips (het)	гипс (м)	[gíps]
gipsen (bn)	из гипса	[iz gípsa]

portret (het)	портрет (м)	[pɔrtrét]
zelfportret (het)	автопортрет (м)	[aftɔ·pɔrtrét]
landschap (het)	пейзаж (м)	[pejzáʃ]
stilleven (het)	натюрморт (м)	[natʲurmórt]
karikatuur (de)	карикатура (ж)	[karikatúra]
schets (de)	набросок (м)	[nabrósɔk]

verf (de)	краска (ж)	[kráska]
aquarel (de)	акварель (ж)	[akvarélʲ]
olieverf (de)	масло (с)	[máslɔ]
potlood (het)	карандаш (м)	[karandáʃ]
Oost-Indische inkt (de)	тушь (ж)	[túʃ]
houtskool (de)	уголь (м)	[úgɔlʲ]
tekenen (met krijt)	рисовать (нсв, н/пх)	[risɔvátʲ]

poseren (ww)	позировать (нсв, нпх)	[pozírovat']
naaktmodel (man)	натурщик (м)	[natúrʃik]
naaktmodel (vrouw)	натурщица (ж)	[natúrʃitsa]

kunstenaar (de)	художник (м)	[hudóʒnik]
kunstwerk (het)	произведение (с)	[prɔizvedénie]
meesterwerk (het)	шедевр (м)	[ʃɛdǽvr]
studio, werkruimte (de)	мастерская (ж)	[masterskája]

schildersdoek (het)	холст (м)	[hólst]
schildersezel (de)	мольберт (м)	[mɔlʲbért]
palet (het)	палитра (ж)	[palítra]

lijst (een vergulde ~)	рама (ж)	[ráma]
restauratie (de)	реставрация (ж)	[restavrátsija]
restaureren (ww)	реставрировать (нсв, пх)	[restavrírɔvat']

152. Literatuur & Poëzie

literatuur (de)	литература (ж)	[literatúra]
auteur (de)	автор (м)	[áftɔr]
pseudoniem (het)	псевдоним (м)	[psevdɔním]

boek (het)	книга (ж)	[kníga]
boekdeel (het)	том (м)	[tóm]
inhoudsopgave (de)	оглавление (с)	[ɔglavlénie]
pagina (de)	страница (ж)	[straníʦa]
hoofdpersoon (de)	главный герой (м)	[glávnij gerój]
handtekening (de)	автограф (м)	[aftógraf]

verhaal (het)	рассказ (м)	[raskás]
novelle (de)	повесть (ж)	[póvest']
roman (de)	роман (м)	[rɔmán]
werk (literatuur)	сочинение (с)	[sɔtʃinénie]
fabel (de)	басня (ж)	[básnʲa]
detectiveroman (de)	детектив (м)	[dɛtɛktíf]

gedicht (het)	стихотворение (с)	[stihotvɔrénie]
poëzie (de)	поэзия (ж)	[pɔǽzija]
epos (het)	поэма (ж)	[pɔǽma]
dichter (de)	поэт (м)	[pɔǽt]

fictie (de)	беллетристика (ж)	[beletrístika]
sciencefiction (de)	научная фантастика (ж)	[naúʧnaja fantástika]
avonturenroman (de)	приключения (ж)	[priklʲutʃénija]
opvoedkundige literatuur (de)	учебная литература (ж)	[utʃébnaja literatúra]
kinderliteratuur (de)	детская литература (ж)	[détskaja literatúra]

153. Circus

| circus (de/het) | цирк (м) | [tsīrk] |
| chapiteau circus (de/het) | цирк-шапито (м) | [tsīrk-ʃapitó] |

| programma (het) | программа (ж) | [prográma] |
| voorstelling (de) | представление (с) | [pretstavlénie] |

| nummer (circus ~) | номер (м) | [nómer] |
| arena (de) | арена (ж) | [aréna] |

| pantomime (de) | пантомима (ж) | [pantomíma] |
| clown (de) | клоун (м) | [klóun] |

acrobaat (de)	акробат (м)	[akrobát]
acrobatiek (de)	акробатика (ж)	[akrobátika]
gymnast (de)	гимнаст (м)	[gimnást]
gymnastiek (de)	гимнастика (ж)	[gimnástika]
salto (de)	сальто (с)	[sálʲto]

sterke man (de)	атлет (м)	[atlét]
temmer (de)	укротитель (м)	[ukrotítelʲ]
ruiter (de)	наездник (м)	[naéznik]
assistent (de)	ассистент (м)	[asistént]

stunt (de)	трюк (м)	[trʲúk]
goocheltruc (de)	фокус (м)	[fókus]
goochelaar (de)	фокусник (м)	[fókusnik]

jongleur (de)	жонглёр (м)	[ʒonglór]
jongleren (ww)	жонглировать (нсв, н/пх)	[ʒonglírovatʲ]
dierentrainer (de)	дрессировщик (м)	[dresiróffʲik]
dressuur (de)	дрессировка (ж)	[dresirófka]
dresseren (ww)	дрессировать (нсв, пх)	[dresirovátʲ]

154. Muziek. Popmuziek

muziek (de)	музыка (ж)	[múzika]
muzikant (de)	музыкант (м)	[muzikánt]
muziekinstrument (het)	музыкальный инструмент (м)	[muzikálʲnij instrumént]
spelen (bijv. gitaar ~)	играть на ... (нсв)	[igrátʲ na ...]

gitaar (de)	гитара (ж)	[gitára]
viool (de)	скрипка (ж)	[skrípka]
cello (de)	виолончель (ж)	[violontʃélʲ]
contrabas (de)	контрабас (м)	[kontrabás]
harp (de)	арфа (ж)	[árfa]

piano (de)	пианино (с)	[pianíno]
vleugel (de)	рояль (м)	[rojálʲ]
orgel (het)	орган (м)	[orgán]

blaasinstrumenten (mv.)	духовые инструменты (м мн)	[duhovíe instruménti]
hobo (de)	гобой (м)	[gobój]
saxofoon (de)	саксофон (м)	[saksofón]
klarinet (de)	кларнет (м)	[klarnét]
fluit (de)	флейта (ж)	[fléjta]

trompet (de)	труба (ж)	[trubá]
accordeon (de/het)	аккордеон (м)	[akɔrdeón]
trommel (de)	барабан (м)	[barabán]
duet (het)	дуэт (м)	[duǽt]
trio (het)	трио (с)	[trío]
kwartet (het)	квартет (м)	[kvartét]
koor (het)	хор (м)	[hór]
orkest (het)	оркестр (м)	[ɔrkéstr]
popmuziek (de)	поп-музыка (ж)	[póp-múzɨka]
rockmuziek (de)	рок-музыка (ж)	[rók-múzɨka]
rockgroep (de)	рок-группа (ж)	[rɔk-grúpa]
jazz (de)	джаз (м)	[dʒás]
idool (het)	кумир (м)	[kumír]
bewonderaar (de)	поклонник (м)	[pɔklónnik]
concert (het)	концерт (м)	[kɔntsǽrt]
symfonie (de)	симфония (ж)	[simfónija]
compositie (de)	сочинение (с)	[sɔtʃinénie]
componeren (muziek ~)	сочинить (св, пх)	[sɔtʃinítʲ]
zang (de)	пение (с)	[pénie]
lied (het)	песня (ж)	[pésnʲa]
melodie (de)	мелодия (ж)	[melódija]
ritme (het)	ритм (м)	[rítm]
blues (de)	блюз (м)	[blʲús]
bladmuziek (de)	ноты (ж мн)	[nótɨ]
dirigeerstok (baton)	палочка (ж)	[pálɔtʃka]
strijkstok (de)	смычок (м)	[smɨtʃók]
snaar (de)	струна (ж)	[struná]
koffer (de)	футляр (м)	[futlʲár]

Rusten. Entertainment. Reizen

155. Trip. Reizen

toerisme (het)	туризм (м)	[turízm]
toerist (de)	турист (м)	[turíst]
reis (de)	путешествие (с)	[puteʃǽstvie]
avontuur (het)	приключение (с)	[priklʲutʃénie]
tocht (de)	поездка (ж)	[pɔéstka]
vakantie (de)	отпуск (м)	[ótpusk]
met vakantie zijn	быть в отпуске	[bītʲ v ótpuske]
rust (de)	отдых (м)	[ótdih]
trein (de)	поезд (м)	[póezd]
met de trein	поездом	[póezdɔm]
vliegtuig (het)	самолёт (м)	[samɔlɵt]
met het vliegtuig	самолётом	[samɔlɵtɔm]
met de auto	на автомобиле	[na aftɔmobíle]
per schip (bw)	на корабле	[na kɔrablé]
bagage (de)	багаж (м)	[bagáʃ]
valies (de)	чемодан (м)	[tʃemɔdán]
bagagekarretje (het)	тележка (ж) для багажа	[teléʃka dlʲa bagaʒá]
paspoort (het)	паспорт (м)	[pásport]
visum (het)	виза (ж)	[víza]
kaartje (het)	билет (м)	[bilét]
vliegticket (het)	авиабилет (м)	[aviabilét]
reisgids (de)	путеводитель (м)	[putevɔdítelʲ]
kaart (de)	карта (ж)	[kárta]
gebied (landelijk ~)	местность (ж)	[mésnɔstʲ]
plaats (do)	место (с)	[méstɔ]
exotische bestemming (de)	экзотика (ж)	[ɛkzótika]
exotisch (bn)	экзотический	[ɛkzɔtitʃésklj]
verwonderlijk (bn)	удивительный	[udivítelʲnij]
groep (de)	группа (ж)	[grúpa]
rondleiding (de)	экскурсия (ж)	[ɛkskúrsija]
gids (de)	экскурсовод (м)	[ɛkskursɔvód]

156. Hotel

hotel (het)	гостиница (ж)	[gɔstínitsa]
motel (het)	мотель (м)	[mɔtǽlʲ]
3-sterren	3 звезды	[trí zvezdī]

5-sterren	5 звёзд	[pʲátʲ zvǿzd]
overnachten (ww)	остановиться (св, возв)	[ɔstanɔvítsa]
kamer (de)	номер (м)	[nómer]
eenpersoonskamer (de)	одноместный номер (м)	[ɔdnɔ·mésnij nómer]
tweepersoonskamer (de)	двухместный номер (м)	[dvuh·mésnij nómer]
een kamer reserveren	бронировать номер	[brɔnírɔvatʲ nómer]
halfpension (het)	полупансион (м)	[pɔlu·pansión]
volpension (het)	полный пансион (м)	[pólnij pansión]
met badkamer	с ванной	[s vánnɔj]
met douche	с душем	[s dúʃɛm]
satelliet-tv (de)	спутниковое телевидение (с)	[spútnikɔvɔe televídenie]
airconditioner (de)	кондиционер (м)	[kɔnditsiɔnér]
handdoek (de)	полотенце (с)	[pɔlɔténtse]
sleutel (de)	ключ (м)	[klʲútʃ]
administrateur (de)	администратор (м)	[administrátɔr]
kamermeisje (het)	горничная (ж)	[górnitʃnaja]
piccolo (de)	носильщик (м)	[nɔsílʲʃik]
portier (de)	портье (с)	[pɔrtjé]
restaurant (het)	ресторан (м)	[restɔrán]
bar (de)	бар (м)	[bár]
ontbijt (het)	завтрак (м)	[záftrak]
avondeten (het)	ужин (м)	[úʒin]
buffet (het)	шведский стол (м)	[ʃvétskij stól]
hal (de)	вестибюль (м)	[vestibʲúlʲ]
lift (de)	лифт (м)	[líft]
NIET STOREN	НЕ БЕСПОКОИТЬ	[ne bespɔkóitʲ]
VERBODEN TE ROKEN!	НЕ КУРИТЬ!	[ne kurítʲ]

157. Boeken. Lezen

boek (het)	книга (ж)	[kníga]
auteur (de)	автор (м)	[áftɔr]
schrijver (de)	писатель (м)	[pisátelʲ]
schrijven (een boek)	написать (св, пх)	[napisátʲ]
lezer (de)	читатель (м)	[tʃitátelʲ]
lezen (ww)	читать (нсв, н/пх)	[tʃitátʲ]
lezen (het)	чтение (с)	[tʃténie]
stil (~ lezen)	про себя	[prɔ sebʲá]
hardop (~ lezen)	вслух	[fslúh]
uitgeven (boek ~)	издавать (нсв, пх)	[izdavátʲ]
uitgeven (het)	издание (с)	[izdánie]
uitgever (de)	издатель (м)	[izdátelʲ]
uitgeverij (de)	издательство (с)	[izdátelʲstvɔ]

verschijnen (bijv. boek)	выйти (св, нпх)	[vɨ̄jti]
verschijnen (het)	выход (м)	[vɨ̄hɔd]
oplage (de)	тираж (м)	[tiráʃ]
boekhandel (de)	книжный магазин (м)	[kníʒnij magazín]
bibliotheek (de)	библиотека (ж)	[bibliɔtéka]
novelle (de)	повесть (ж)	[póvestʲ]
verhaal (het)	рассказ (м)	[raskás]
roman (de)	роман (м)	[rɔmán]
detectiveroman (de)	детектив (м)	[dɛtɛktíf]
memoires (mv.)	мемуары (мн)	[memuári]
legende (de)	легенда (ж)	[legénda]
mythe (de)	миф (м)	[míf]
gedichten (mv.)	стихи (м мн)	[stihí]
autobiografie (de)	автобиография (ж)	[áftɔ·biɔgráfija]
bloemlezing (de)	избранное (с)	[ízbrannɔe]
sciencefiction (de)	фантастика (ж)	[fantástika]
naam (de)	название (с)	[nazvánie]
inleiding (de)	введение (с)	[vvedénie]
voorblad (het)	титульный лист (м)	[títulʲnij líst]
hoofdstuk (het)	глава (ж)	[glavá]
fragment (het)	отрывок (м)	[ɔtrɨ̄vɔk]
episode (de)	эпизод (м)	[ɛpizód]
intrige (de)	сюжет (м)	[sʲuʒǽt]
inhoud (de)	содержание (с)	[sɔderʒánie]
inhoudsopgave (de)	оглавление (с)	[ɔglavlénie]
hoofdpersonage (het)	главный герой (м)	[glávnij gerój]
boekdeel (het)	том (м)	[tóm]
omslag (de/het)	обложка (ж)	[ɔblóʃka]
boekband (de)	переплёт (м)	[pereplǿt]
bladwijzer (de)	закладка (ж)	[zaklátka]
pagina (de)	страница (ж)	[stranítsa]
bladeren (ww)	листать (нсв, пх)	[listátʲ]
marges (mv.)	поля (ж)	[pɔlʲá]
annotatie (de)	пометка (ж)	[pɔmétka]
opmerking (de)	примечание (с)	[primetʃánie]
tekst (de)	текст (м)	[tékst]
lettertype (het)	шрифт (м)	[ʃríft]
drukfout (de)	опечатка (ж)	[ɔpetʃátka]
vertaling (de)	перевод (м)	[perevód]
vertalen (ww)	переводить (нсв, пх)	[perevɔdítʲ]
origineel (het)	подлинник (м)	[pódlinik]
beroemd (bn)	знаменитый	[znamenítij]
onbekend (hn)	неизвестный	[neizvésnij]
interessant (bn)	интересный	[interɛ́snij]

bestseller (de)	бестселлер (м)	[bessǽler]
woordenboek (het)	словарь (м)	[slɔvárʲ]
leerboek (het)	учебник (м)	[utʃébnik]
encyclopedie (de)	энциклопедия (ж)	[ɛntsiklɔpédija]

158. Jacht. Vissen

jacht (de)	охота (ж)	[ɔhóta]
jagen (ww)	охотиться (нсв, возв)	[ɔhótitsa]
jager (de)	охотник (м)	[ɔhótnik]

schieten (ww)	стрелять (нсв, нпх)	[strelʲátʲ]
geweer (het)	ружьё (с)	[ruʒjǿ]
patroon (de)	патрон (м)	[patrón]
hagel (de)	дробь (ж)	[drópʲ]

val (de)	капкан (м)	[kapkán]
valstrik (de)	ловушка (ж)	[lɔvúʃka]
in de val trappen	попасться в капкан	[popástsa f kapkán]
een val zetten	ставить капкан	[stávitʲ kapkán]

stroper (de)	браконьер (м)	[brakɔnjér]
wild (het)	дичь (ж)	[dítʃʲ]
jachthond (de)	охотничья собака (ж)	[ɔhótnitʃja sɔbáka]
safari (de)	сафари (с)	[safári]
opgezet dier (het)	чучело (с)	[tʃútʃelɔ]

visser (de)	рыбак (м)	[ribák]
visvangst (de)	рыбалка (ж)	[ribálka]
vissen (ww)	ловить рыбу	[lɔvítʲ rîbu]

hengel (de)	удочка (ж)	[údɔtʃka]
vislijn (de)	леска (ж)	[léska]
haak (de)	крючок (м)	[krʲutʃók]

| dobber (de) | поплавок (м) | [pɔplavók] |
| aas (het) | наживка (ж) | [naʒîfka] |

| de hengel uitwerpen | забросить удочку | [zabrósitʲ údɔtʃku] |
| bijten (ov. de vissen) | клевать (нсв, нпх) | [klevátʲ] |

| vangst (de) | улов (м) | [ulóf] |
| wak (het) | прорубь (ж) | [prórupʲ] |

| net (het) | сеть (ж) | [sétʲ] |
| boot (de) | лодка (ж) | [lótka] |

vissen met netten	ловить сетью	[lɔvítʲ sétju]
het net uitwerpen	забрасывать сеть	[zabrásivatʲ sétʲ]
het net binnenhalen	вытаскивать сеть	[vitáskivatʲ sétʲ]

walvisvangst (de)	китобой (м)	[kitɔbój]
walvisvaarder (de)	китобойное судно (с)	[kitɔbójnɔe súdnɔ]
harpoen (de)	гарпун (м)	[garpún]

159. Spellen. Biljart

biljart (het)	бильярд (м)	[biljárd]
biljartzaal (de)	бильярдная (ж)	[biljárdnaja]
biljartbal (de)	бильярдный шар (м)	[biljárdnıj ʃár]
een bal in het gat jagen	загнать шар	[zagnátʲ ʃár]
keu (de)	кий (м)	[kíj]
gat (het)	луза (ж)	[lúza]

160. Spellen. Speelkaarten

ruiten (mv.)	бубны (мн)	[búbnı]
schoppen (mv.)	пики (мн)	[píki]
klaveren (mv.)	черви (мн)	[tʃérvi]
harten (mv.)	трефы (мн)	[tréfı]
aas (de)	туз (м)	[tús]
koning (de)	король (м)	[kɔrólʲ]
dame (de)	дама (ж)	[dáma]
boer (de)	валет (м)	[valét]
speelkaart (de)	игральная карта (ж)	[igrálʲnaja kárta]
kaarten (mv.)	карты (ж мн)	[kártı]
troef (de)	козырь (м)	[kózirʲ]
pak (het) kaarten	колода (ж)	[kɔlóda]
punt (bijv. vijftig ~en)	очко (с)	[ɔtʃkó]
uitdelen (kaarten ~)	сдавать (нсв, н/пх)	[zdavátʲ]
schudden (de kaarten ~)	тасовать (нсв, пх)	[tasɔvátʲ]
beurt (de)	ход (м)	[hód]
valsspeler (de)	шулер (м)	[ʃúler]

161. Casino. Roulette

casino (het)	казино (с)	[kazınó]
roulette (de)	рулетка (ж)	[rulétka]
inzet (de)	ставка (ж)	[stáfka]
een bod doen	делать ставки	[délatʲ stáfki]
rood (de)	красное (с)	[krásnɔe]
zwart (de)	чёрное (с)	[tʃórnɔe]
inzetten op rood	ставить на красное	[stávitʲ na krásnɔe]
inzetten op zwart	ставить на чёрное	[stávitʲ na tʃórnɔe]
croupier (de)	крупье (м, ж)	[krupjé]
de cilinder draaien	вращать барабан	[vraʃátʲ barabán]
spelregels (mv.)	правила (с мн) игры	[právila igrı̄]
fiche (pokerfiche, etc.)	фишка (ж)	[fíʃka]
winnen (ww)	выиграть (св, н/пх)	[vı̄igratʲ]
winst (de)	выигрыш (м)	[vı̄igriʃ]

verliezen (ww)	проиграть (св, пх)	[prɔigrátʲ]
verlies (het)	проигрыш (м)	[próigriʃ]

speler (de)	игрок (м)	[igrók]
blackjack (kaartspel)	блэк джек (м)	[blɛkdʒǽk]
dobbelspel (het)	кости (мн)	[kósti]
dobbelstenen (mv.)	кости (мн)	[kósti]
speelautomaat (de)	игральный автомат (м)	[igrálʲnij aftɔmát]

162. Rusten. Spellen. Diversen

wandelen (on.ww.)	гулять (нсв, нпх)	[gulʲátʲ]
wandeling (de)	прогулка (ж)	[prɔgúlka]
trip (per auto)	поездка (ж)	[pɔéstka]
avontuur (het)	приключение (с)	[priklʲutʃénie]
picknick (de)	пикник (м)	[pikník]

spel (het)	игра (ж)	[igrá]
speler (de)	игрок (м)	[igrók]
partij (de)	партия (ж)	[pártija]

collectioneur (de)	коллекционер (м)	[kɔlektsiɔnér]
collectioneren (ww)	коллекционировать (нсв, пх)	[kɔlektsiɔnírɔvatʲ]
collectie (de)	коллекция (ж)	[kɔléktsija]

kruiswoordraadsel (het)	кроссворд (м)	[krɔsvórd]
hippodroom (de)	ипподром (м)	[ipɔdróm]
discotheek (de)	дискотека (ж)	[diskɔtéka]

sauna (de)	сауна (ж)	[sáuna]
loterij (de)	лотерея (ж)	[lɔteréja]

trektocht (kampeertocht)	поход (м)	[pɔhód]
kamp (het)	лагерь (м)	[lágerʲ]
tent (de)	палатка (ж)	[palátka]
kompas (het)	компас (м)	[kómpas]
rugzaktoerist (de)	турист (м)	[turíst]

bekijken (een film ~)	смотреть (нсв, нпх)	[smɔtrétʲ]
kijker (televisie~)	телезритель (м)	[telezrítelʲ]
televisie-uitzending (de)	телепередача (ж)	[tele·peredátʃa]

163. Fotografie

fotocamera (de)	фотоаппарат (м)	[foto·aparát]
foto (de)	фото, фотография (ж)	[fótɔ], [fotɔgráfija]

fotograaf (de)	фотограф (м)	[fotógraf]
fotostudio (de)	фотостудия (ж)	[foto·stúdija]
fotoalbum (het)	фотоальбом (м)	[foto·alʲbóm]
lens (de), objectief (het)	объектив (м)	[ɔbjektíf]
telelens (de)	телеобъектив (м)	[tele·ɔbjektíf]

| filter (de/het) | фильтр (м) | [fíl'tr] |
| lens (de) | линза (ж) | [línza] |

optiek (de)	оптика (ж)	[óptika]
diafragma (het)	диафрагма (ж)	[diafrágma]
belichtingstijd (de)	выдержка (ж)	[víderʃka]
zoeker (de)	видоискатель (м)	[vidɔ·iskátel']

digitale camera (de)	цифровая камера (ж)	[tsifrɔvája kámera]
statief (het)	штатив (м)	[ʃtatíf]
flits (de)	вспышка (ж)	[fspíʃka]

fotograferen (ww)	фотографировать (нсв, пх)	[fotɔgrafírɔvat']
foto's maken	снимать (нсв, пх)	[snimát']
zich laten fotograferen	фотографироваться (нсв, возв)	[fotɔgrafírɔvatsa]

focus (de)	фокус (м)	[fókus]
scherpstellen (ww)	наводить на резкость	[navɔdít' na réskɔst']
scherp (bn)	резкий	[réskij]
scherpte (de)	резкость (ж)	[réskɔst']

| contrast (het) | контраст (м) | [kɔntrást] |
| contrastrijk (bn) | контрастный | [kɔntrásnij] |

kiekje (het)	снимок (м)	[snímɔk]
negatief (het)	негатив (м)	[negatíf]
filmpje (het)	фотоплёнка (ж)	[fotɔ·plǿnka]
beeld (frame)	кадр (м)	[kádr]
afdrukken (foto's ~)	печатать (нсв, пх)	[petʃátat']

164. Strand. Zwemmen

strand (het)	пляж (м)	[pl'áʃ]
zand (het)	песок (м)	[pesók]
leeg (~ strand)	пустынный	[pustínnij]

bruine kleur (de)	загар (м)	[zagár]
zonnebaden (ww)	загорать (нсв, нпх)	[zagɔrát']
gebruind (bn)	загорелый	[zagɔrélij]
zonnecrème (de)	крем (м) для загара	[krém dl'a zagára]

bikini (de)	бикини (с)	[bikíni]
badpak (het)	купальник (м)	[kupál'nik]
zwembroek (de)	плавки (мн)	[pláfki]

zwembad (het)	бассейн (м)	[basǽjn]
zwemmen (ww)	плавать (нсв, нпх)	[plávat']
douche (de)	душ (м)	[dúʃ]
zich omkleden (ww)	переодеваться (нсв, возв)	[pereɔdevátsa]
handdoek (de)	полотенце (с)	[pɔlɔténtse]

| boot (de) | лодка (ж) | [lótka] |
| motorboot (de) | катер (м) | [káter] |

waterski's (mv.)	водные лыжи (мн)	[vódnie lízi]
waterfiets (de)	водный велосипед (м)	[vódnij velɔsipéd]
surfen (het)	серфинг (м)	[sǿrfing]
surfer (de)	серфингист (м)	[serfingíst]
scuba, aqualong (de)	акваланг (м)	[akvaláng]
zwemvliezen (mv.)	ласты (ж мн)	[lásti]
duikmasker (het)	маска (ж)	[máska]
duiker (de)	ныряльщик (м)	[nirʲálʲʃik]
duiken (ww)	нырять (нсв, нпх)	[nirʲátʲ]
onder water (bw)	под водой	[pɔd vɔdój]
parasol (de)	зонт (м)	[zónt]
ligstoel (de)	шезлонг (м)	[ʃɛzlóng]
zonnebril (de)	очки (мн)	[ɔtʃkí]
luchtmatras (de/het)	плавательный матрац (м)	[plávatelʲnij matrás]
spelen (ww)	играть (нсв, нпх)	[igrátʲ]
gaan zwemmen (ww)	купаться (нсв, возв)	[kupátsa]
bal (de)	мяч (м)	[mʲátʃ]
opblazen (oppompen)	надувать (нсв, пх)	[naduvátʲ]
lucht-, opblaasbare (bn)	надувной	[naduvnój]
golf (hoge ~)	волна (ж)	[vɔlná]
boei (de)	буй (м)	[búj]
verdrinken (ww)	тонуть (нсв, нпх)	[tɔnútʲ]
redden (ww)	спасать (нсв, пх)	[spasátʲ]
reddingsvest (de)	спасательный жилет (м)	[spasátelʲnij ʒilét]
waarnemen (ww)	наблюдать (нсв, нпх)	[nablʲudátʲ]
redder (de)	спасатель (м)	[spasátelʲ]

TECHNISCHE APPARATUUR. VERVOER

Technische apparatuur

165. Computer

computer (de)	компьютер (м)	[kɔmpjútɛr]
laptop (de)	ноутбук (м)	[nɔutbúk]
aanzetten (ww)	включить (св, пх)	[fklʲutʃítʲ]
uitzetten (ww)	выключить (св, пх)	[vɨklʲutʃítʲ]
toetsenbord (het)	клавиатура (ж)	[klaviatúra]
toets (enter~)	клавиша (ж)	[klávíʃa]
muis (de)	мышь (ж)	[mɨʃ]
muismat (de)	коврик (м)	[kóvrik]
knopje (het)	кнопка (ж)	[knópka]
cursor (de)	курсор (м)	[kursór]
monitor (de)	монитор (м)	[mɔnitór]
scherm (het)	экран (м)	[ɛkrán]
harde schijf (de)	жёсткий диск (м)	[ʒóstkij dísk]
volume (het) van de harde schijf	объём (м) жёсткого диска	[ɔbjóm ʒóstkɔvɔ díska]
geheugen (het)	память (ж)	[pámɪtʲ]
RAM-geheugen (het)	оперативная память (ж)	[ɔperatívnaja pámɪtʲ]
bestand (het)	файл (м)	[fájl]
folder (de)	папка (ж)	[pápka]
openen (ww)	открыть (св, пх)	[ɔtkrɨ́tʲ]
sluiten (ww)	закрыть (св, пх)	[zakrɨ́tʲ]
opslaan (ww)	сохранить (св, пх)	[sɔhranítʲ]
verwijderen (wissen)	удалить (св, пх)	[udalítʲ]
kopiëren (ww)	скопировать (св, пх)	[skɔpírɔvatʲ]
sorteren (ww)	сортировать (нсв, пх)	[sɔrtirɔvátʲ]
overplaatsen (ww)	переписать (св, пх)	[perepisátʲ]
programma (het)	программа (ж)	[prɔgráma]
software (de)	программное обеспечение (с)	[prɔgrámnɔe ɔbespetʃénie]
programmeur (de)	программист (м)	[prɔgramíst]
programmeren (ww)	программировать (нсв, пх)	[prɔgramírɔvatʲ]
hacker (computerkraker)	хакер (м)	[háker]
wachtwoord (het)	пароль (м)	[parólʲ]
virus (het)	вирус (м)	[vírus]

ontdekken (virus ~)	обнаружить (св, пх)	[ɔbnarúʒitʲ]
byte (de)	байт (м)	[bájt]
megabyte (de)	мегабайт (м)	[megabájt]
data (de)	данные (мн)	[dánnɨe]
databank (de)	база (ж) данных	[báza dánnɨh]
kabel (USB-~, enz.)	кабель (м)	[kábelʲ]
afsluiten (ww)	отсоединить (св, пх)	[ɔtsɔedinítʲ]
aansluiten op (ww)	подсоединить (св, пх)	[pɔtsɔedinítʲ]

166. Internet. E-mail

internet (het)	интернет (м)	[intɛrnǽt]
browser (de)	браузер (м)	[bráuzer]
zoekmachine (de)	поисковый ресурс (м)	[pɔiskóvij resúrs]
internetprovider (de)	провайдер (м)	[prɔvájder]
webmaster (de)	веб-мастер (м)	[vɛb-máster]
website (de)	веб-сайт (м)	[vɛb-sájt]
webpagina (de)	веб-страница (ж)	[vɛb-stranítsa]
adres (het)	адрес (м)	[ádres]
adresboek (het)	адресная книга (ж)	[ádresnaja kníga]
postvak (het)	почтовый ящик (м)	[pɔtʃtóvij jáʃik]
post (de)	почта (ж)	[pótʃta]
vol (~ postvak)	переполненный	[perepólnenij]
bericht (het)	сообщение (с)	[sɔɔpʃénie]
binnenkomende berichten (mv.)	входящие сообщения (с мн)	[fhɔdʲáʃie sɔɔpʃénija]
uitgaande berichten (mv.)	исходящие сообщения (с мн)	[isxɔdʲáʃie sɔɔpʃénija]
verzender (de)	отправитель (м)	[ɔtpravítelʲ]
verzenden (ww)	отправить (св, пх)	[ɔtprávitʲ]
verzending (de)	отправка (ж)	[ɔtráfka]
ontvanger (de)	получатель (м)	[pɔlutʃátelʲ]
ontvangen (ww)	получить (св, пх)	[pɔlutʃítʲ]
correspondentie (de)	переписка (ж)	[perepíska]
corresponderen (met ...)	переписываться (нсв, возв)	[perepísivatsa]
bestand (het)	файл (м)	[fájl]
downloaden (ww)	скачать (св, пх)	[skatʃátʲ]
creëren (ww)	создать (св, пх)	[sɔzdátʲ]
verwijderen (een bestand ~)	удалить (св, пх)	[udalítʲ]
verwijderd (bn)	удалённый	[udalʲónnij]
verbinding (de)	связь (ж)	[svʲásʲ]
snelheid (de)	скорость (ж)	[skórɔstʲ]
modem (de)	модем (м)	[mɔdǽm]

toegang (de) — доступ (м) — [dóstup]
poort (de) — порт (м) — [pórt]

aansluiting (de) — подключение (с) — [potklʲutʃénie]
zich aansluiten (ww) — подключиться (св, возв) — [potklʲutʃítsa]

selecteren (ww) — выбрать (св, пх) — [vībratʲ]
zoeken (ww) — искать … (нсв, пх) — [iskátʲ …]

167. Elektriciteit

elektriciteit (de) — электричество (с) — [ɛlektrítʃestvɔ]
elektrisch (bn) — электрический — [ɛlektrítʃeskij]
elektriciteitscentrale (de) — электростанция (ж) — [ɛléktrɔ·stántsija]
energie (de) — энергия (ж) — [ɛnǽrgija]
elektrisch vermogen (het) — электроэнергия (ж) — [ɛléktrɔ·ɛnǽrgija]

lamp (de) — лампочка (ж) — [lámpotʃka]
zaklamp (de) — фонарь (м) — [fɔnárʲ]
straatlantaarn (de) — фонарь (м) — [fɔnárʲ]

licht (elektriciteit) — свет (м) — [svét]
aandoen (ww) — включать (нсв, пх) — [fklʲutʃátʲ]
uitdoen (ww) — выключать (нсв, пх) — [viklʲutʃátʲ]
het licht uitdoen — погасить свет — [pɔgasítʲ svét]

doorbranden (gloeilamp) — перегореть (св, нпх) — [peregɔrétʲ]
kortsluiting (de) — короткое замыкание (с) — [kɔrótkɔe zamikánie]
onderbreking (de) — обрыв (м) — [ɔbrīf]
contact (het) — контакт (м) — [kɔntákt]

schakelaar (de) — выключатель (м) — [viklʲutʃátelʲ]
stopcontact (het) — розетка (ж) — [rɔzétka]

stekker (de) — вилка (ж) — [vílka]
verlengsnoer (de) — удлинитель (м) — [udlinítelʲ]

zekering (de) — предохранитель (м) — [predɔhranítelʲ]
kabel (de) — провод (м) — [próvɔd]
bedrading (de) — проводка (ж) — [prɔvótka]

ampère (de) — ампер (м) — [ampér]
stroomsterkte (de) — сила (ж) тока — [síla tóka]

volt (de) — вольт (м) — [vólʲt]
spanning (de) — напряжение (с) — [naprɪʒǽnie]

elektrisch toestel (het) — электроприбор (м) — [ɛléktrɔ·pribór]
indicator (de) — индикатор (м) — [indikátɔr]

elektricien (de) — электрик (м) — [ɛléktrik]
solderen (ww) — паять (нсв, пх) — [pajátʲ]
soldeerbout (de) — паяльник (м) — [pajálʲnik]
stroom (de) — ток (м) — [tók]

168. Gereedschappen

werktuig (stuk gereedschap)	инструмент (м)	[instrumént]
gereedschap (het)	инструменты (м мн)	[instruménti]
uitrusting (de)	оборудование (с)	[obɔrúdɔvanie]
hamer (de)	молоток (м)	[mɔlɔtók]
schroevendraaier (de)	отвёртка (ж)	[otvǿrtka]
bijl (de)	топор (м)	[tɔpór]
zaag (de)	пила (ж)	[pilá]
zagen (ww)	пилить (нсв, пх)	[pilítʲ]
schaaf (de)	рубанок (м)	[rubánɔk]
schaven (ww)	строгать (нсв, пх)	[strɔgátʲ]
soldeerbout (de)	паяльник (м)	[pajálʲnik]
solderen (ww)	паять (нсв, пх)	[pajátʲ]
vijl (de)	напильник (м)	[napílʲnik]
nijptang (de)	клещи (мн)	[kléʃi]
combinatietang (de)	плоскогубцы (мн)	[plɔskɔ·gúptsi]
beitel (de)	стамеска (ж)	[staméska]
boorkop (de)	сверло (с)	[sverló]
boormachine (de)	дрель (ж)	[drélʲ]
boren (ww)	сверлить (нсв, пх)	[sverlítʲ]
mes (het)	нож (м)	[nóʃ]
lemmet (het)	лезвие (с)	[lézvie]
scherp (bijv. ~ mes)	острый	[óstrij]
bot (bn)	тупой	[tupój]
bot raken (ww)	затупиться (св, возв)	[zatupítsa]
slijpen (een mes ~)	точить (нсв, пх)	[tɔtʃítʲ]
bout (de)	болт (м)	[bólt]
moer (de)	гайка (ж)	[gájka]
schroefdraad (de)	резьба (ж)	[rezʲbá]
houtschroef (de)	шуруп (м)	[ʃurúp]
spijker (de)	гвоздь (м)	[gvóstʲ]
kop (de)	шляпка (ж)	[ʃlʲápka]
liniaal (de/het)	линейка (ж)	[linéjka]
rolmeter (de)	рулетка (ж)	[rulétka]
waterpas (de/het)	уровень (м)	[úrɔvenʲ]
loep (de)	лупа (ж)	[lúpa]
meetinstrument (het)	измерительный прибор (м)	[izmerítelʲnij pribór]
opmeten (ww)	измерять (нсв, пх)	[izmerʲátʲ]
schaal (meetschaal)	шкала (ж)	[ʃkalá]
gegevens (mv.)	показание (с)	[pɔkazánie]
compressor (de)	компрессор (м)	[kɔmprésɔr]
microscoop (de)	микроскоп (м)	[mikrɔskóp]

pomp (de)	насос (м)	[nasós]
robot (de)	робот (м)	[róbɔt]
laser (de)	лазер (м)	[lázɛr]

moersleutel (de)	гаечный ключ (м)	[gáetʃnij klʲútʃ]
plakband (de)	лента-скотч (м)	[lénta-skótʃ]
lijm (de)	клей (м)	[kléj]

schuurpapier (het)	наждачная бумага (ж)	[naʒdátʃnaja bumága]
veer (de)	пружина (ж)	[pruʒína]
magneet (de)	магнит (м)	[magnít]
handschoenen (mv.)	перчатки (ж мн)	[pertʃátki]

touw (bijv. henneptouw)	верёвка (ж)	[verǿfka]
snoer (het)	шнур (м)	[ʃnúr]
draad (de)	провод (м)	[próvɔd]
kabel (de)	кабель (м)	[kábelʲ]

moker (de)	кувалда (ж)	[kuválda]
breekijzer (het)	лом (м)	[lóm]
ladder (de)	лестница (ж)	[lésnitsa]
trapje (inklapbaar ~)	стремянка (ж)	[stremʲánka]

aanschroeven (ww)	закручивать (нсв, пх)	[zakrútʃivatʲ]
losschroeven (ww)	откручивать (нсв, пх)	[ɔtkrútʃivatʲ]
dichtpersen (ww)	зажимать (нсв, пх)	[zaʒɨmátʲ]
vastlijmen (ww)	приклеивать (нсв, пх)	[prikléivatʲ]
snijden (ww)	резать (нсв, пх)	[rézatʲ]

defect (het)	неисправность (ж)	[neisprávnɔstʲ]
reparatie (de)	починка (ж)	[potʃínka]
repareren (ww)	ремонтировать (нсв, пх)	[remɔntírɔvatʲ]
regelen (een machine ~)	регулировать (нсв, пх)	[regulírɔvatʲ]

checken (ww)	проверять (нсв, пх)	[prɔverʲátʲ]
controle (de)	проверка (ж)	[prɔvérka]
gegevens (mv.)	показание (с)	[pɔkazánie]

degelijk (bijv. ~ machine)	надёжный	[nadǿʒnij]
ingewikkeld (bn)	сложный	[slóʒnij]

roesten (ww)	ржаветь (нсв, нпх)	[rʒavétʲ]
roestig (bn)	ржавый	[rʒávij]
roest (de/het)	ржавчина (ж)	[rʒáftʃina]

Vervoer

vliegtuig (het)	самолёт (м)	[samɔlɵ́t]
vlieticket (het)	авиабилет (м)	[aviabilét]
luchtvaartmaatschappij (de)	авиакомпания (ж)	[avia·kɔmpánija]
luchthaven (de)	аэропорт (м)	[aɛrɔpórt]
supersonisch (bn)	сверхзвуковой	[sverh·zvukɔvój]
gezagvoerder (de)	командир (м) корабля	[kɔmandír kɔrablʲá]
bemanning (de)	экипаж (м)	[ɛkipáʃ]
piloot (de)	пилот (м)	[pilót]
stewardess (de)	стюардесса (ж)	[stʲuardǽsa]
stuurman (de)	штурман (м)	[ʃtúrman]
vleugels (mv.)	крылья (с мн)	[krílja]
staart (de)	хвост (м)	[hvóst]
cabine (de)	кабина (ж)	[kabína]
motor (de)	двигатель (м)	[dvígatelʲ]
landingsgestel (het)	шасси (с)	[ʃassí]
turbine (de)	турбина (ж)	[turbína]
propeller (de)	пропеллер (м)	[prɔpéller]
zwarte doos (de)	чёрный ящик (м)	[tʃórnij jáʃik]
stuur (het)	штурвал (м)	[ʃturvál]
brandstof (de)	горючее (с)	[gɔrʲútʃee]
veiligheidskaart (de)	инструкция по безопасности	[instrúktsija pɔ bezɔpásnɔsti]
zuurstofmasker (het)	кислородная маска (ж)	[kislɔródnaja máska]
uniform (het)	униформа (ж)	[unifórma]
reddingsvest (de)	спасательный жилет (м)	[spasátelʲnij ʒilét]
parachute (de)	парашют (м)	[paraʃút]
opstijgen (het)	взлёт (м)	[vzlɵ́t]
opstijgen (ww)	взлетать (нсв, нпх)	[vzletátʲ]
startbaan (de)	взлётная полоса (ж)	[vzlɵ́tnaja pɔlasá]
zicht (het)	видимость (ж)	[vídimɔstʲ]
vlucht (de)	полёт (м)	[pɔlɵ́t]
hoogte (de)	высота (ж)	[visɔtá]
luchtzak (de)	воздушная яма (ж)	[vɔzdúʃnaja jáma]
plaats (de)	место (с)	[méstɔ]
koptelefoon (de)	наушники (м мн)	[naúʃniki]
tafeltje (het)	откидной столик (м)	[ɔtkidnój stólik]
venster (het)	иллюминатор (м)	[ilʲuminátɔr]
gangpad (het)	проход (м)	[prɔhód]

170. Trein

trein (de)	поезд (м)	[póezd]
elektrische trein (de)	электричка (ж)	[ɛlektrítʃka]
sneltrein (de)	скорый поезд (м)	[skórij póezd]
diesellocomotief (de)	тепловоз (м)	[teplɔvós]
stoomlocomotief (de)	паровоз (м)	[parɔvós]
rijtuig (het)	вагон (м)	[vagón]
restauratierijtuig (het)	вагон-ресторан (м)	[vagón-restɔrán]
rails (mv.)	рельсы (мн)	[rélʲsi]
spoorweg (de)	железная дорога (ж)	[ʒeléznaja dɔróga]
dwarsligger (de)	шпала (ж)	[ʃpála]
perron (het)	платформа (ж)	[platfórma]
spoor (het)	путь (м)	[pútʲ]
semafoor (de)	семафор (м)	[semafór]
halte (bijv. kleine treinhalte)	станция (ж)	[stántsija]
machinist (de)	машинист (м)	[maʃiníst]
kruier (de)	носильщик (м)	[nɔsílʲʃʲik]
conducteur (de)	проводник (м)	[prɔvɔdník]
passagier (de)	пассажир (м)	[pasaʒír]
controleur (de)	контролёр (м)	[kɔntrɔlǿr]
gang (in een trein)	коридор (м)	[kɔridór]
noodrem (de)	стоп-кран (м)	[stɔp-krán]
coupé (de)	купе (с)	[kupǽ]
bed (slaapplaats)	полка (ж)	[pólka]
bovenste bed (het)	верхняя полка (ж)	[vérhnʲaja pólka]
onderste bed (het)	нижняя полка (ж)	[níʒnʲaja pólka]
beddengoed (het)	постельное бельё (с)	[pɔstélʲnɔe beljǿ]
kaartje (het)	билет (м)	[bilét]
dienstregeling (de)	расписание (с)	[raspisánie]
informatiebord (het)	табло (с)	[tabló]
vertrekken (De trein vertrekt ...)	отходить (нсв, нпх)	[ɔtxɔdítʲ]
vertrek (ov. een trein)	отправление (с)	[ɔtpravlénie]
aankomen (ov. de treinen)	прибывать (нсв, нпх)	[pribivátʲ]
aankomst (de)	прибытие (с)	[pribītie]
aankomen per trein	приехать поездом	[priéhatʲ póezdɔm]
in de trein stappen	сесть на поезд	[séstʲ na póezd]
uit de trein stappen	сойти с поезда	[sɔjtí s póezda]
treinwrak (het)	крушение (с)	[kruʃǽnie]
ontspoord zijn	сойти с рельс	[sɔjtí s rélʲs]
stoomlocomotief (de)	паровоз (м)	[parɔvós]
stoker (de)	кочегар (м)	[kɔtʃegár]
stookplaats (de)	топка (ж)	[tópka]
steenkool (de)	уголь (м)	[úgɔlʲ]

171. Schip

| schip (het) | корабль (м) | [koráblʲ] |
| vaartuig (het) | судно (с) | [súdnɔ] |

stoomboot (de)	пароход (м)	[parɔhód]
motorschip (het)	теплоход (м)	[teplɔhód]
lijnschip (het)	лайнер (м)	[lájner]
kruiser (de)	крейсер (м)	[kréjser]

jacht (het)	яхта (ж)	[jáhta]
sleepboot (de)	буксир (м)	[buksír]
duwbak (de)	баржа (ж)	[barʒá]
ferryboot (de)	паром (м)	[paróm]

| zeilboot (de) | парусник (м) | [párusnik] |
| brigantijn (de) | бригантина (ж) | [brigantína] |

| ijsbreker (de) | ледокол (м) | [ledɔkól] |
| duikboot (de) | подводная лодка (ж) | [pɔdvódnaja lótka] |

boot (de)	лодка (ж)	[lótka]
sloep (de)	шлюпка (ж)	[ʃlʲúpka]
reddingssloep (de)	спасательная шлюпка (ж)	[spasátelʲnaja ʃlʲúpka]
motorboot (de)	катер (м)	[káter]

kapitein (de)	капитан (м)	[kapitán]
zeeman (de)	матрос (м)	[matrós]
matroos (de)	моряк (м)	[mɔrʲák]
bemanning (de)	экипаж (м)	[ɛkipáʃ]

bootsman (de)	боцман (м)	[bótsman]
scheepsjongen (de)	юнга (м)	[júnga]
kok (de)	кок (м)	[kók]
scheepsarts (de)	судовой врач (м)	[sudɔvój vrátʃ]

dek (het)	палуба (ж)	[páluba]
mast (de)	мачта (ж)	[mátʃta]
zeil (het)	парус (м)	[párus]

ruim (het)	трюм (м)	[trʲúm]
voorsteven (de)	нос (м)	[nós]
achtersteven (de)	корма (ж)	[kɔrmá]
roeispaan (de)	весло (с)	[vesló]
schroef (de)	винт (м)	[vínt]

kajuit (de)	каюта (ж)	[kajúta]
officierskamer (de)	кают-компания (ж)	[kajút-kɔmpánija]
machinekamer (de)	машинное отделение (с)	[maʃínnɔe ɔtdelénie]
brug (de)	капитанский мостик (м)	[kapitánskij móstik]
radiokamer (de)	радиорубка (ж)	[radiɔ·rúpka]
radiogolf (de)	волна (ж)	[vɔlná]
logboek (het)	судовой журнал (м)	[sudɔvój ʒurnál]
verrekijker (de)	подзорная труба (ж)	[pɔdzórnaja trubá]
klok (de)	колокол (м)	[kólɔkɔl]

vlag (de)	флаг (м)	[flág]
kabel (de)	канат (м)	[kanát]
knoop (de)	узел (м)	[úzel]

| leuning (de) | поручень (м) | [pórutʃenʲ] |
| trap (de) | трап (м) | [tráp] |

anker (het)	якорь (м)	[jákɔrʲ]
het anker lichten	поднять якорь	[pɔdnʲátʲ jákɔrʲ]
het anker neerlaten	бросить якорь	[brósitʲ jákɔrʲ]
ankerketting (de)	якорная цепь (ж)	[jákɔrnaja tsæpʲ]

haven (bijv. containerhaven)	порт (м)	[pórt]
kaai (de)	причал (м)	[pritʃál]
aanleggen (ww)	причаливать (нсв, нпх)	[pritʃálivatʲ]
wegvaren (ww)	отчаливать (нсв, нпх)	[ɔtʃálivatʲ]

reis (de)	путешествие (с)	[puteʃǽstvie]
cruise (de)	круиз (м)	[kruís]
koers (de)	курс (м)	[kúrs]
route (de)	маршрут (м)	[marʃrút]

vaarwater (het)	фарватер (м)	[farvátɛr]
zandbank (de)	мель (ж)	[mélʲ]
stranden (ww)	сесть на мель	[séstʲ na mélʲ]

storm (de)	буря (ж)	[búrʲa]
signaal (het)	сигнал (м)	[signál]
zinken (ov. een boot)	тонуть (нсв, нпх)	[tɔnútʲ]
Man overboord!	Человек за бортом!	[tʃelɔvék za bórtɔm]
SOS (noodsignaal)	SOS (м)	[sós]
reddingsboei (de)	спасательный круг (м)	[spasátelʲnʲij krúg]

172. Vliegveld

luchthaven (de)	аэропорт (м)	[aɛrɔpórt]
vliegtuig (het)	самолёт (м)	[samɔlǿt]
luchtvaartmaatschappij (de)	авиакомпания (ж)	[avia·kɔmpánija]
luchtverkeersleider (de)	авиадиопотчер (м)	[avia·dispétʃer]

vertrek (het)	вылет (м)	[vīlet]
aankomst (de)	прилёт (м)	[prilǿt]
aankomen (per vliegtuig)	прилететь (св, нпх)	[priletétʲ]

| vertrektijd (de) | время (с) вылета | [vrémʲa vīleta] |
| aankomstuur (het) | время (с) прилёта | [vrémʲa prilǿta] |

| vertraagd zijn (ww) | задерживаться (нсв, возв) | [zadérʒivatsa] |
| vluchtvertraging (de) | задержка (ж) вылета | [zadérʃka vīleta] |

informatiebord (het)	информационное табло (с)	[informatsiónnɔe tabló]
informatie (de)	информация (ж)	[informátsija]
aankondigen (ww)	объявлять (нсв, пх)	[ɔbjıvlʲátʲ]
vlucht (bijv. KLM ~)	рейс (м)	[rʲéjs]

douane (de)	таможня (ж)	[tamóʒnʲa]
douanier (de)	таможенник (м)	[tamóʒenik]

douaneaangifte (de)	декларация (ж)	[deklarátsija]
invullen (douaneaangifte ~)	заполнить (св, пх)	[zapólnitʲ]
een douaneaangifte invullen	заполнить декларацию	[zapólnitʲ deklarátsiju]
paspoortcontrole (de)	паспортный контроль (м)	[páspɔrtnij kɔntrólʲ]

bagage (de)	багаж (м)	[bagáʃ]
handbagage (de)	ручная кладь (ж)	[rutʃnája klátʲ]
bagagekarretje (het)	тележка (ж) для багажа	[teléʃka dlʲa bagaʒá]

landing (de)	посадка (ж)	[pɔsátka]
landingsbaan (de)	посадочная полоса (ж)	[pɔsádɔtʃnaja pɔlɔsá]
landen (ww)	садиться (нсв, возв)	[sadítsa]
vliegtuigtrap (de)	трап (м)	[tráp]

inchecken (het)	регистрация (ж)	[registrátsija]
incheckbalie (de)	стойка (ж) регистрации	[stójka registrátsii]
inchecken (ww)	зарегистрироваться (св, возв)	[zaregistrírɔvatsa]

instapkaart (de)	посадочный талон (м)	[pɔsádɔtʃnij talón]
gate (de)	выход (м)	[vīhɔd]

transit (de)	транзит (м)	[tranzít]
wachten (ww)	ждать (нсв, пх)	[ʒdátʲ]
wachtzaal (de)	зал (м) ожидания	[zál ɔʒidánija]
begeleiden (uitwuiven)	провожать (нсв, пх)	[prɔvɔʒátʲ]
afscheid nemen (ww)	прощаться (нсв, возв)	[prɔʃátsa]

173. Fiets. Motorfiets

fiets (de)	велосипед (м)	[velɔsipéd]
bromfiets (de)	мотороллер (м)	[mɔtɔróler]
motorfiets (de)	мотоцикл (м)	[mɔtɔtsīkl]

met de fiets rijden	ехать на велосипеде	[éhatʲ na velɔsipéde]
stuur (het)	руль (м)	[rúlʲ]
pedaal (de/het)	педаль (ж)	[pedálʲ]
remmen (mv.)	тормоза (м мн)	[tɔrmɔzá]
fietszadel (de/het)	седло (с)	[sedló]

pomp (de)	насос (м)	[nasós]
bagagedrager (de)	багажник (м)	[bagáʒnik]
fietslicht (het)	фонарь (м)	[fɔnárʲ]
helm (de)	шлем (м)	[ʃlém]

wiel (het)	колесо (с)	[kɔlesó]
spatbord (het)	крыло (с)	[kriló]
velg (de)	обод (м)	[óbɔd]
spaak (de)	спица (ж)	[spítsa]

Auto's

auto (de)	автомобиль (м)	[aftɔmɔbílʲ]
sportauto (de)	спортивный автомобиль (м)	[spɔrtívnij aftɔmɔbílʲ]
limousine (de)	лимузин (м)	[limuzín]
terreinwagen (de)	внедорожник (м)	[vnedɔróʒnik]
cabriolet (de)	кабриолет (м)	[kabriɔlét]
minibus (de)	микроавтобус (м)	[mikrɔ·aftóbus]
ambulance (de)	скорая помощь (ж)	[skóraja pómɔʃ]
sneeuwruimer (de)	снегоуборочная машина (ж)	[snegɔ·ubórɔtʃnaja maʃína]
vrachtwagen (de)	грузовик (м)	[gruzɔvík]
tankwagen (de)	бензовоз (м)	[benzɔvós]
bestelwagen (de)	фургон (м)	[furgón]
trekker (de)	тягач (м)	[tɪgátʃ]
aanhangwagen (de)	прицеп (м)	[pritsǽp]
comfortabel (bn)	комфортабельный	[kɔmfɔrtábelʲnij]
tweedehands (bn)	подержанный	[pɔdérʒenij]

motorkap (de)	капот (м)	[kapót]
spatbord (het)	крыло (с)	[krɪló]
dak (het)	крыша (ж)	[krɪ̄ʃa]
voorruit (de)	ветровое стекло (с)	[vetrɔvóɔ stekló]
achterruit (de)	зеркало (с) заднего вида	[zérkalɔ zádnevɔ vída]
ruitensproeier (de)	омыватель (м)	[ɔmivátelʲ]
wisserbladen (mv.)	дворники (мн)	[dvórniki]
zijruit (de)	боковое стекло (с)	[bɔkɔvóe stekló]
raamlift (de)	стеклоподъёмник (м)	[steklɔ·pɔdjómnik]
antenne (de)	антенна (ж)	[anténa]
zonnedak (het)	люк (м)	[lʲúk]
bumper (de)	бампер (м)	[bámper]
koffer (de)	багажник (м)	[bagáʒnik]
imperiaal (de/het)	багажник (м)	[bagáʒnik]
portier (het)	дверца (ж)	[dvértsa]
handvat (hot)	ручка (ж)	[rútʃka]
slot (het)	замок (м)	[zámɔk]

nummerplaat (de)	номер (м)	[nómer]
knalpot (de)	глушитель (м)	[gluʃítelʲ]
benzinetank (de)	бензобак (м)	[benzɔbák]
uitlaatpijp (de)	выхлопная труба (ж)	[vihlɔpnája trubá]

gas (het)	газ (м)	[gás]
pedaal (de/het)	педаль (ж)	[pedálʲ]
gaspedaal (de/het)	педаль (ж) газа	[pedálʲ gáza]

rem (de)	тормоз (м)	[tórmɔs]
rempedaal (de/het)	педаль (ж) тормоза	[pedálʲ tórmɔza]
remmen (ww)	тормозить (нсв, нпх)	[tɔrmɔzítʲ]
handrem (de)	стояночный тормоз (м)	[stɔjánɔtʃnij tórmɔs]

koppeling (de)	сцепление (с)	[stsɛplénie]
koppelingspedaal (de/het)	педаль (ж) сцепления	[pedálʲ stsɛplénija]
koppelingsschijf (de)	диск (м) сцепления	[dísk stsɛplénija]
schokdemper (de)	амортизатор (м)	[amɔrtizátɔr]

wiel (het)	колесо (с)	[kɔlesó]
reservewiel (het)	запасное колесо (с)	[zapasnóe kɔlesó]
wieldop (de)	колпак (м)	[kɔlpák]

aandrijfwielen (mv.)	ведущие колёса (с мн)	[vedúʃie kɔlǿsa]
met voorwielaandrijving	переднеприводный	[perédne·prívɔdnij]
met achterwielaandrijving	заднеприводный	[zádne·prívɔdnij]
met vierwielaandrijving	полноприводный	[pólnɔ·prívɔdnij]

versnellingsbak (de)	коробка (ж) передач	[kɔrópka peredátʃ]
automatisch (bn)	автоматическая	[aftɔmatítʃeskaja]
mechanisch (bn)	механическая	[mehanítʃeskaja]
versnellingspook (de)	рычаг (м) коробки передач	[ritʃág kɔrópki peredátʃ]

voorlicht (het)	фара (ж)	[fára]
voorlichten (mv.)	фары (ж мн)	[fári]

dimlicht (het)	ближний свет (м)	[blíʒnij svet]
grootlicht (het)	дальний свет (м)	[dálʲnij svet]
stoplicht (het)	стоп-сигнал (м)	[stóp-signál]

standlichten (mv.)	габаритные огни (мн)	[gabarítnie ɔgní]
noodverlichting (de)	аварийные огни (мн)	[avaríjnie ɔgní]
mistlichten (mv.)	противотуманные фары (ж мн)	[prótivɔ·tumánnɪe fári]
pinker (de)	поворотник (м)	[pɔvɔrótnik]
achteruitrijdlicht (het)	задний ход (м)	[zádnij hód]

176. Auto's. Passagiersruimte

interieur (het)	салон (м)	[salón]
leren (van leer gemaak)	кожаный	[kóʒanij]
fluwelen (abn)	велюровый	[velʲúrɔvij]
bekleding (de)	обивка (ж)	[ɔbífka]
toestel (het)	прибор (м)	[pribór]

instrumentenbord (het)	прибо́рный щито́к (м)	[pribórnij ʃitók]
snelheidsmeter (de)	спидоме́тр (м)	[spidómetr]
pijltje (het)	стре́лка (ж)	[strélka]
kilometerteller (de)	счётчик (м)	[ʃóttʃik]
sensor (de)	да́тчик (м)	[dáttʃik]
niveau (het)	у́ровень (м)	[úrovenʲ]
controlelampje (het)	ла́мпочка (ж)	[lámpotʃka]
stuur (het)	руль (м)	[rúlʲ]
toeter (de)	сигна́л (м)	[signál]
knopje (het)	кно́пка (ж)	[knópka]
schakelaar (de)	переключа́тель (м)	[pereklʲutʃátelʲ]
stoel (bestuurders~)	сиде́нье (с)	[sidénje]
rugleuning (de)	спи́нка (ж)	[spínka]
hoofdsteun (de)	подголо́вник (м)	[pɔdgolóvnik]
veiligheidsgordel (de)	реме́нь (м) безопа́сности	[reménʲ bezopásnosti]
de gordel aandoen	пристегну́ть реме́нь	[pristegnútʲ reménʲ]
regeling (de)	регулиро́вка (ж)	[regulirófka]
airbag (de)	возду́шная поду́шка (ж)	[vɔzdúʃnaja pɔdúʃka]
airconditioner (de)	кондиционе́р (м)	[kɔnditsionér]
radio (de)	ра́дио (с)	[rádiɔ]
CD-speler (de)	CD-прои́грыватель (м)	[si·dí-prɔígrivatelʲ]
aanzetten (bijv. radio ~)	включи́ть (св, пх)	[fklʲutʃítʲ]
antenne (de)	анте́нна (ж)	[antǽna]
handschoenenkastje (het)	барда́чок (м)	[bardatʃók]
asbak (de)	пе́пельница (ж)	[pépelʲnitsa]

177. Auto's. Motor

diesel- (abn)	ди́зельный	[dízelʲnij]
benzine- (~motor)	бензи́новый	[benzínɔvij]
motorinhoud (de)	объём (м) дви́гателя	[ɔbjóm dvígatelʲa]
vermogen (het)	мо́щность (ж)	[móʃnostʲ]
paardenkracht (de)	лошади́ная си́ла (ж)	[lɔʃidínaja sílа]
zuiger (de)	по́ршень (м)	[pórʃɛnʲ]
cilinder (de)	цили́ндр (м)	[tsilíndr]
klep (de)	кла́пан (м)	[klápan]
injectie (de)	инже́ктор (м)	[inʒǽktɔr]
generator (de)	генера́тор (м)	[generátɔr]
carburator (de)	карбюра́тор (м)	[karbʲurátɔr]
motorolie (de)	мото́рное ма́сло (с)	[mɔtórnɔe máslɔ]
radiator (de)	радиа́тор (м)	[radiátɔr]
koelvloeistof (de)	охлажда́ющая жи́дкость	[ɔhlaʒdájuʃaja ʒítkostʲ]
ventilator (de)	вентиля́тор (м)	[ventilʲátɔr]
accu (de)	аккумуля́тор (м)	[akumulʲátɔr]
starter (de)	ста́ртер (м)	[stártеr]

contact (ontsteking)	зажигание (c)	[zaʒigánie]
bougie (de)	свеча (ж) зажигания	[svetʃá zaʒigánija]
pool (de)	клемма (ж)	[klémma]
positieve pool (de)	плюс (м)	[plʲús]
negatieve pool (de)	минус (м)	[mínus]
zekering (de)	предохранитель (м)	[predɔhranítelʲ]
luchtfilter (de)	воздушный фильтр (м)	[vɔzdúʃnij fílʲtr]
oliefilter (de)	масляный фильтр (м)	[máslɪnij fílʲtr]
benzinefilter (de)	топливный фильтр (м)	[tóplivnij fílʲtr]

178. Auto's. Botsing. Reparatie

auto-ongeval (het)	авария (ж)	[avárija]
verkeersongeluk (het)	дорожное происшествие (c)	[dɔróʒnɔe prɔiʃǽstvie]
aanrijden (tegen een boom, enz.)	врезаться (нсв, возв)	[vrézatsa]
verongelukken (ww)	разбиться (св, возв)	[razbítsa]
beschadiging (de)	повреждение (c)	[pɔvreʒdénie]
heelhuids (bn)	целый	[ʦǽlij]
pech (de)	поломка (ж)	[pɔlómka]
kapot gaan (zijn gebroken)	сломаться (св, возв)	[slɔmátsa]
sleeptouw (het)	буксировочный трос (м)	[buksiróvɔtʃnij trós]
lek (het)	прокол (м)	[prɔkól]
lekke krijgen (band)	спустить (св, нпх)	[spustítʲ]
oppompen (ww)	накачивать (нсв, пх)	[nakátʃivatʲ]
druk (de)	давление (c)	[davlénie]
checken (ww)	проверить (св, пх)	[prɔvéritʲ]
reparatie (de)	ремонт (м)	[remónt]
garage (de)	автосервис (м)	[aftɔ·sǽrvis]
wisselstuk (het)	запчасть (ж)	[zaptʃástʲ]
onderdeel (het)	деталь (ж)	[detálʲ]
bout (de)	болт (м)	[bólt]
schroef (de)	винт (м)	[vínt]
moer (de)	гайка (ж)	[gájka]
sluitring (de)	шайба (ж)	[ʃájba]
kogellager (de/het)	подшипник (м)	[pɔdʃípnik]
pijp (de)	трубка (ж)	[trúpka]
pakking (de)	прокладка (ж)	[prɔklátka]
kabel (de)	провод (м)	[próvɔd]
dommekracht (de)	домкрат (м)	[dɔmkrát]
moersleutel (de)	гаечный ключ (м)	[gáetʃnij klʲútʃ]
hamer (de)	молоток (м)	[mɔlɔtók]
pomp (de)	насос (м)	[nasós]
schroevendraaier (de)	отвёртка (ж)	[ɔtvǿrtka]
brandblusser (de)	огнетушитель (м)	[ɔgnetuʃítelʲ]

gevarendriehoek (de)	**аварийный треугольник** (м)	[avaríjnij treugól'nik]
afslaan (ophouden te werken)	**глохнуть** (нсв, нпх)	[glóhnut']
uitvallen (het)	**остановка** (ж)	[ɔstanófka]
zijn gebroken	**быть сломанным**	[bīt' slómannim]

oververhitten (ww)	**перегреться** (св, возв)	[peregrétsa]
verstopt raken (ww)	**засориться** (св, возв)	[zasorítsa]
bevriezen (autodeur, enz.)	**замёрзнуть** (св, нпх)	[zamǿrznut']
barsten (leidingen, enz.)	**лопнуть** (св, нпх)	[lópnut']

druk (de)	**давление** (с)	[davlénie]
niveau (bijv. olieniveau)	**уровень** (м)	[úrɔven']
slap (de drijfriem is ~)	**слабый**	[slábij]

deuk (de)	**вмятина** (ж)	[vm'átina]
geklop (vreemde geluiden)	**стук** (м)	[stúk]
barst (de)	**трещина** (ж)	[tréʃina]
kras (de)	**царапина** (ж)	[tsarápina]

179. Auto's. Weg

weg (de)	**дорога** (ж)	[dɔróga]
snelweg (de)	**автомагистраль** (ж)	[áftɔ·magistrál']
autoweg (de)	**шоссе** (с)	[ʃossǽ]
richting (de)	**направление** (с)	[napravlénie]
afstand (de)	**расстояние** (с)	[rastɔjánie]

brug (de)	**мост** (м)	[móst]
parking (de)	**паркинг** (м)	[párking]
plein (het)	**площадь** (ж)	[plóʃat']
verkeersknooppunt (het)	**развязка** (ж)	[razv'áska]
tunnel (de)	**тоннель** (м)	[tɔnǽl']

benzinestation (het)	**автозаправка** (ж)	[aftɔ·zapráfka]
parking (de)	**автостоянка** (ж)	[aftɔ·stɔjánka]
benzinepomp (de)	**колонка** (ж)	[kɔlónka]
garage (de)	**гараж** (м)	[garáʃ]
tanken (ww)	**заправить** (св, пх)	[zaprávit']
brandstof (de)	**топливо** (с)	[tóplivɔ]
jerrycan (de)	**канистра** (ж)	[kanístra]

asfalt (het)	**асфальт** (м)	[asfál't]
markering (de)	**разметка** (ж)	[razmétka]
trottoirband (de)	**бордюр** (м)	[bord'úr]
geleiderail (de)	**ограждение** (с)	[ograʒdénie]
greppel (de)	**кювет** (м)	[k'uvét]
vluchtstrook (de)	**обочина** (ж)	[ɔbótʃina]
lichtmast (de)	**столб** (м)	[stólb]

besturen (een auto ~)	**вести** (нсв, пх)	[vestí]
afslaan (naar rechts ~)	**поворачивать** (нсв, нпх)	[pɔvɔrátʃivat']
U-bocht maken (ww)	**разворачиваться** (нсв, возв)	[razvɔrátʃivatɒa]

achteruit (de)	задний ход (м)	[zádnij hód]
toeteren (ww)	сигналить (нсв, нпх)	[signálitʲ]
toeter (de)	звуковой сигнал (м)	[zvukɔvój signál]
vastzitten (in modder)	застрять (св, нпх)	[zastrʲátʲ]
spinnen (wielen gaan ~)	буксовать (нсв, нпх)	[buksɔvátʲ]
uitzetten (ww)	глушить (нсв, пх)	[gluʃítʲ]
snelheid (de)	скорость (ж)	[skórɔstʲ]
een snelheidsovertreding maken	превысить скорость	[prevīsitʲ skórɔstʲ]
bekeuren (ww)	штрафовать (нсв, пх)	[ʃtrafɔvátʲ]
verkeerslicht (het)	светофор (м)	[svetɔfór]
rijbewijs (het)	водительские права (мн)	[vɔdítelʲskie pravá]
overgang (de)	переезд (м)	[pereézd]
kruispunt (het)	перекрёсток (м)	[perekrǿstɔk]
zebrapad (oversteekplaats)	пешеходный переход (м)	[peʃehódnij perehód]
bocht (de)	поворот (м)	[pɔvɔrót]
voetgangerszone (de)	пешеходная зона (ж)	[peʃehódnaja zóna]

180. Verkeersborden

verkeersregels (mv.)	правила дорожного движения (ж)	[právila dɔróʒnɔvɔ dviʒǽnija]
verkeersbord (het)	знак (м)	[znák]
inhalen (het)	обгон (м)	[ɔbgón]
bocht (de)	поворот (м)	[pɔvɔrót]
U-bocht, kering (de)	разворот (м)	[razvɔrót]
Rotonde (de)	круговое движение (с)	[krugɔvóe dviʒǽnie]
Verboden richting	въезд запрещён	[vjézt zapreʃǿn]
Verboden toegang	движение запрещено	[dviʒǽnie zapreʃenó]
Inhalen verboden	обгон (м) запрещён	[ɔbgón zapreʃǿn]
Parkeerverbod	стоянка (ж) запрещена	[stɔjánka zapreʃená]
Verbod stil te staan	остановка (ж) запрещена	[ɔstanófka zapreʃená]
Gevaarlijke bocht	крутой поворот (м)	[krutój pɔvɔrót]
Gevaarlijke daling	крутой спуск (м)	[krutój spúsk]
Eenrichtingsweg	одностороннее движение (с)	[ɔdnɔstɔrónnee dviʒǽnie]
Voetgangers	пешеходный переход (м)	[peʃehódnij perehód]
Slipgevaar	скользкая дорога (ж)	[skólʲskaja dɔróga]
Voorrang verlenen	уступи дорогу	[ustupí dɔrógu]

MENSEN. GEBEURTENISSEN IN HET LEVEN

Gebeurtenissen in het leven

181. Vakanties. Evenement

feest (het)	праздник (м)	[práznik]
nationale feestdag (de)	национальный праздник (м)	[naʦionálʲnij práznik]
feestdag (de)	праздничный день (м)	[práznitʃnij dénʲ]
herdenken (ww)	праздновать (нсв, пх)	[práznɔvatʲ]
gebeurtenis (de)	событие (с)	[sɔbītie]
evenement (het)	мероприятие (с)	[merɔprijátie]
banket (het)	банкет (м)	[bankét]
receptie (de)	приём (м)	[prijóm]
feestmaal (het)	пир (м)	[pír]
verjaardag (de)	годовщина (ж)	[gɔdɔfʃína]
jubileum (het)	юбилей (м)	[jubiléj]
vieren (ww)	отметить (св, пх)	[ɔtmétitʲ]
Nieuwjaar (het)	Новый год (м)	[nóvij gód]
Gelukkig Nieuwjaar!	С Новым Годом!	[s nóvim gódɔm]
Kerstfeest (het)	Рождество (с)	[rɔʒdestvó]
Vrolijk kerstfeest!	Весёлого Рождества!	[vesɵlɔvɔ rɔʒdestvá]
kerstboom (de)	Новогодняя ёлка (ж)	[nɔvɔgódnʲaja jólka]
vuurwerk (het)	салют (м)	[salʲút]
bruiloft (de)	свадьба (ж)	[svátʲba]
bruidegom (de)	жених (м)	[ʒeníh]
bruid (de)	невеста (ж)	[nevésta]
uitnodigen (ww)	приглашать (нсв, пх)	[priglaʃátʲ]
uitnodigingskaart (de)	приглашение (с)	[priglaʃǽnie]
gast (de)	гость (м)	[góstʲ]
op bezoek gaan	идти в гости	[itʲtí v gósti]
gasten verwelkomen	встречать гостей	[fstretʃátʲ gostéj]
geschenk, cadeau (het)	подарок (м)	[pɔdárɔk]
geven (iets cadeau ~)	дарить (нсв, пх)	[darítʲ]
geschenken ontvangen	получать подарки	[polutʃátʲ pɔdárki]
boeket (het)	букет (м)	[bukét]
felicitaties (mv.)	поздравление (с)	[pɔzdravlénie]
feliciteren (ww)	поздравлять (нсв, пх)	[pɔzdravlʲátʲ]
wenskaart (de)	поздравительная открытка (ж)	[pɔzdravítelʲnaja ɔtkrῖtka]

| een kaartje versturen | отправить открытку | [ɔtprávit ɔtkrĭtku] |
| een kaartje ontvangen | получить открытку | [pɔlutʃít ɔtkrĭtku] |

toast (de)	тост (м)	[tóst]
aanbieden (een drankje ~)	угощать (нсв, пх)	[ugɔʃát]
champagne (de)	шампанское (с)	[ʃampánskɔe]

plezier hebben (ww)	веселиться (нсв, возв)	[veselítsa]
plezier (het)	веселье (с)	[vesélje]
vreugde (de)	радость (ж)	[rádɔst]

| dans (de) | танец (м) | [tánets] |
| dansen (ww) | танцевать (нсв, н/пх) | [tantsɛvát] |

| wals (de) | вальс (м) | [váls] |
| tango (de) | танго (с) | [tángɔ] |

182. Begrafenissen. Begrafenis

kerkhof (het)	кладбище (с)	[kládbiʃe]
graf (het)	могила (ж)	[mɔgíla]
kruis (het)	крест (м)	[krést]
grafsteen (de)	надгробие (с)	[nadgróbie]
omheining (de)	ограда (ж)	[ɔgráda]
kapel (de)	часовня (ж)	[tʃasóvna]

dood (de)	смерть (ж)	[smért]
sterven (ww)	умереть (св, нпх)	[umerét]
overledene (de)	покойник (м)	[pɔkójnik]
rouw (de)	траур (м)	[tráur]

begraven (ww)	хоронить (нсв, пх)	[hɔrɔnít]
begrafenisonderneming (de)	похоронное бюро (с)	[pɔhɔrónnɔe buró]
begrafenis (de)	похороны (мн)	[póhɔrɔni]

krans (de)	венок (м)	[venók]
doodskist (de)	гроб (м)	[grób]
lijkwagen (de)	катафалк (м)	[katafálk]
lijkkleed (de)	саван (м)	[sávan]

begrafenisstoet (de)	траурная процессия (ж)	[tráurnaja prɔtsǽsija]
urn (de)	урна (ж)	[úrna]
crematorium (het)	крематорий (м)	[krematórij]

overlijdensbericht (het)	некролог (м)	[nekrɔlóg]
huilen (wenen)	плакать (нсв, нпх)	[plákat]
snikken (huilen)	рыдать (нсв, нпх)	[ridát]

183. Oorlog. Soldaten

| peloton (het) | взвод (м) | [vzvód] |
| compagnie (de) | рота (ж) | [róta] |

regiment (het)	полк (м)	[pólk]
leger (armee)	армия (ж)	[ármija]
divisie (de)	дивизия (ж)	[divízija]
sectie (de)	отряд (м)	[otrʲád]
troep (de)	войско (с)	[vójskɔ]
soldaat (militair)	солдат (м)	[sɔldát]
officier (de)	офицер (м)	[ɔfitsǽr]
soldaat (rang)	рядовой (м)	[rɪdɔvój]
sergeant (de)	сержант (м)	[serʒánt]
luitenant (de)	лейтенант (м)	[lejtenánt]
kapitein (de)	капитан (м)	[kapitán]
majoor (de)	майор (м)	[majór]
kolonel (de)	полковник (м)	[pɔlkóvnik]
generaal (de)	генерал (м)	[generál]
matroos (de)	моряк (м)	[mɔrʲák]
kapitein (de)	капитан (м)	[kapitán]
bootsman (de)	боцман (м)	[bótsman]
artillerist (de)	артиллерист (м)	[artileríst]
valschermjager (de)	десантник (м)	[desántnik]
piloot (de)	лётчик (м)	[lóttʃik]
stuurman (de)	штурман (м)	[ʃtúrman]
mecanicien (de)	механик (м)	[mehánik]
sappeur (de)	сапёр (м)	[sapǿr]
parachutist (de)	парашютист (м)	[paraʃutíst]
verkenner (de)	разведчик (м)	[razvéttʃik]
scherpschutter (de)	снайпер (м)	[snájper]
patrouille (de)	патруль (м)	[patrúlʲ]
patrouilleren (ww)	патрулировать (нсв, н/пх)	[patrulírovatʲ]
wacht (de)	часовой (м)	[tʃasɔvój]
krijger (de)	воин (м)	[vóin]
patriot (de)	патриот (м)	[patriót]
held (de)	герой (м)	[gerój]
heldin (de)	героиня (ж)	[gerɔínʲa]
verrader (de)	предатель (м)	[predátelʲ]
deserteur (de)	дезертир (м)	[dezertír]
deserteren (ww)	дезертировать (нсв, нпх)	[dezertírovatʲ]
huurling (de)	наёмник (м)	[najómnik]
rekruut (de)	новобранец (м)	[nɔvɔbránets]
vrijwilliger (de)	доброволец (м)	[dɔbrɔvólets]
gedode (de)	убитый (м)	[ubítij]
gewonde (de)	раненый (м)	[ránenij]
krijgsgevangene (de)	пленный (м)	[plénnɪj]

184. Oorlog. Militaire acties. Deel 1

oorlog (de)	война (ж)	[vɔjná]
oorlog voeren (ww)	воевать (нсв, нпх)	[vɔevátʲ]
burgeroorlog (de)	гражданская война (ж)	[graʒdánskaja vɔjná]

achterbaks (bw)	вероломно	[verɔlómnɔ]
oorlogsverklaring (de)	объявление войны	[ɔbjɪvlénie vɔjnī]
verklaren (de oorlog ~)	объявить (св, пх)	[ɔbjɪvítʲ]
agressie (de)	агрессия (ж)	[agrǽsija]
aanvallen (binnenvallen)	нападать (нсв, нпх)	[napadátʲ]

binnenvallen (ww)	захватывать (нсв, пх)	[zahvátivatʲ]
invaller (de)	захватчик (м)	[zahváttʃik]
veroveraar (de)	завоеватель (м)	[zavɔevátelʲ]

verdediging (de)	оборона (ж)	[ɔbɔróna]
verdedigen (je land ~)	оборонять (нсв, пх)	[ɔbɔrɔnʲátʲ]
zich verdedigen (ww)	обороняться (нсв, возв)	[ɔbɔrɔnʲátsa]

vijand (de)	враг (м)	[vrág]
tegenstander (de)	противник (м)	[prɔtívnik]
vijandelijk (bn)	вражеский	[váʒeskij]

strategie (de)	стратегия (ж)	[stratǽgija]
tactiek (de)	тактика (ж)	[táktika]

order (de)	приказ (м)	[prikás]
bevel (het)	команда (ж)	[kɔmánda]
bevelen (ww)	приказывать (нсв, пх)	[prikázivatʲ]
opdracht (de)	задание (с)	[zadánie]
geheim (bn)	секретный	[sekrétnij]

veldslag (de)	сражение (с)	[sraʒǽnie]
strijd (de)	бой (м)	[bój]

aanval (de)	атака (ж)	[atáka]
bestorming (de)	штурм (м)	[ʃtúrm]
bestormen (ww)	штурмовать (нсв, пх)	[ʃturmɔvátʲ]
bezetting (de)	осада (ж)	[ɔsáda]

aanval (de)	наступление (с)	[nastuplénie]
in het offensief te gaan	наступать (нсв, нпх)	[nastupátʲ]

terugtrekking (de)	отступление (с)	[ɔtstuplénie]
zich terugtrekken (ww)	отступать (нсв, нпх)	[ɔtstupátʲ]

omsingeling (de)	окружение (с)	[ɔkruʒǽnie]
omsingelen (ww)	окружать (нсв, пх)	[ɔkruʒátʲ]

bombardement (het)	бомбёжка (ж)	[bɔmbǿʒka]
een bom gooien	сбросить бомбу	[zbrósitʲ bómbu]
bombarderen (ww)	бомбить (нсв, пх)	[bɔmbítʲ]
ontploffing (de)	взрыв (м)	[vzrīf]
schot (het)	выстрел (м)	[vīstrel]

| een schot lossen | выстрелить (св, нпх) | [vīstrelit^j] |
| schieten (het) | стрельба (ж) | [strel^jbá] |

mikken op (ww)	целиться (нсв, возв)	[ʦǽliʦa]
aanleggen (een wapen ~)	навести (св, пх)	[navestí]
treffen (doelwit ~)	попасть (св, нпх)	[popást^j]

zinken (tot zinken brengen)	потопить (св, пх)	[potopít^j]
kogelgat (het)	пробоина (ж)	[probóina]
zinken (gezonken zijn)	идти ко дну (нсв)	[it^jtí ko dnú]

front (het)	фронт (м)	[frónt]
evacuatie (de)	эвакуация (ж)	[ɛvakuáʦija]
evacueren (ww)	эвакуировать (н/св, пх)	[ɛvakuírovat^j]

loopgraaf (de)	окоп (м)	[okóp]
prikkeldraad (de)	колючая проволока (ж)	[kol^júʧaja próvolka]
verdedigingsobstakel (het)	заграждение (с)	[zagraʒdénie]
wachttoren (de)	вышка (ж)	[vīʃka]

hospitaal (het)	госпиталь (м)	[góspital^j]
verwonden (ww)	ранить (н/св, пх)	[ránit^j]
wond (de)	рана (ж)	[rána]
gewonde (de)	раненый (м)	[ránenij]
gewond raken (ww)	получить ранение	[poluʧít^j ranénie]
ernstig (~e wond)	тяжёлый	[tɪʒólij]

185. Oorlog. Militaire acties. Deel 2

krijgsgevangenschap (de)	плен (м)	[plén]
krijgsgevangen nemen	взять в плен	[vz^ját^j f plén]
krijgsgevangene zijn	быть в плену	[bīt^j f plenú]
krijgsgevangen genomen worden	попасть в плен	[popást^j f plén]

concentratiekamp (het)	концлагерь (м)	[konʦláger^j]
krijgsgevangene (de)	пленный (м)	[plénnij]
vluchten (ww)	бежать (св, нпх)	[beʒát^j]

verraden (ww)	предать (св, пх)	[predát^j]
verrader (de)	предатель (м)	[predátel^j]
verraad (het)	предательство (с)	[predátel^jstvo]

| fusilleren (executeren) | расстрелять (св, пх) | [rastrel^ját^j] |
| executie (de) | расстрел (м) | [rastrél] |

uitrusting (de)	обмундирование (с)	[obmundirovánie]
schouderstuk (het)	погон (м)	[pogón]
gasmasker (het)	противогаз (м)	[protivogás]

portofoon (de)	рация (ж)	[ráʦija]
geheime code (de)	шифр (м)	[ʃīfr]
samenzwering (de)	конспирация (ж)	[konspirátsija]
wachtwoord (het)	пароль (м)	[paról^j]

mijn (landmijn)	мина (ж)	[mína]
ondermijnen (legden mijnen)	заминировать (св, пх)	[zaminírovatʲ]
mijnenveld (het)	минное поле (с)	[mínnɔe póle]

luchtalarm (het)	воздушная тревога (ж)	[vɔzdúʃnaja trevóga]
alarm (het)	тревога (ж)	[trevóga]
signaal (het)	сигнал (м)	[signál]
vuurpijl (de)	сигнальная ракета (ж)	[signálʲnaja rakéta]

staf (generale ~)	штаб (м)	[ʃtáb]
verkenning (de)	разведка (ж)	[razvétka]
toestand (de)	обстановка (ж)	[ɔpstanófka]
rapport (het)	рапорт (м)	[rápɔrt]
hinderlaag (de)	засада (ж)	[zasáda]
versterking (de)	подкрепление (с)	[pɔtkreplénie]
doel (bewegend ~)	мишень (ж)	[miʃǽnʲ]
proefterrein (het)	полигон (м)	[pɔligón]
manoeuvres (mv.)	манёвры (м мн)	[manǿvri]

paniek (de)	паника (ж)	[pánika]
verwoesting (de)	разруха (ж)	[razrúha]
verwoestingen (mv.)	разрушения (ж)	[razruʃǽnija]
verwoesten (ww)	разрушать (нсв, пх)	[razruʃátʲ]

overleven (ww)	выжить (св, нпх)	[vīʒitʲ]
ontwapenen (ww)	обезоружить (св, пх)	[ɔbezɔrúʒitʲ]
behandelen (een pistool ~)	обращаться (нсв, возв)	[ɔbraʃátsa]

Geeft acht!	Смирно!	[smírnɔ]
Op de plaats rust!	Вольно!	[vólʲnɔ]

heldendaad (de)	подвиг (м)	[pódvig]
eed (de)	клятва (ж)	[klʲátva]
zweren (een eed doen)	клясться (нсв, возв)	[klʲástsa]

decoratie (de)	награда (ж)	[nagráda]
onderscheiden (een ereteken geven)	награждать (нсв, пх)	[nagraʒdátʲ]
medaille (de)	медаль (ж)	[medálʲ]
orde (de)	орден (м)	[órden]

overwinning (de)	победа (ж)	[pɔbéda]
verlies (het)	поражение (с)	[pɔraʒǽnie]
wapenstilstand (de)	перемирие (с)	[peremírie]

wimpel (vaandel)	знамя (ж)	[známʲa]
roem (de)	слава (ж)	[sláva]
parade (de)	парад (м)	[parád]
marcheren (ww)	маршировать (нсв, нпх)	[marʃirɔvátʲ]

186. Wapens

wapens (mv.)	оружие (с)	[ɔrúʒie]
vuurwapens (mv.)	огнестрельное оружие (с)	[ɔgnestrélʲnɔe ɔrúʒie]

koude wapens (mv.)	холодное оружие (c)	[hɔlódnɔe ɔrúʒie]
chemische wapens (mv.)	химическое оружие (c)	[himítʃeskɔe ɔrúʒie]
kern-, nucleair (bn)	ядерный	[jádernij]
kernwapens (mv.)	ядерное оружие (c)	[jádernɔe ɔrúʒie]
bom (de)	бомба (ж)	[bómba]
atoombom (de)	атомная бомба (ж)	[átɔmnaja bómba]
pistool (het)	пистолет (м)	[pistɔlét]
geweer (het)	ружьё (c)	[ruʒjǿ]
machinepistool (het)	автомат (м)	[aftɔmát]
machinegeweer (het)	пулемёт (м)	[pulemǿt]
loop (schietbuis)	дуло (c)	[dúlɔ]
loop (bijv. geweer met kortere ~)	ствол (м)	[stvól]
kaliber (het)	калибр (м)	[kalíbr]
trekker (de)	курок (м)	[kurók]
korrel (de)	прицел (м)	[pritsæl]
magazijn (het)	магазин (м)	[magazín]
geweerkolf (de)	приклад (м)	[priklád]
granaat (handgranaat)	граната (ж)	[granáta]
explosieven (mv.)	взрывчатка (ж)	[vzriftʃátka]
kogel (de)	пуля (ж)	[púlʲa]
patroon (de)	патрон (м)	[patrón]
lading (de)	заряд (м)	[zarʲád]
ammunitie (de)	боеприпасы (мн)	[bɔepripási]
bommenwerper (de)	бомбардировщик (м)	[bɔmbardirófʃik]
straaljager (de)	истребитель (м)	[istrebítelʲ]
helikopter (de)	вертолёт (м)	[vertɔlǿt]
afweergeschut (het)	зенитка (ж)	[zenítka]
tank (de)	танк (м)	[tánk]
kanon (tank met een ~ van 76 mm)	пушка (ж)	[púʃka]
artillerie (de)	артиллерия (ж)	[artilérija]
aanleggen (een wapen ~)	навести на ... (св)	[navestí na ...]
projectiel (het)	снаряд (м)	[snarʲád]
mortiergranaat (de)	мина (ж)	[mína]
mortier (de)	миномёт (м)	[minɔmǿt]
granaatscherf (de)	осколок (м)	[ɔskólɔk]
duikboot (de)	подводная лодка (ж)	[pɔdvódnaja lótka]
torpedo (de)	торпеда (ж)	[tɔrpéda]
raket (de)	ракета (ж)	[rakéta]
laden (geweer, kanon)	заряжать (нсв, пх)	[zarɪʒátʲ]
schieten (ww)	стрелять (нсв, нпх)	[strelʲátʲ]
richten op (mikken)	целиться (нсв, вɔзя)	[tsælitsa]
bajonet (de)	штык (м)	[ʃtɨk]

degen (de)	шпага (ж)	[ʃpága]
sabel (de)	сабля (ж)	[sáblʲa]
speer (de)	копьё (c)	[kɔpjǿ]
boog (de)	лук (м)	[lúk]
pijl (de)	стрела (ж)	[strelá]
musket (de)	мушкет (м)	[muʃkét]
kruisboog (de)	арбалет (м)	[arbalét]

187. Oude mensen

primitief (bn)	первобытный	[pervɔbɨ̄tnij]
voorhistorisch (bn)	доисторический	[dɔistɔrítʃeskij]
eeuwenoude (~ beschaving)	древний	[drévnij]
Steentijd (de)	Каменный Век (м)	[kámennij vek]
Bronstijd (de)	Бронзовый Век (м)	[brónzɔvij vek]
IJstijd (de)	ледниковый период (м)	[lednikóvij períud]
stam (de)	племя (c)	[plémʲa]
menseneter (de)	людоед (м)	[lʲudɔéd]
jager (de)	охотник (м)	[ɔhótnik]
jagen (ww)	охотиться (нсв, возв)	[ɔhótitsa]
mammoet (de)	мамонт (м)	[mámɔnt]
grot (de)	пещера (ж)	[peʃéra]
vuur (het)	огонь (м)	[ɔgónʲ]
kampvuur (het)	костёр (м)	[kɔstǿr]
rotstekening (de)	наскальный рисунок (м)	[naskálʲnij risúnɔk]
werkinstrument (het)	орудие (c) труда	[ɔrúdie trudá]
speer (de)	копьё (c)	[kɔpjǿ]
stenen bijl (de)	каменный топор (м)	[kámennij tɔpór]
oorlog voeren (ww)	воевать (нсв, нпх)	[vɔevátʲ]
temmen (bijv. wolf ~)	приручать (нсв, пх)	[prirutʃátʲ]
idool (het)	идол (м)	[ídɔl]
aanbidden (ww)	поклоняться (нсв, возв)	[pɔklɔnʲátsa]
bijgeloof (het)	суеверие (c)	[suevérie]
evolutie (de)	эволюция (ж)	[ɛvɔlʲútsija]
ontwikkeling (de)	развитие (c)	[razvítie]
verdwijning (de)	исчезновение (c)	[isʃeznɔvénie]
zich aanpassen (ww)	приспосабливаться (нсв, возв)	[prispɔsáblivatsa]
archeologie (de)	археология (ж)	[arheɔlógija]
archeoloog (de)	археолог (м)	[arheólɔg]
archeologisch (bn)	археологический	[arheɔlɔgítʃeskij]
opgravingsplaats (de)	раскопки (мн)	[raskópki]
opgravingen (mv.)	раскопки (мн)	[raskópki]
vondst (de)	находка (ж)	[nahótka]
fragment (het)	фрагмент (м)	[fragmént]

188. Middeleeuwen

volk (het)	народ (м)	[naród]
volkeren (mv.)	народы (м мн)	[naródi]
stam (de)	племя (с)	[plémia]
stammen (mv.)	племена (с мн)	[plemená]

barbaren (mv.)	варвары (м мн)	[várvari]
Galliërs (mv.)	галлы (м мн)	[gáli]
Goten (mv.)	готы (м мн)	[góti]
Slaven (mv.)	славяне (мн)	[slaviáne]
Vikings (mv.)	викинги (м мн)	[víkingi]

Romeinen (mv.)	римляне (мн)	[rímline]
Romeins (bn)	римский	[rímskij]

Byzantijnen (mv.)	византийцы (м мн)	[vizantíjtsi]
Byzantium (het)	Византия (ж)	[vizantíja]
Byzantijns (bn)	византийский	[vizantíjskij]

keizer (bijv. Romeinse ~)	император (м)	[imperátɔr]
opperhoofd (het)	вождь (м)	[vóʃti]
machtig (bn)	могущественный	[mɔgúʃestvenij]
koning (de)	король (м)	[kɔróli]
heerser (de)	правитель (м)	[pravíteli]

ridder (de)	рыцарь (м)	[rītsari]
feodaal (de)	феодал (м)	[feɔdál]
feodaal (bn)	феодальный	[feɔdálinij]
vazal (de)	вассал (м)	[vasál]

hertog (de)	герцог (м)	[gértsɔg]
graaf (de)	граф (м)	[gráf]
baron (de)	барон (м)	[barón]
bisschop (de)	епископ (м)	[epískɔp]

harnas (het)	доспехи (мн)	[dɔspéhi]
schild (het)	щит (м)	[ʃít]
zwaard (het)	меч (м)	[métʃ]
vizier (het)	забрало (с)	[zabrálɔ]
maliënkolder (de)	кольчуга (ж)	[kɔlitʃúga]

kruistocht (de)	крестовый поход (м)	[krestóvij pɔhód]
kruisvaarder (de)	крестоносец (м)	[krestɔnósets]

gebied (bijv. bezette ~en)	территория (ж)	[teritórija]
aanvallen (binnenvallen)	нападать (нсв, нпх)	[napadáti]
veroveren (ww)	завоевать (св, пх)	[zavɔeváti]
innemen (binnenvallen)	захватить (св, пх)	[zahvatíti]

bezetting (de)	осада (ж)	[ɔsáda]
belegerd (bn)	осаждённый	[ɔsaʒdénnij]
belegeren (ww)	осаждать (нсв, пх)	[ɔsaʒdáti]
inquisitie (de)	инквизиция (ж)	[inkvizítsija]
inquisiteur (de)	инквизитор (м)	[inkvizítɔr]

foltering (de)	пытка (ж)	[pĩtka]
wreed (bn)	жестокий	[ʒestókij]
ketter (de)	еретик (м)	[eretík]
ketterij (de)	ересь (ж)	[éresʲ]

zeevaart (de)	мореплавание (c)	[more·plávanie]
piraat (de)	пират (м)	[pirát]
piraterij (de)	пиратство (c)	[pirátstvɔ]
enteren (het)	абордаж (м)	[abɔrdáʃ]
buit (de)	добыча (ж)	[dɔbĩʧa]
schatten (mv.)	сокровища (мн)	[sɔkróviʃa]

ontdekking (de)	открытие (c)	[ɔtkrĩtie]
ontdekken (bijv. nieuw land)	открыть (cв, пх)	[ɔtkrĩtʲ]
expeditie (de)	экспедиция (ж)	[ɛkspedítsija]

musketier (de)	мушкетёр (м)	[muʃketǿr]
kardinaal (de)	кардинал (м)	[kardinál]
heraldiek (de)	геральдика (ж)	[gerálʲdika]
heraldisch (bn)	геральдический	[geralʲdíʧeskij]

189. Leider. Baas. Autoriteiten

koning (de)	король (м)	[kɔrólʲ]
koningin (de)	королева (ж)	[kɔrɔléva]
koninklijk (bn)	королевский	[kɔrɔléfskij]
koninkrijk (het)	королевство (c)	[kɔrɔléfstvɔ]

| prins (de) | принц (м) | [prínts] |
| prinses (de) | принцесса (ж) | [printsǽsa] |

president (de)	президент (м)	[prezidént]
vicepresident (de)	вице-президент (м)	[víʦɛ-prezidént]
senator (de)	сенатор (м)	[senátɔr]

monarch (de)	монарх (м)	[mɔnárh]
heerser (de)	правитель (м)	[pravítelʲ]
dictator (de)	диктатор (м)	[diktátɔr]
tiran (de)	тиран (м)	[tirán]
magnaat (de)	магнат (м)	[magnát]

directeur (de)	директор (м)	[diréktɔr]
chef (de)	шеф (м)	[ʃæf]
beheerder (de)	управляющий (м)	[upravlʲájuʃij]
baas (de)	босс (м)	[bós]
eigenaar (de)	хозяин (м)	[hɔzʲáin]

hoofd (bijv. ~ van de delegatie)	глава (ж)	[glavá]
autoriteiten (mv.)	власти (мн)	[vlásti]
superieuren (mv.)	начальство (c)	[natʃálʲstvɔ]

| gouverneur (de) | губернатор (м) | [gubernátɔr] |
| consul (de) | консул (м) | [kónsul] |

diplomaat (de)	дипломат (м)	[diplomát]
burgemeester (de)	мэр (м)	[mǽr]
sheriff (de)	шериф (м)	[ʃɛríf]

keizer (bijv. Romeinse ~)	император (м)	[imperátɔr]
tsaar (de)	царь (м)	[tsárʲ]
farao (de)	фараон (м)	[faraón]
kan (de)	хан (м)	[hán]

190. Weg. Weg. Routebeschrijving

weg (de)	дорога (ж)	[doróga]
route (de kortste ~)	путь (м)	[pútʲ]

autoweg (de)	шоссе (с)	[ʃɔssǽ]
snelweg (de)	автомагистраль (ж)	[áftɔ·magistrálʲ]
rijksweg (de)	национальная дорога (ж)	[natsiɔnálʲnaja dɔróga]

hoofdweg (de)	главная дорога (ж)	[glávnaja dɔróga]
landweg (de)	просёлочная дорога (ж)	[prɔsǿlɔtʃnaja dɔróga]

pad (het)	тропа (ж)	[trɔpá]
paadje (het)	тропинка (ж)	[trɔpínka]

Waar?	Где?	[gdé?]
Waarheen?	Куда?	[kudá?]
Waarvandaan?	Откуда?	[ɔtkúda?]

richting (de)	направление (с)	[napravlénie]
aanwijzen (de weg ~)	указать (св, пх)	[ukazátʲ]

naar links (bw)	налево	[nalévɔ]
naar rechts (bw)	направо	[naprávɔ]
rechtdoor (bw)	прямо	[prʲámɔ]
terug (bijv. ~ keren)	назад	[nazád]

bocht (de)	поворот (м)	[pɔvɔrót]
afslaan (naar rechts ~)	поворачивать (нсв, нпх)	[pɔvɔrátʃivatʲ]
U-bocht maken (ww)	разворачиваться (нсв, возв)	[razvɔrátʃivatsa]

zichtbaar worden (ww)	виднеться (нсв, возв)	[vidnétsa]
verschijnen (in zicht komen)	показаться (св, возв)	[pɔkazátsa]

stop (korte onderbreking)	остановка (ж)	[ɔstanófka]
zich verpozen (uitrusten)	отдохнуть (св, нпх)	[ɔtdɔhnútʲ]
rust (de)	отдых (м)	[ótdih]

verdwalen (de weg kwijt zijn)	заблудиться (св, возв)	[zabludítsa]
leiden naar ... (de weg)	вести к ... (нсв)	[vestí k ...]
bereiken (ergens aankomen)	выйти к ... (св)	[vɨjti k ...]
deel (~ van de weg)	отрезок (м)	[ɔtrézɔk]

asfalt (het)	асфальт (м)	[asfálʲt]
trottoirband (de)	бордюр (м)	[bɔrdʲúr]

greppel (de)	канава (ж)	[kanáva]
putdeksel (het)	люк (м)	[lʲúk]
vluchtstrook (de)	обочина (ж)	[ɔbótʃina]
kuil (de)	яма (ж)	[jáma]

| gaan (te voet) | идти (нсв, нпх) | [itʲtʲí] |
| inhalen (voorbijgaan) | обогнать (св, пх) | [ɔbɔgnátʲ] |

| stap (de) | шаг (м) | [ʃág] |
| te voet (bw) | пешком | [peʃkóm] |

blokkeren (de weg ~)	перегородить (св, пх)	[peregɔrɔdítʲ]
slagboom (de)	шлагбаум (м)	[ʃlagbáum]
doodlopende straat (de)	тупик (м)	[tupík]

191. De wet overtreden. Criminelen. Deel 1

bandiet (de)	бандит (м)	[bandít]
misdaad (de)	преступление (с)	[prestuplénie]
misdadiger (de)	преступник (м)	[prestúpnik]

dief (de)	вор (м)	[vór]
stelen (de)	воровство (с)	[vɔrɔfstvó]
diefstal (de)	кража (ж)	[kráʒa]

kidnappen (ww)	похитить (св, пх)	[pɔhítitʲ]
kidnapping (de)	похищение (с)	[pɔhiʃénie]
kidnapper (de)	похититель (м)	[pɔhitítelʲ]

| losgeld (het) | выкуп (м) | [vīkup] |
| eisen losgeld (ww) | требовать выкуп | [trébɔvatʲ vīkup] |

| overvallen (ww) | грабить (нсв, пх) | [grábitʲ] |
| overvaller (de) | грабитель (м) | [grabítelʲ] |

afpersen (ww)	вымогать (нсв, пх)	[vɨmɔgátʲ]
afperser (de)	вымогатель (м)	[vɨmɔgátelʲ]
afpersing (de)	вымогательство (с)	[vɨmɔgátelʲstvɔ]

vermoorden (ww)	убить (св, пх)	[ubítʲ]
moord (de)	убийство (с)	[ubíjstvɔ]
moordenaar (de)	убийца (ж)	[ubíjtsa]

schot (het)	выстрел (м)	[vīstrel]
een schot lossen	выстрелить (св, нпх)	[vīstrelitʲ]
neerschieten (ww)	застрелить (св, пх)	[zastrelítʲ]
schieten (ww)	стрелять (нсв, нпх)	[strelʲátʲ]
schieten (het)	стрельба (ж)	[strelʲbá]

ongeluk (gevecht, enz.)	происшествие (с)	[prɔiʃǽstvie]
gevecht (het)	драка (ж)	[dráka]
slachtoffer (het)	жертва (ж)	[ʒǽrtva]
beschadigen (ww)	повредить (св, пх)	[pɔvredítʲ]
schade (de)	ущерб (м)	[uʃérb]

lijk (het)	труп (м)	[trúp]
zwaar (~ misdrijf)	тяжкий	[tʲáʃkij]
aanvallen (ww)	напасть (св, нпх)	[napástʲ]
slaan (iemand ~)	бить (нсв, пх)	[bítʲ]
in elkaar slaan (toetakelen)	избить (св, пх)	[izbítʲ]
ontnemen (beroven)	отнять (св, пх)	[ɔtnʲátʲ]
steken (met een mes)	зарезать (св, пх)	[zarézatʲ]
verminken (ww)	изувечить (св, пх)	[izuvétʃitʲ]
verwonden (ww)	ранить (н/св, пх)	[ránitʲ]
chantage (de)	шантаж (м)	[ʃantáʃ]
chanteren (ww)	шантажировать (нсв, пх)	[ʃantaʒírɔvatʲ]
chanteur (de)	шантажист (м)	[ʃantaʒíst]
afpersing (de)	рэкет (м)	[rǽket]
afperser (de)	рэкетир (м)	[rɛketír]
gangster (de)	гангстер (м)	[gángstɛr]
maffia (de)	мафия (ж)	[máfija]
kruimeldief (de)	карманник (м)	[karmánnik]
inbreker (de)	взломщик (м)	[vzlómʃʲik]
smokkelen (het)	контрабанда (ж)	[kɔntrabánda]
smokkelaar (de)	контрабандист (м)	[kɔntrabandíst]
namaak (de)	подделка (ж)	[pɔddélka]
namaken (ww)	подделывать (нсв, пх)	[pɔddélivatʲ]
namaak-, vals (bn)	фальшивый	[falʲʃívij]

192. De wet overtreden. Criminelen. Deel 2

verkrachting (de)	изнасилование (с)	[iznasílɔvanie]
verkrachten (ww)	изнасиловать (св, пх)	[iznasílɔvatʲ]
verkrachter (de)	насильник (м)	[nasílʲnik]
maniak (de)	маньяк (м)	[manják]
prostituee (de)	проститутка (ж)	[prɔstitútka]
prostitutie (de)	проституция (ж)	[prɔstitútsija]
pooier (de)	сутенёр (м)	[sutenǿr]
drugsverslaafde (de)	наркоман (м)	[narkɔmán]
drugshandelaar (de)	торговец (м) наркотиками	[tɔrgóvets narkótikami]
opblazen (ww)	взорвать (св, пх)	[vzɔrvátʲ]
explosie (de)	взрыв (м)	[vzríf]
in brand steken (ww)	поджечь (св, пх)	[pɔdʒǽtʃ]
brandstichter (de)	поджигатель (м)	[pɔdʒigátelʲ]
terrorisme (het)	терроризм (м)	[terɔrízm]
terrorist (de)	террорист (м)	[terɔríst]
gijzelaar (de)	заложник (м)	[zalóʒnik]
bedriegen (ww)	обмануть (св. пх)	[ɔbmanútʲ]
bedrog (het)	обман (м)	[ɔbmán]

oplichter (de)	мошенник (м)	[mɔʃǽnnik]
omkopen (ww)	подкупить (св, пх)	[pɔtkupítʲ]
omkoperij (de)	подкуп (м)	[pótkup]
smeergeld (het)	взятка (ж)	[vzʲátka]
vergif (het)	яд (м)	[jád]
vergiftigen (ww)	отравить (св, пх)	[ɔtravítʲ]
vergif innemen (ww)	отравиться (св, возв)	[ɔtravítsa]
zelfmoord (de)	самоубийство (с)	[samɔubíjstvɔ]
zelfmoordenaar (de)	самоубийца (м, ж)	[samɔubíjtsa]
bedreigen (bijv. met een pistool)	угрожать (нсв, пх)	[ugrɔʒátʲ]
bedreiging (de)	угроза (ж)	[ugróza]
een aanslag plegen	покушаться (нсв, возв)	[pɔkuʃátsa]
aanslag (de)	покушение (с)	[pɔkuʃǽnie]
stelen (een auto)	угнать (св, пх)	[ugnátʲ]
kapen (een vliegtuig)	угнать (св, пх)	[ugnátʲ]
wraak (de)	месть (ж)	[méstʲ]
wreken (ww)	мстить (нсв, пх)	[mstítʲ]
martelen (gevangenen)	пытать (нсв, пх)	[pitátʲ]
foltering (de)	пытка (ж)	[pɨtka]
folteren (ww)	мучить (нсв, пх)	[mútʃitʲ]
piraat (de)	пират (м)	[pirát]
straatschender (de)	хулиган (м)	[huligán]
gewapend (bn)	вооружённый	[vɔɔruʒónnij]
geweld (het)	насилие (с)	[nasílie]
onwettig (strafbaar)	нелегальный	[nelegálʲnij]
spionage (de)	шпионаж (м)	[ʃpiɔnáʃ]
spioneren (ww)	шпионить (нсв, нпх)	[ʃpiónitʲ]

193. Politie. Wet. Deel 1

justitie (de)	правосудие (с)	[pravɔsúdie]
gerechtshof (het)	суд (м)	[súd]
rechter (de)	судья (ж)	[sudjá]
jury (de)	присяжные (мн)	[prisʲáʒnie]
juryrechtspraak (de)	суд (м) присяжных	[sút prisʲáʒnih]
berechten (ww)	судить (нсв, пх)	[sudítʲ]
advocaat (de)	адвокат (м)	[advɔkát]
beklaagde (de)	подсудимый (м)	[pɔtsudímij]
beklaagdenbank (de)	скамья (ж) подсудимых	[skamjá pɔtsudímih]
beschuldiging (de)	обвинение (с)	[ɔbvinénie]
beschuldigde (de)	обвиняемый (м)	[ɔbvinʲáemij]
vonnis (het)	приговор (м)	[prigɔvór]

veroordelen (in een rechtszaak)	приговорить (св, пх)	[prigɔvɔrítʲ]
schuldige (de)	виновник (м)	[vinóvnik]
straffen (ww)	наказать (св, пх)	[nakazátʲ]
bestraffing (de)	наказание (с)	[nakazánie]
boete (de)	штраф (м)	[ʃtráf]
levenslange opsluiting (de)	пожизненное заключение (с)	[pɔʒīznenɔe zaklʲutʃénie]
doodstraf (de)	смертная казнь (ж)	[smértnaja káznʲ]
elektrische stoel (de)	электрический стул (м)	[ɛlektrítʃeskij stúl]
schavot (het)	виселица (ж)	[víselitsa]
executeren (ww)	казнить (н/св, пх)	[kaznítʲ]
executie (de)	казнь (ж)	[káznʲ]
gevangenis (de)	тюрьма (ж)	[tʲurʲmá]
cel (de)	камера (ж)	[kámera]
konvooi (het)	конвой (м)	[kɔnvój]
gevangenisbewaker (de)	надзиратель (м)	[nadzirátelʲ]
gedetineerde (de)	заключённый (м)	[zaklʲutʃónnij]
handboeien (mv.)	наручники (мн)	[narútʃniki]
handboeien omdoen	надеть наручники	[nadétʲ narútʃniki]
ontsnapping (de)	побег (м)	[pɔbég]
ontsnappen (ww)	убежать (св, нпх)	[ubeʒátʲ]
verdwijnen (ww)	исчезнуть (св, нпх)	[isʃéznutʲ]
vrijlaten (uit de gevangenis)	освободить (св, пх)	[ɔsvɔbɔdítʲ]
amnestie (de)	амнистия (ж)	[amnístija]
politie (de)	полиция (ж)	[pɔlítsija]
politieagent (de)	полицейский (м)	[pɔlitsǽjskij]
politiebureau (het)	полицейский участок (м)	[pɔlitsǽjskij utʃástɔk]
knuppel (de)	резиновая дубинка (ж)	[rezínovaja dubínka]
megafoon (de)	рупор (м)	[rúpɔr]
patrouilleerwagen (de)	патрульная машина (ж)	[patrúlʲnaja maʃina]
sirene (de)	сирена (ж)	[siréna]
de sirene aansteken	включить сирену	[fklʲutʃítʲ sirénu]
geloei (het) van de sirene	вой (м) сирены	[vój siréni]
plaats delict (de)	место (с) преступления	[méstɔ prestuplénija]
getuige (de)	свидетель (м)	[svidételʲ]
vrijheid (de)	свобода (ж)	[svɔbóda]
handlanger (de)	сообщник (м)	[sɔópʃnik]
ontvluchten (ww)	скрыться (св, возв)	[skrĩtsa]
spoor (het)	след (м)	[sléd]

194. Politie. Wet. Deel 2

opsporing (de)	розыск (м)	[rózisk]
opsporen (ww)	разыскивать ... (нсв, пх)	[razĩskivatʲ ...]

verdenking (de)	подозрение (с)	[podozrénie]
verdacht (bn)	подозрительный	[podozrítel'nij]
aanhouden (stoppen)	остановить (св, пх)	[ostanovít']
tegenhouden (ww)	задержать (св, пх)	[zaderʒát']

strafzaak (de)	дело (с)	[délɔ]
onderzoek (het)	следствие (с)	[slétstvie]
detective (de)	детектив, сыщик (м)	[dɛtɛktíf], [sɨʃ'ik]
onderzoeksrechter (de)	следователь (м)	[slédovatel']
versie (de)	версия (ж)	[vérsija]

motief (het)	мотив (м)	[motíf]
verhoor (het)	допрос (м)	[doprós]
ondervragen (door de politie)	допрашивать (нсв, пх)	[dopráʃivat']
ondervragen (omstanders ~)	опрашивать (нсв, пх)	[opráʃivat']
controle (de)	проверка (ж)	[provérka]

razzia (de)	облава (ж)	[oblávа]
huiszoeking (de)	обыск (м)	[óbɨsk]
achtervolging (de)	погоня (ж)	[pogón'a]
achtervolgen (ww)	преследовать (нсв, пх)	[preslédovat']
opsporen (ww)	следить (нсв, нпх)	[sledít']

arrest (het)	арест (м)	[arést]
arresteren (ww)	арестовать (св, пх)	[arestovát']
vangen, aanhouden (een dief, enz.)	поймать (св, пх)	[pojmát']
aanhouding (de)	поимка (ж)	[poímka]

document (het)	документ (м)	[dokumént]
bewijs (het)	доказательство (с)	[dokazátel'stvɔ]
bewijzen (ww)	доказывать (нсв, пх)	[dokázivat']
voetspoor (het)	след (м)	[sléd]
vingerafdrukken (mv.)	отпечатки (м мн) пальцев	[otpetʃátki pál'tsɛf]
bewijs (het)	улика (ж)	[ulíka]

alibi (het)	алиби (с)	[álibi]
onschuldig (bn)	невиновный	[nevinóvnij]
onrecht (het)	несправедливость (ж)	[nespravedlívost']
onrechtvaardig (bn)	несправедливый	[nespravedlívij]

crimineel (bn)	криминальный	[kriminál'nij]
confisqueren (in beslag nemen)	конфисковать (св, пх)	[konfiskovát']
drug (de)	наркотик (м)	[narkótik]
wapen (het)	оружие (с)	[orúʒie]
ontwapenen (ww)	обезоружить (св, пх)	[obezorúʒit']
bevelen (ww)	приказывать (нсв, пх)	[prikázivat']
verdwijnen (ww)	исчезнуть (св, нпх)	[isʃéznut']

wet (de)	закон (м)	[zakón]
wettelijk (bn)	законный	[zakónnij]
onwettelijk (bn)	незаконный	[nezakónnij]

verantwoordelijkheid (de)	ответственность (ж)	[otvétstvenost']
verantwoordelijk (bn)	ответственный	[otvétstvenij]

NATUUR

De Aarde. Deel 1

195. De kosmische ruimte

kosmos (de)	космос (м)	[kósmɔs]
kosmisch (bn)	космический	[kɔsmítʃeskij]
kosmische ruimte (de)	космическое пространство	[kɔsmítʃeskɔe prɔstránstvɔ]
wereld (de)	мир (м)	[mír]
heelal (het)	вселенная (ж)	[fselénnaja]
sterrenstelsel (het)	галактика (ж)	[galáktika]
ster (de)	звезда (ж)	[zvezdá]
sterrenbeeld (het)	созвездие (с)	[sɔzvézdie]
planeet (de)	планета (ж)	[planéta]
satelliet (de)	спутник (м)	[spútnik]
meteoriet (de)	метеорит (м)	[meteɔrít]
komeet (de)	комета (ж)	[kɔméta]
asteroïde (de)	астероид (м)	[astɛróid]
baan (de)	орбита (ж)	[ɔrbíta]
draaien (om de zon, enz.)	вращаться (нсв, возв)	[vraʃátsa]
atmosfeer (de)	атмосфера (ж)	[atmɔsféra]
Zon (de)	Солнце (с)	[sóntse]
zonnestelsel (het)	Солнечная система (ж)	[sólnetʃnaja sistéma]
zonsverduistering (de)	солнечное затмение (с)	[sólnetʃnɔe zatménie]
Aarde (de)	Земля (ж)	[zemlʲá]
Maan (de)	Луна (ж)	[luná]
Mars (de)	Марс (м)	[márs]
Venus (de)	Венера (ж)	[venéra]
Jupiter (de)	Юпитер (м)	[jupíter]
Saturnus (de)	Сатурн (м)	[satúrn]
Mercurius (de)	Меркурий (м)	[merkúrij]
Uranus (de)	Уран (м)	[urán]
Neptunus (de)	Нептун (м)	[neptún]
Pluto (de)	Плутон (м)	[plutón]
Melkweg (de)	Млечный Путь (м)	[mlétʃnij pútʲ]
Grote Beer (de)	Большая Медведица (ж)	[bɔlʲʃája medvéditsa]
Poolster (de)	Полярная Звезда (ж)	[pɔlʲárnaja zvezdá]
marsmannetje (het)	марсианин (м)	[marsiánin]

buitenaards wezen (het)	инопланетянин (м)	[inɔplanet'ánin]
bovenaards (het)	пришелец (м)	[priʃǽleʦ]
vliegende schotel (de)	летающая тарелка (ж)	[letájuʃaja tarélka]
ruimtevaartuig (het)	космический корабль (м)	[kɔsmítʃeskij kɔrábl']
ruimtestation (het)	орбитальная станция (ж)	[ɔrbitál'naja stánʦija]
start (de)	старт (м)	[stárt]
motor (de)	двигатель (м)	[dvígatel']
straalpijp (de)	сопло (с)	[sɔpló]
brandstof (de)	топливо (с)	[tóplivɔ]
cabine (de)	кабина (ж)	[kabína]
antenne (de)	антенна (ж)	[antǽna]
patrijspoort (de)	иллюминатор (м)	[il'uminátɔr]
zonnebatterij (de)	солнечная батарея (ж)	[sólnetʃnaja bataréja]
ruimtepak (het)	скафандр (м)	[skafándr]
gewichtloosheid (de)	невесомость (ж)	[nevesómɔst']
zuurstof (de)	кислород (м)	[kislɔród]
koppeling (de)	стыковка (ж)	[stikófka]
koppeling maken	производить стыковку	[prɔizvɔdít' stikófku]
observatorium (het)	обсерватория (ж)	[ɔpservatórija]
telescoop (de)	телескоп (м)	[teleskóp]
waarnemen (ww)	наблюдать (нсв, нпх)	[nabl'udát']
exploreren (ww)	исследовать (н/св, пх)	[islédɔvat']

196. De Aarde

Aarde (de)	Земля (ж)	[zeml'á]
aardbol (de)	земной шар (м)	[zemnój ʃár]
planeet (de)	планета (ж)	[planéta]
atmosfeer (de)	атмосфера (ж)	[atmɔsféra]
aardrijkskunde (de)	география (ж)	[geɔgráfija]
natuur (de)	природа (ж)	[priróda]
wereldbol (de)	глобус (м)	[glóbus]
kaart (de)	карта (ж)	[kárta]
atlas (de)	атлас (м)	[átlas]
Europa (het)	Европа (ж)	[evrópa]
Azië (het)	Азия (ж)	[ázija]
Afrika (het)	Африка (ж)	[áfrika]
Australië (het)	Австралия (ж)	[afstrálija]
Amerika (het)	Америка (ж)	[amérika]
Noord-Amerika (het)	Северная Америка (ж)	[sévernaja amérika]
Zuid-Amerika (het)	Южная Америка (ж)	[júʒnaja amérika]
Antarctica (het)	Антарктида (ж)	[antarktída]
Arctis (de)	Арктика (ж)	[árktika]

197. Windrichtingen

noorden (het)	север (м)	[séver]
naar het noorden	на север	[na séver]
in het noorden	на севере	[na sévere]
noordelijk (bn)	северный	[sévernij]
zuiden (het)	юг (м)	[júg]
naar het zuiden	на юг	[na júg]
in het zuiden	на юге	[na júge]
zuidelijk (bn)	южный	[júʒnij]
westen (het)	запад (м)	[západ]
naar het westen	на запад	[na západ]
in het westen	на западе	[na západe]
westelijk (bn)	западный	[západnij]
oosten (het)	восток (м)	[vɔstók]
naar het oosten	на восток	[na vɔstók]
in het oosten	на востоке	[na vɔstóke]
oostelijk (bn)	восточный	[vɔstótʃnij]

198. Zee. Oceaan

zee (de)	море (с)	[móre]
oceaan (de)	океан (м)	[ɔkeán]
golf (baai)	залив (м)	[zalíf]
straat (de)	пролив (м)	[prɔlíf]
grond (vaste grond)	земля (ж), суша (ж)	[zemlʲá], [súʃa]
continent (het)	материк (м)	[materík]
eiland (het)	остров (м)	[óstrɔf]
schiereiland (het)	полуостров (м)	[polu·óstrɔf]
archipel (de)	архипелаг (м)	[arhipelág]
baai, bocht (de)	бухта (ж)	[búhta]
haven (de)	гавань (ж)	[gávanʲ]
lagune (de)	лагуна (ж)	[lagúna]
kaap (de)	мыс (м)	[mɨs]
atol (de)	атолл (м)	[atól]
rif (het)	риф (м)	[ríf]
koraal (het)	коралл (м)	[kɔrál]
koraalrif (het)	коралловый риф (м)	[kɔrálovij ríf]
diep (bn)	глубокий	[glubókij]
diepte (de)	глубина (ж)	[glubiná]
diepzee (de)	бездна (ж)	[bézdna]
trog (bijv. Marianentrog)	впадина (ж)	[fpádina]
stroming (de)	течение (с)	[tetʃénie]
omspoelen (ww)	омывать (нсв, пх)	[ɔmivátʲ]
oever (de)	побережье (с)	[pɔbereʒʲe]

181

kust (de)	берег (м)	[béreg]
vloed (de)	прилив (м)	[prilíf]
eb (de)	отлив (м)	[ɔtlíf]
ondiepte (ondiep water)	отмель (ж)	[ótmelʲ]
bodem (de)	дно (c)	[dnó]

golf (hoge ~)	волна (ж)	[vɔlná]
golfkam (de)	гребень (м) волны	[grében' vɔlnī]
schuim (het)	пена (ж)	[péna]

orkaan (de)	ураган (м)	[uragán]
tsunami (de)	цунами (c)	[tsunámi]
windstilte (de)	штиль (м)	[ʃtílʲ]
kalm (bijv. ~e zee)	спокойный	[spɔkójnʲij]

| pool (de) | полюс (м) | [pólʲus] |
| polair (bn) | полярный | [pɔlʲárnij] |

breedtegraad (de)	широта (ж)	[ʃirɔtá]
lengtegraad (de)	долгота (ж)	[dɔlgɔtá]
parallel (de)	параллель (ж)	[paralélʲ]
evenaar (de)	экватор (м)	[ɛkvátɔr]

hemel (de)	небо (c)	[nébɔ]
horizon (de)	горизонт (м)	[gɔrizónt]
lucht (de)	воздух (м)	[vózduh]

vuurtoren (de)	маяк (м)	[maják]
duiken (ww)	нырять (нсв, нпх)	[nirʲátʲ]
zinken (ov. een boot)	затонуть (св, нпх)	[zatɔnútʲ]
schatten (mv.)	сокровища (мн)	[sɔkróviʃa]

199. Namen van zeeën en oceanen

Atlantische Oceaan (de)	Атлантический океан (м)	[atlantítʃeskij ɔkeán]
Indische Oceaan (de)	Индийский океан (м)	[indíjskij ɔkeán]
Stille Oceaan (de)	Тихий океан (м)	[tíhij ɔkeán]
Noordelijke IJszee (de)	Северный Ледовитый океан (м)	[sévernij ledɔvítij ɔkeán]

Zwarte Zee (de)	Чёрное море (c)	[tʃórnɔe mórе]
Rode Zee (de)	Красное море (c)	[krásnɔe mórе]
Gele Zee (de)	Жёлтое море (c)	[ʒóltɔe mórе]
Witte Zee (de)	Белое море (c)	[bélɔe mórе]

Kaspische Zee (de)	Каспийское море (c)	[kaspíjskɔe mórе]
Dode Zee (de)	Мёртвое море (c)	[mórtvɔe mórе]
Middellandse Zee (de)	Средиземное море (c)	[sredizémnɔe mórе]

| Egeïsche Zee (de) | Эгейское море (c) | [ɛgéjskɔe mórе] |
| Adriatische Zee (de) | Адриатическое море (c) | [adriatítʃeskɔe mórе] |

| Arabische Zee (de) | Аравийское море (c) | [aravíjskɔe mórе] |
| Japanse Zee (de) | японское море (c) | [jɪpónskɔe mórе] |

Beringzee (de)	Берингово море (c)	[bérinɡɔvɔ móre]
Zuid-Chinese Zee (de)	Южно-Китайское море (c)	[júʒnɔ-kitájskɔe móre]
Koraalzee (de)	Коралловое море (c)	[kɔrálɔvɔe móre]
Tasmanzee (de)	Тасманово море (c)	[tasmánɔvɔ móre]
Caribische Zee (de)	Карибское море (c)	[karíbskɔe móre]
Barentszzee (de)	Баренцево море (c)	[bárentsɛvɔ móre]
Karische Zee (de)	Карское море (c)	[kárskɔe móre]
Noordzee (de)	Северное море (c)	[sévernɔe móre]
Baltische Zee (de)	Балтийское море (c)	[baltíjskɔe móre]
Noorse Zee (de)	Норвежское море (c)	[nɔrvéʒskɔe móre]

200. Bergen

berg (de)	гора (ж)	[gɔrá]
bergketen (de)	горная цепь (ж)	[górnaja tsǽpʲ]
gebergte (het)	горный хребет (м)	[górnij hrebét]
bergtop (de)	вершина (ж)	[verʃína]
bergpiek (de)	пик (м)	[pík]
voet (ov. de berg)	подножие (c)	[pɔdnóʒie]
helling (de)	склон (м)	[sklón]
vulkaan (de)	вулкан (м)	[vulkán]
actieve vulkaan (de)	действующий вулкан (м)	[déjstvujuʃij vulkán]
uitgedoofde vulkaan (de)	потухший вулкан (м)	[pɔtúhʃij vulkán]
uitbarsting (de)	извержение (c)	[izverʒǽnie]
krater (de)	кратер (м)	[krátɛr]
magma (het)	магма (ж)	[máɡma]
lava (de)	лава (ж)	[láva]
gloeiend (~e lava)	раскалённый	[raskalǿnnij]
kloof (canyon)	каньон (м)	[kanjón]
bergkloof (de)	ущелье (c)	[uʃélje]
spleet (de)	расщелина (ж)	[raʃélina]
bergpas (de)	перевал (м)	[perevál]
plateau (het)	плато (c)	[plató]
klip (de)	скала (ж)	[skalá]
heuvel (de)	холм (м)	[hólm]
gletsjer (de)	ледник (м)	[ledník]
waterval (de)	водопад (м)	[vɔdɔpád]
geiser (de)	гейзер (м)	[géjzer]
meer (het)	озеро (c)	[ózerɔ]
vlakte (de)	равнина (ж)	[ravnína]
landschap (het)	пейзаж (м)	[pejzáʃ]
echo (de)	эхо (c)	[ǽhɔ]
alpinist (de)	альпинист (м)	[alʲpiníst]
bergbeklimmer (de)	скалолаз (м)	[skalɔlás]

| trotseren (berg ~) | покорять (нсв, пх) | [pokorⁱátⁱ] |
| beklimming (de) | восхождение (с) | [vɔsxɔʒdénie] |

201. Bergen namen

Alpen (de)	Альпы (мн)	[álⁱpi]
Mont Blanc (de)	Монблан (м)	[mɔnblán]
Pyreneeën (de)	Пиренеи (мн)	[pirenéi]

Karpaten (de)	Карпаты (мн)	[karpáti]
Oeralgebergte (het)	Уральские горы (мн)	[urálⁱskie góri]
Kaukasus (de)	Кавказ (м)	[kafkás]
Elbroes (de)	Эльбрус (м)	[ɛlⁱbrús]

Altaj (de)	Алтай (м)	[altáj]
Tiensjan (de)	Тянь-Шань (ж)	[tⁱánⁱ-ʃánⁱ]
Pamir (de)	Памир (м)	[pamír]
Himalaya (de)	Гималаи (мн)	[gimalái]
Everest (de)	Эверест (м)	[ɛverést]

| Andes (de) | Анды (мн) | [ándi] |
| Kilimanjaro (de) | Килиманджаро (ж) | [kilimandʒárɔ] |

202. Rivieren

rivier (de)	река (ж)	[reká]
bron (~ van een rivier)	источник (м)	[istótʃnik]
rivierbedding (de)	русло (с)	[rúslɔ]
rivierbekken (het)	бассейн (м)	[basǽjn]
uitmonden in …	впадать в … (нсв)	[fpadátⁱ f …]

| zijrivier (de) | приток (м) | [pritók] |
| oever (de) | берег (м) | [béreg] |

stroming (de)	течение (с)	[tetʃénie]
stroomafwaarts (bw)	вниз по течению	[vnís pɔ tetʃéniju]
stroomopwaarts (bw)	вверх по течению	[vvérh pɔ tetʃéniju]

overstroming (de)	наводнение (с)	[navɔdnénie]
overstroming (de)	половодье (с)	[pɔlɔvódje]
buiten zijn oevers treden	разливаться (нсв, возв)	[razlivátsa]
overstromen (ww)	затоплять (нсв, пх)	[zatoplⁱátⁱ]

| zandbank (de) | мель (ж) | [mélⁱ] |
| stroomversnelling (de) | порог (м) | [pɔróg] |

dam (de)	плотина (ж)	[plɔtína]
kanaal (het)	канал (м)	[kanál]
spaarbekken (het)	водохранилище (с)	[vódɔ·hraníliʃe]
sluis (de)	шлюз (м)	[ʃlⁱús]
waterlichaam (het)	водоём (м)	[vɔdɔjóm]
moeras (het)	болото (с)	[bɔlótɔ]

| broek (het) | трясина (ж) | [trɪsína] |
| draaikolk (de) | водоворот (м) | [vɔdɔvɔrót] |

stroom (de)	ручей (м)	[rutʃéj]
drink- (abn)	питьевой	[pitjevój]
zoet (~ water)	пресный	[présnij]

| ijs (het) | лёд (м) | [lɵd] |
| bevriezen (rivier, enz.) | замёрзнуть (св, нпх) | [zamɵrznutʲ] |

203. Namen van rivieren

| Seine (de) | Сена (ж) | [séna] |
| Loire (de) | Луара (ж) | [luára] |

Theems (de)	Темза (ж)	[tǽmza]
Rijn (de)	Рейн (м)	[rǽjn]
Donau (de)	Дунай (м)	[dunáj]

Wolga (de)	Волга (ж)	[vólga]
Don (de)	Дон (м)	[dón]
Lena (de)	Лена (ж)	[léna]

Gele Rivier (de)	Хуанхэ (ж)	[huanhǽ]
Blauwe Rivier (de)	янцзы (ж)	[jɪntszī]
Mekong (de)	Меконг (м)	[mekóng]
Ganges (de)	Ганг (м)	[gáng]

Nijl (de)	Нил (м)	[níl]
Kongo (de)	Конго (ж)	[kóngɔ]
Okavango (de)	Окаванго (ж)	[ɔkavángɔ]
Zambezi (de)	Замбези (ж)	[zambézi]
Limpopo (de)	Лимпопо (ж)	[limpɔpó]
Mississippi (de)	Миссисипи (ж)	[misisípi]

204. Bos

| bos (het) | лес (м) | [lés] |
| bos- (abn) | лесной | [lesnój] |

oerwoud (dicht bos)	чаща (ж)	[tʃáʃʲa]
bosje (klein bos)	роща (ж)	[róʃʲa]
open plek (de)	поляна (ж)	[pɔlʲána]

| struikgewas (het) | заросли (мн) | [zárɔsli] |
| struiken (mv.) | кустарник (м) | [kustárnik] |

| paadje (het) | тропинка (ж) | [trɔpínka] |
| ravijn (het) | овраг (м) | [ɔvrág] |

| boom (de) | дерево (с) | [dérevɔ] |
| blad (het) | лист (м) | [líst] |

gebladerte (het)	листва (ж)	[listvá]
vallende bladeren (mv.)	листопад (м)	[listopád]
vallen (ov. de bladeren)	опадать (нсв, нпх)	[opadátʲ]
boomtop (de)	верхушка (ж)	[verhúʃka]

tak (de)	ветка (ж)	[vétka]
ent (de)	сук (м)	[súk]
knop (de)	почка (ж)	[pótʃka]
naald (de)	игла (ж)	[iglá]
dennenappel (de)	шишка (ж)	[ʃʃka]

boom holte (de)	дупло (с)	[dupló]
nest (het)	гнездо (с)	[gnezdó]
hol (het)	нора (ж)	[norá]

stam (de)	ствол (м)	[stvól]
wortel (bijv. boom~s)	корень (м)	[kórenʲ]
schors (de)	кора (ж)	[korá]
mos (het)	мох (м)	[móh]

ontwortelen (een boom)	корчевать (нсв, пх)	[kortʃevátʲ]
kappen (een boom ~)	рубить (нсв, пх)	[rubítʲ]
ontbossen (ww)	вырубать лес	[virubátʲ lʲés]
stronk (de)	пень (м)	[pénʲ]

kampvuur (het)	костёр (м)	[kostǿr]
bosbrand (de)	пожар (м)	[poʒár]
blussen (ww)	тушить (нсв, пх)	[tuʃítʲ]

boswachter (de)	лесник (м)	[lesník]
bescherming (de)	охрана (ж)	[ohrána]
beschermen (bijv. de natuur ~)	охранять (нсв, пх)	[ohranʲátʲ]

| stroper (de) | браконьер (м) | [brakonjér] |
| val (de) | капкан (м) | [kapkán] |

| plukken (vruchten, enz.) | собирать (нсв, пх) | [sobirátʲ] |
| verdwalen (de weg kwijt zijn) | заблудиться (св, возв) | [zabludítsa] |

205. Natuurlijke hulpbronnen

| natuurlijke rijkdommen (mv.) | природные ресурсы (м мн) | [priródnie resúrsi] |
| delfstoffen (mv.) | полезные ископаемые (с мн) | [poléznie iskopáemie] |

| lagen (mv.) | залежи (мн) | [záleʒi] |
| veld (bijv. olie~) | месторождение (с) | [mestoroʒdénie] |

winnen (uit erts ~)	добывать (нсв, пх)	[dobivátʲ]
winning (de)	добыча (ж)	[dobítʃa]
erts (het)	руда (ж)	[rudá]
mijn (bijv. kolenmijn)	рудник (м)	[rudník]
mijnschacht (de)	шахта (ж)	[ʃáhta]
mijnwerker (de)	шахтёр (м)	[ʃahtǿr]
gas (het)	газ (м)	[gás]

gasleiding (de)	газопровод (м)	[gazɔ·prɔvód]
olie (aardolie)	нефть (ж)	[néftʲ]
olieleiding (de)	нефтепровод (м)	[nefte·prɔvód]
oliebron (de)	нефтяная вышка (ж)	[neftınája vɨʃka]
boortoren (de)	буровая вышка (ж)	[burɔvája vɨʃka]
tanker (de)	танкер (м)	[tánker]

zand (het)	песок (м)	[pesók]
kalksteen (de)	известняк (м)	[izvesnʲák]
grind (het)	гравий (м)	[grávij]
veen (het)	торф (м)	[tórf]
klei (de)	глина (ж)	[glína]
steenkool (de)	уголь (м)	[úgɔlʲ]

ijzer (het)	железо (с)	[ʒelézɔ]
goud (het)	золото (с)	[zólɔtɔ]
zilver (het)	серебро (с)	[serebró]
nikkel (het)	никель (м)	[níkelʲ]
koper (het)	медь (ж)	[métʲ]

zink (het)	цинк (м)	[ʦɨnk]
mangaan (het)	марганец (м)	[márganeʦ]
kwik (het)	ртуть (ж)	[rtútʲ]
lood (het)	свинец (м)	[svinéʦ]

mineraal (het)	минерал (м)	[minerál]
kristal (het)	кристалл (м)	[kristál]
marmer (het)	мрамор (м)	[mrámɔr]
uraan (het)	уран (м)	[urán]

De Aarde. Deel 2

206. Weer

weer (het)	погода (ж)	[pɔgóda]
weersvoorspelling (de)	прогноз (м) погоды	[prɔgnós pɔgódi]
temperatuur (de)	температура (ж)	[temperatúra]
thermometer (de)	термометр (м)	[termómetr]
barometer (de)	барометр (м)	[barómetr]
vochtig (bn)	влажный	[vláʒnij]
vochtigheid (de)	влажность (ж)	[vláʒnɔstʲ]
hitte (de)	жара (ж)	[ʒará]
heet (bn)	жаркий	[ʒárkij]
het is heet	жарко	[ʒárkɔ]
het is warm	тепло	[tepló]
warm (bn)	тёплый	[tǿplij]
het is koud	холодно	[hólɔdnɔ]
koud (bn)	холодный	[hɔlódnij]
zon (de)	солнце (с)	[sóntse]
schijnen (de zon)	светить (нсв, нпх)	[svetítʲ]
zonnig (~e dag)	солнечный	[sólnetʃnij]
opgaan (ov. de zon)	взойти (св, нпх)	[vzɔjtí]
ondergaan (ww)	сесть (св, нпх)	[séstʲ]
wolk (de)	облако (с)	[óblakɔ]
bewolkt (bn)	облачный	[óblatʃnij]
regenwolk (de)	туча (ж)	[tútʃa]
somber (bn)	пасмурный	[pásmurnij]
regen (de)	дождь (м)	[dóʃtʲ], [dóʃ]
het regent	идёт дождь	[idǿt dóʃtʲ]
regenachtig (bn)	дождливый	[dɔʒdlívij]
motregenen (ww)	моросить (нсв, нпх)	[mɔrɔsítʲ]
plensbui (de)	проливной дождь (м)	[prɔlivnój dóʃtʲ]
stortbui (de)	ливень (м)	[lívenʲ]
hard (bn)	сильный	[sílʲnij]
plas (de)	лужа (ж)	[lúʒa]
nat worden (ww)	промокнуть (св, нпх)	[prɔmóknutʲ]
mist (de)	туман (м)	[tumán]
mistig (bn)	туманный	[tumánnij]
sneeuw (de)	снег (м)	[snég]
het sneeuwt	идёт снег	[idǿt snég]

207. Zwaar weer. Natuurrampen

noodweer (storm)	гроза (ж)	[grɔzá]
bliksem (de)	молния (ж)	[mólnija]
flitsen (ww)	сверкать (нсв, нпх)	[sverkátʲ]
donder (de)	гром (м)	[gróm]
donderen (ww)	греметь (нсв, нпх)	[gremétʲ]
het dondert	гремит гром	[gremít gróm]
hagel (de)	град (м)	[grád]
het hagelt	идёт град	[idǿt grád]
overstromen (ww)	затопить (св, пх)	[zatɔpítʲ]
overstroming (de)	наводнение (с)	[navɔdnénie]
aardbeving (de)	землетрясение (с)	[zemletrɪsénie]
aardschok (de)	толчок (м)	[tɔlʧók]
epicentrum (het)	эпицентр (м)	[ɛpiʦǽntr]
uitbarsting (de)	извержение (с)	[izverʒǽnie]
lava (de)	лава (ж)	[láva]
wervelwind (de)	смерч (м)	[smérʧ]
windhoos (de)	торнадо (м)	[tɔrnádɔ]
tyfoon (de)	тайфун (м)	[tajfún]
orkaan (de)	ураган (м)	[uragán]
storm (de)	буря (ж)	[búrʲa]
tsunami (de)	цунами (с)	[ʦunámi]
cycloon (de)	циклон (м)	[ʦiklón]
onweer (het)	непогода (ж)	[nepɔgóda]
brand (de)	пожар (м)	[pɔʒár]
ramp (de)	катастрофа (ж)	[katastrófa]
meteoriet (de)	метеорит (м)	[meteɔrít]
lawine (de)	лавина (ж)	[lavína]
sneeuwverschuiving (de)	обвал (м)	[ɔbvál]
sneeuwjacht (de)	метель (ж)	[metélʲ]
sneeuwstorm (de)	вьюга (ж)	[vjúga]

208. Geluiden. Geluiden

stilte (de)	тишина (ж)	[tiʃiná]
geluid (het)	звук (м)	[zvúk]
lawaai (het)	шум (м)	[ʃúm]
lawaai maken (ww)	шуметь (нсв, нпх)	[ʃumétʲ]
lawaaierig (bn)	шумный	[ʃúmnij]
luid (~ spreken)	громко	[grómkɔ]
luid (bijv. ~e stem)	громкий	[grómkij]
aanhoudend (voortdurend)	постоянный	[pɔstɔjánnij]

schreeuw (de)	крик (м)	[krík]
schreeuwen (ww)	кричать (нсв, нпх)	[kriʧátʲ]
gefluister (het)	шёпот (м)	[ʃópɔt]
fluisteren (ww)	шептать (нсв, н/пх)	[ʃɛptátʲ]

| geblaf (het) | лай (м) | [láj] |
| blaffen (ww) | лаять (нсв, нпх) | [lájɪtʲ] |

gekreun (het)	стон (м)	[stón]
kreunen (ww)	стонать (нсв, нпх)	[stɔnátʲ]
hoest (de)	кашель (м)	[káʃɛlʲ]
hoesten (ww)	кашлять (нсв, нпх)	[káʃlɪtʲ]

gefluit (het)	свист (м)	[svíst]
fluiten (op het fluitje blazen)	свистеть (нсв, нпх)	[svistétʲ]
geklop (het)	стук (м)	[stúk]
kloppen (aan een deur)	стучать (нсв, нпх)	[stuʧátʲ]

| kraken (hout, ijs) | трещать (нсв, нпх) | [treʃátʲ] |
| gekraak (het) | треск (м) | [trésk] |

sirene (de)	сирена (ж)	[siréna]
fluit (stoom ~)	гудок (м)	[gudók]
fluiten (schip, trein)	гудеть (нсв, нпх)	[gudétʲ]
toeter (de)	сигнал (м)	[signál]
toeteren (ww)	сигналить (нсв, нпх)	[signálitʲ]

209. Winter

winter (de)	зима (ж)	[zimá]
winter- (abn)	зимний	[zímnij]
in de winter (bw)	зимой	[zimój]

sneeuw (de)	снег (м)	[snég]
het sneeuwt	идёт снег	[idɵt snég]
sneeuwval (de)	снегопад (м)	[snegɔpád]
sneeuwhoop (de)	сугроб (м)	[sugrób]

sneeuwvlok (de)	снежинка (ж)	[sneʒĩnka]
sneeuwbal (de)	снежок (м)	[sneʒók]
sneeuwman (de)	снеговик (м)	[snegɔvík]
ijspegel (de)	сосулька (ж)	[sɔsúlʲka]

december (de)	декабрь (м)	[dekábrʲ]
januari (de)	январь (м)	[jɪnvárʲ]
februari (de)	февраль (м)	[fevrálʲ]

| vorst (de) | мороз (м) | [mɔrós] |
| vries- (abn) | морозный | [mɔróznij] |

onder nul (bw)	ниже нуля	[níʒe nulʲá]
eerste vorst (de)	заморозки (мн)	[zámɔrɔski]
rijp (de)	иней (м)	[ínej]
koude (de)	холод (м)	[hólɔd]

het is koud	холодно	[hólɔdnɔ]
bontjas (de)	шуба (ж)	[ʃúba]
wanten (mv.)	варежки (ж мн)	[váreʃki]

ziek worden (ww)	заболеть (св, нпх)	[zabɔlétʲ]
verkoudheid (de)	простуда (ж)	[prɔstúda]
verkouden raken (ww)	простудиться (св, возв)	[prɔstudítsa]

ijs (het)	лёд (м)	[lǿd]
ijzel (de)	гололёд (м)	[gɔlɔlǿd]
bevriezen (rivier, enz.)	замёрзнуть (св, нпх)	[zamǿrznutʲ]
ijsschol (de)	льдина (ж)	[lʲdína]

ski's (mv.)	лыжи (ж мн)	[līʒi]
skiër (de)	лыжник (м)	[līʒnik]
skiën (ww)	кататься на лыжах	[katátsa na līʒah]
schaatsen (ww)	кататься на коньках	[katátsa na kɔnʲkáh]

Fauna

roofdier (het)	хищник (м)	[híʃnik]
tijger (de)	тигр (м)	[tígr]
leeuw (de)	лев (м)	[léf]
wolf (de)	волк (м)	[vólk]
vos (de)	лиса (ж)	[lisá]
jaguar (de)	ягуар (м)	[jɪguár]
luipaard (de)	леопард (м)	[leɔpárd]
jachtluipaard (de)	гепард (м)	[gepárd]
panter (de)	пантера (ж)	[pantǽra]
poema (de)	пума (ж)	[púma]
sneeuwluipaard (de)	снежный барс (м)	[snéʒnij bárs]
lynx (de)	рысь (ж)	[rīsʲ]
coyote (de)	койот (м)	[kɔjót]
jakhals (de)	шакал (м)	[ʃakál]
hyena (de)	гиена (ж)	[giéna]

dier (het)	животное (с)	[ʒɪvótnɔe]
beest (het)	зверь (м)	[zvérʲ]
eekhoorn (de)	белка (ж)	[bélka]
egel (de)	ёж (м)	[jóʃ]
haas (de)	заяц (м)	[záɪts]
konijn (het)	кролик (м)	[królik]
das (de)	барсук (м)	[barsúk]
wasbeer (de)	енот (м)	[enót]
hamster (de)	хомяк (м)	[hɔmʲák]
marmot (de)	сурок (м)	[surók]
mol (de)	крот (м)	[krót]
muis (de)	мышь (ж)	[mīʃ]
rat (de)	крыса (ж)	[krīsa]
vleermuis (de)	летучая мышь (ж)	[letútʃaja mīʃ]
hermelijn (de)	горностай (м)	[gɔrnɔstáj]
sabeldier (het)	соболь (м)	[sóbɔlʲ]
marter (de)	куница (ж)	[kunítsa]
wezel (de)	ласка (ж)	[láska]
nerts (de)	норка (ж)	[nórka]

bever (de)	бобр (м)	[bóbr]
otter (de)	выдра (ж)	[vīdra]
paard (het)	лошадь (ж)	[lóʃatʲ]
eland (de)	лось (м)	[lósʲ]
hert (het)	олень (м)	[ɔlénʲ]
kameel (de)	верблюд (м)	[verblʲúd]
bizon (de)	бизон (м)	[bizón]
wisent (de)	зубр (м)	[zúbr]
buffel (de)	буйвол (м)	[bújvɔl]
zebra (de)	зебра (ж)	[zébra]
antilope (de)	антилопа (ж)	[antilópa]
ree (de)	косуля (ж)	[kɔsúlʲa]
damhert (het)	лань (ж)	[lánʲ]
gems (de)	серна (ж)	[sérna]
everzwijn (het)	кабан (м)	[kabán]
walvis (de)	кит (м)	[kít]
rob (de)	тюлень (м)	[tʲulénʲ]
walrus (de)	морж (м)	[mórʃ]
zeebeer (de)	котик (м)	[kótik]
dolfijn (de)	дельфин (м)	[delʲfín]
beer (de)	медведь (м)	[medvétʲ]
ijsbeer (de)	белый медведь (м)	[bélij medvétʲ]
panda (de)	панда (ж)	[pánda]
aap (de)	обезьяна (ж)	[ɔbezjána]
chimpansee (de)	шимпанзе (с)	[ʃimpanzǽ]
orang-oetan (de)	орангутанг (м)	[ɔrangutáng]
gorilla (de)	горилла (ж)	[gɔríla]
makaak (de)	макака (ж)	[makáka]
gibbon (de)	гиббон (м)	[gibón]
olifant (de)	слон (м)	[slón]
neushoorn (de)	носорог (м)	[nɔsɔróg]
giraffe (de)	жираф (м)	[ʒiráf]
nijlpaard (het)	бегемот (м)	[begemót]
kangoeroe (de)	кенгуру (м)	[kengurú]
koala (de)	коала (ж)	[kɔála]
mangoest (de)	мангуст (м)	[mangúst]
chinchilla (de)	шиншилла (ж)	[ʃinʃíla]
stinkdier (het)	скунс (м)	[skúns]
stekelvarken (het)	дикобраз (м)	[dikɔbrás]

212. Huisdieren

poes (de)	кошка (ж)	[kóʃka]
kater (de)	кот (м)	[kót]
paard (het)	лошадь (ж)	[lóʃatʲ]

| hengst (de) | жеребец (м) | [ʒerebéts] |
| merrie (de) | кобыла (ж) | [kɔbɯ̄la] |

koe (de)	корова (ж)	[kɔróva]
bul, stier (de)	бык (м)	[bɯ̄k]
os (de)	вол (м)	[vól]

schaap (het)	овца (ж)	[ɔftsá]
ram (de)	баран (м)	[barán]
geit (de)	коза (ж)	[kɔzá]
bok (de)	козёл (м)	[kɔzǿl]

| ezel (de) | осёл (м) | [ɔsǿl] |
| muilezel (de) | мул (м) | [múl] |

varken (het)	свинья (ж)	[svinjá]
biggetje (het)	поросёнок (м)	[pɔrɔsǿnɔk]
konijn (het)	кролик (м)	[królik]

| kip (de) | курица (ж) | [kúritsa] |
| haan (de) | петух (м) | [petúh] |

eend (de)	утка (ж)	[útka]
woerd (de)	селезень (м)	[sélezenʲ]
gans (de)	гусь (м)	[gúsʲ]

| kalkoen haan (de) | индюк (м) | [indʲúk] |
| kalkoen (de) | индюшка (ж) | [indʲúʃka] |

huisdieren (mv.)	домашние животные (с мн)	[dɔmáʃnie ʒivótnie]
tam (bijv. hamster)	ручной	[rutʃnój]
temmen (tam maken)	приручать (нсв, пх)	[prirutʃátʲ]
fokken (bijv. paarden ~)	выращивать (нсв, пх)	[viráʃivatʲ]

boerderij (de)	ферма (ж)	[férma]
gevogelte (het)	домашняя птица (ж)	[dɔmáʃnʲaja ptítsa]
rundvee (het)	скот (м)	[skót]
kudde (de)	стадо (с)	[stádɔ]

paardenstal (de)	конюшня (ж)	[kɔnʲúʃnʲa]
zwijnenstal (de)	свинарник (м)	[svinárnik]
koeienstal (de)	коровник (м)	[kɔróvnik]
konijnenhok (het)	крольчатник (м)	[krɔlʲtʃátnik]
kippenhok (het)	курятник (м)	[kurʲátnik]

213. Honden. Hondenrassen

hond (de)	собака (ж)	[sɔbáka]
herdershond (de)	овчарка (ж)	[ɔftʃárka]
Duitse herdershond (de)	немецкая овчарка (ж)	[nemétskaja ɔftʃárka]
poedel (de)	пудель (м)	[púdelʲ]
teckel (de)	такса (ж)	[táksa]
buldog (de)	бульдог (м)	[bulʲdóg]
boxer (de)	боксёр (м)	[bɔksǿr]

mastiff (de)	мастиф (м)	[mastíf]
rottweiler (de)	ротвейлер (м)	[rɔtvéjler]
doberman (de)	доберман (м)	[dɔbermán]
basset (de)	бассет (м)	[bássɛt]
bobtail (de)	бобтейл (м)	[bɔptǽjl]
dalmatiër (de)	далматинец (м)	[dalmatínets]
cockerspaniël (de)	кокер-спаниель (м)	[kóker-spaniélʲ]
Newfoundlander (de)	ньюфаундленд (м)	[njufáundlend]
sint-bernard (de)	сенбернар (м)	[senbernár]
husky (de)	хаски (м)	[háski]
chowchow (de)	чау-чау (м)	[ʧáu-ʧáu]
spits (de)	шпиц (м)	[ʃpíts]
mopshond (de)	мопс (м)	[móps]

214. Dierengeluiden

geblaf (het)	лай (м)	[láj]
blaffen (ww)	лаять (нсв, нпх)	[lájɪtʲ]
miauwen (ww)	мяукать (нсв, нпх)	[mɪúkatʲ]
spinnen (katten)	мурлыкать (нсв, нпх)	[murlĩkatʲ]
loeien (ov. een koe)	мычать (нсв, нпх)	[mɪʧátʲ]
brullen (stier)	реветь (нсв, нпх)	[revétʲ]
grommen (ov. de honden)	рычать (нсв, нпх)	[rɪʧátʲ]
gehuil (het)	вой (м)	[vój]
huilen (wolf, enz.)	выть (нсв, нпх)	[vĩtʲ]
janken (ov. een hond)	скулить (нсв, нпх)	[skulítʲ]
mekkeren (schapen)	блеять (нсв, нпх)	[bléjatʲ]
knorren (varkens)	хрюкать (нсв, нпх)	[hrʲúkatʲ]
gillen (bijv. varken)	визжать (нсв, нпх)	[viʒʒátʲ]
kwaken (kikvorsen)	квакать (нсв, нпх)	[kvákatʲ]
zoemen (hommel, enz.)	жужжать (нсв, нпх)	[ʒuʒʒátʲ]
tjilpen (sprinkhanen)	стрекотать (нсв, нпх)	[strekɔtátʲ]

215. Jonge dieren

jong (het)	детёныш (м)	[detǿniʃ]
poesje (het)	котёнок (м)	[kotǿnɔk]
muisje (het)	мышонок (м)	[miʃónɔk]
puppy (de)	щенок (м)	[ʃenók]
jonge haas (de)	зайчонок (м)	[zajʧónɔk]
konijntje (het)	крольчонок (м)	[krɔlʲʧónɔk]
wolfjo (het)	волчонок (м)	[vɔlʧónɔk]
vosje (het)	лисёнок (м)	[lisǿnɔk]
beertje (het)	медвежонок (м)	[medvɔʒónɔk]

leeuwenjong (het)	львёнок (м)	[lʲvǿnɔk]
tijgertje (het)	тигрёнок (м)	[tigrǿnɔk]
olifantenjong (het)	слонёнок (м)	[slɔnǿnɔk]

biggetje (het)	поросёнок (м)	[pɔrɔsǿnɔk]
kalf (het)	телёнок (м)	[telǿnɔk]
geitje (het)	козлёнок (м)	[kɔzlǿnɔk]
lam (het)	ягнёнок (м)	[jɪgnǿnɔk]
reekalf (het)	оленёнок (м)	[ɔlenǿnɔk]
jonge kameel (de)	верблюжонок (м)	[verblʲuʒónɔk]

| slangenjong (het) | змеёныш (м) | [zmejónɪʃ] |
| kikkertje (het) | лягушонок (м) | [lɪguʃónɔk] |

vogeltje (het)	птенец (м)	[ptenéts]
kuiken (het)	цыплёнок (м)	[tsiplǿnɔk]
eendje (het)	утёнок (м)	[utǿnɔk]

216. Vogels

vogel (de)	птица (ж)	[ptítsa]
duif (de)	голубь (м)	[gólupʲ]
mus (de)	воробей (м)	[vɔrɔbéj]
koolmees (de)	синица (ж)	[sinítsa]
ekster (de)	сорока (ж)	[sɔróka]

raaf (de)	ворон (м)	[vórɔn]
kraai (de)	ворона (ж)	[vɔróna]
kauw (de)	галка (ж)	[gálka]
roek (de)	грач (м)	[grátʃ]

eend (de)	утка (ж)	[útka]
gans (de)	гусь (м)	[gúsʲ]
fazant (de)	фазан (м)	[fazán]

arend (de)	орёл (м)	[ɔrǿl]
havik (de)	ястреб (м)	[jástreb]
valk (de)	сокол (м)	[sókɔl]
gier (de)	гриф (м)	[gríf]
condor (de)	кондор (м)	[kóndɔr]

zwaan (de)	лебедь (м)	[lébetʲ]
kraanvogel (de)	журавль (м)	[ʒurávlʲ]
ooievaar (de)	аист (м)	[áist]

papegaai (de)	попугай (м)	[pɔpugáj]
kolibrie (de)	колибри (ж)	[kɔlíbri]
pauw (de)	павлин (м)	[pavlín]

struisvogel (de)	страус (м)	[stráus]
reiger (de)	цапля (ж)	[tsáplʲa]
flamingo (de)	фламинго (с)	[flamíngɔ]
pelikaan (de)	пеликан (м)	[pelikán]
nachtegaal (de)	соловей (м)	[sɔlɔvéj]

zwaluw (de)	ласточка (ж)	[lástotʃka]
lijster (de)	дрозд (м)	[drózd]
zanglijster (de)	певчий дрозд (м)	[péftʃij drózd]
merel (de)	чёрный дрозд (м)	[tʃórnij drózd]

gierzwaluw (de)	стриж (м)	[stríʃ]
leeuwerik (de)	жаворонок (м)	[ʒávoronok]
kwartel (de)	перепел (м)	[pérepel]

specht (de)	дятел (м)	[dʲátel]
koekoek (de)	кукушка (ж)	[kukúʃka]
uil (de)	сова (ж)	[sová]
oehoe (de)	филин (м)	[fílin]
auerhoen (het)	глухарь (м)	[gluhárʲ]
korhoen (het)	тетерев (м)	[téteref]
patrijs (de)	куропатка (ж)	[kuropátka]

spreeuw (de)	скворец (м)	[skvoréts]
kanarie (de)	канарейка (ж)	[kanaréjka]
hazelhoen (het)	рябчик (м)	[rʲáptʃik]
vink (de)	зяблик (м)	[zʲáblik]
goudvink (de)	снегирь (м)	[snegírʲ]

meeuw (de)	чайка (ж)	[tʃájka]
albatros (de)	альбатрос (м)	[alʲbatrós]
pinguïn (de)	пингвин (м)	[pingvín]

217. Vogels. Zingen en geluiden

fluiten, zingen (ww)	петь (нсв, н/пх)	[pétʲ]
schreeuwen (dieren, vogels)	кричать (нсв, нпх)	[kritʃátʲ]
kraaien (ov. een haan)	кукарекать (нсв, нпх)	[kukarékatʲ]
kukeleku	кукареку (с)	[kukarekú]

klokken (hen)	кудахтать (нсв, нпх)	[kudáhtatʲ]
krassen (kraai)	каркать (нсв, нпх)	[kárkatʲ]
kwaken (eend)	крякать (нсв, нпх)	[krʲákatʲ]
piepen (kuiken)	пищать (нсв, нпх)	[piʃátʲ]
tjilpen (bijv. een mus)	чирикать (нсв, нпх)	[tʃirikatʲ]

218. Vis. Zeedieren

brasem (de)	лещ (м)	[léʃ]
karper (de)	карп (м)	[kárp]
baars (de)	окунь (м)	[ókunʲ]
meerval (de)	сом (м)	[sóm]
snoek (de)	щука (ж)	[ʃúka]

zalm (de)	лосось (м)	[losósʲ]
steur (de)	осётр (м)	[osótr]
haring (de)	сельдь (ж)	[sélʲtʲ]
atlantische zalm (de)	семга (ж)	[sómga]

| makreel (de) | скумбрия (ж) | [skúmbrija] |
| platvis (de) | камбала (ж) | [kámbala] |

snoekbaars (de)	судак (м)	[sudák]
kabeljauw (de)	треска (ж)	[treská]
tonijn (de)	тунец (м)	[tunéts]
forel (de)	форель (ж)	[forǽlʲ]

paling (de)	угорь (м)	[úgorʲ]
sidderrog (de)	электрический скат (м)	[ɛlektrítʃeskij skát]
murene (de)	мурена (ж)	[muréna]
piranha (de)	пиранья (ж)	[piránja]

haai (de)	акула (ж)	[akúla]
dolfijn (de)	дельфин (м)	[delʲfín]
walvis (de)	кит (м)	[kít]

krab (de)	краб (м)	[kráb]
kwal (de)	медуза (ж)	[medúza]
octopus (de)	осьминог (м)	[osʲminóg]

zeester (de)	морская звезда (ж)	[morskája zvezdá]
zee-egel (de)	морской ёж (м)	[morskój jóʃ]
zeepaardje (het)	морской конёк (м)	[morskój konǿk]

oester (de)	устрица (ж)	[ústritsa]
garnaal (de)	креветка (ж)	[krevétka]
kreeft (de)	омар (м)	[omár]
langoest (de)	лангуст (м)	[langúst]

219. Amfibieën. Reptielen

| slang (de) | змея (ж) | [zmejá] |
| giftig (slang) | ядовитый | [jɪdovítij] |

adder (de)	гадюка (ж)	[gadʲúka]
cobra (de)	кобра (ж)	[kóbra]
python (de)	питон (м)	[pitón]
boa (de)	удав (м)	[udáf]
ringslang (de)	уж (м)	[úʃ]
ratelslang (de)	гремучая змея (ж)	[gremútʃaja zmejá]
anaconda (de)	анаконда (ж)	[anakónda]

hagedis (de)	ящерица (ж)	[jáʃeritsa]
leguaan (de)	игуана (ж)	[iguána]
varaan (de)	варан (м)	[varán]
salamander (de)	саламандра (ж)	[salamándra]
kameleon (de)	хамелеон (м)	[hameleón]
schorpioen (de)	скорпион (м)	[skorpión]

schildpad (de)	черепаха (ж)	[tʃerepáha]
kikker (de)	лягушка (ж)	[lɪgúʃka]
pad (de)	жаба (ж)	[ʒába]
krokodil (de)	крокодил (м)	[krokodíl]

220. Insecten

insect (het)	насекомое (c)	[nasekómɔe]
vlinder (de)	бабочка (ж)	[bábɔtʃka]
mier (de)	муравей (м)	[muravéj]
vlieg (de)	муха (ж)	[múha]
mug (de)	комар (м)	[kɔmár]
kever (de)	жук (м)	[ʒúk]

wesp (de)	оса (ж)	[ɔsá]
bij (de)	пчела (ж)	[ptʃelá]
hommel (de)	шмель (м)	[ʃmélʲ]
horzel (de)	овод (м)	[óvɔd]

| spin (de) | паук (м) | [paúk] |
| spinnenweb (het) | паутина (ж) | [pautína] |

libel (de)	стрекоза (ж)	[strekɔzá]
sprinkhaan (de)	кузнечик (м)	[kuznétʃik]
nachtvlinder (de)	мотылёк (м)	[mɔtiløk]

kakkerlak (de)	таракан (м)	[tarakán]
teek (de)	клещ (м)	[kléʃ]
vlo (de)	блоха (ж)	[blɔhá]
kriebelmug (de)	мошка (ж)	[móʃka]

treksprinkhaan (de)	саранча (ж)	[sarantʃá]
slak (de)	улитка (ж)	[ulítka]
krekel (de)	сверчок (м)	[svertʃók]
glimworm (de)	светлячок (м)	[svetlɪtʃók]
lieveheersbeestje (het)	божья коровка (ж)	[bóʒja kɔrófka]
meikever (de)	майский жук (м)	[májskij ʒúk]

bloedzuiger (de)	пиявка (ж)	[pijáfka]
rups (de)	гусеница (ж)	[gúsenitsa]
aardworm (de)	червь (м)	[tʃérfʲ]
larve (de)	личинка (ж)	[litʃínka]

221. Dieren. Lichaamsdelen

snavel (de)	клюв (м)	[klʲúf]
vleugels (mv.)	крылья (с мн)	[krīlja]
poot (ov. een vogel)	лапа (ж)	[lápa]
verenkleed (het)	оперение (c)	[ɔperénie]
veer (de)	перо (c)	[peró]
kuifje (het)	хохолок (м)	[hɔhɔlók]

kieuwen (mv.)	жабры (мн)	[ʒábri]
kuit, dril (de)	икра (ж)	[ikrá]
larve (de)	личинка (ж)	[litʃínka]
vin (de)	плавник (м)	[plavník]
schubben (mv.)	чешуя (ж)	[tʃeʃujá]
slagtand (de)	клык (м)	[klīk]

poot (bijv. ~ van een kat)   лапа (ж)   [lápa]
muil (de)   морда (ж)   [mórda]
bek (mond van dieren)   пасть (ж)   [pástʲ]
staart (de)   хвост (м)   [hvóst]
snorharen (mv.)   усы (м мн)   [usī]

hoef (de)   копыто (с)   [kɔpītɔ]
hoorn (de)   рог (м)   [róg]

schild (schildpad, enz.)   панцирь (м)   [pántsirʲ]
schelp (de)   ракушка (ж)   [rakúʃka]
eierschaal (de)   скорлупа (ж)   [skɔrlupá]

vacht (de)   шерсть (ж)   [ʃǽrstʲ]
huid (de)   шкура (ж)   [ʃkúra]

222. Acties van de dieren

vliegen (ww)   летать (нсв, нпх)   [letátʲ]
cirkelen (vogel)   кружить (нсв, нпх)   [kruʒītʲ]
wegvliegen (ww)   улететь (св, нпх)   [uletétʲ]
klapwieken (ww)   махать (нсв, нпх)   [mahátʲ]

pikken (vogels)   клевать (нсв, пх)   [klevátʲ]
broeden (de eend zit te ~)   высиживать яйца   [visʲʒivatʲ jájtsa]
uitbroeden (ww)   вылупляться (нсв, возв)   [viluplʲátsa]
een nest bouwen   вить гнездо   [vítʲ gnezdó]

kruipen (ww)   ползать (нсв, нпх)   [pólzatʲ]
steken (bij)   жалить (нсв, пх)   [ʒálitʲ]
bijten (de hond, enz.)   кусать (нсв, пх)   [kusátʲ]

snuffelen (ov. de dieren)   нюхать (нсв, пх)   [nʲúhatʲ]
blaffen (ww)   лаять (нсв, нпх)   [lájɪtʲ]
sissen (slang)   шипеть (нсв, нпх)   [ʃipétʲ]
doen schrikken (ww)   пугать (нсв, пх)   [pugátʲ]
aanvallen (ww)   нападать (нсв, нпх)   [napadátʲ]

knagen (ww)   грызть (нсв, пх)   [grīztʲ]
schrammen (ww)   царапать (нсв, пх)   [tsarápatʲ]
zich verbergen (ww)   прятаться (нсв, возв)   [prʲátatsa]

spelen (ww)   играть (нсв, нпх)   [igrátʲ]
jagen (ww)   охотиться (нсв, возв)   [ɔhótitsa]
winterslapen   быть в спячке   [bītʲ f spʲátʃke]
uitsterven (dinosauriërs, enz.)   вымереть (св, нпх)   [vīmeretʲ]

223. Dieren. Leefomgevingen

leefgebied (het)   среда (ж) обитания   [sredá ɔbitánija]
migratie (de)   миграция (ж)   [migrátsija]
berg (de)   гора (ж)   [gɔrá]

| rif (het) | риф (м) | [ríf] |
| klip (de) | скала (ж) | [skalá] |

bos (het)	лес (м)	[lés]
jungle (de)	джунгли (мн)	[dʒúngli]
savanne (de)	саванна (ж)	[savána]
toendra (de)	тундра (ж)	[túndra]

steppe (de)	степь (ж)	[stépʲ]
woestijn (de)	пустыня (ж)	[pustínʲa]
oase (de)	оазис (м)	[ɔázis]

zee (de)	море (c)	[mórе]
meer (het)	озеро (c)	[ózerɔ]
oceaan (de)	океан (м)	[ɔkeán]

moeras (het)	болото (c)	[bɔlótɔ]
zoetwater- (abn)	пресноводный	[presnɔvódnij]
vijver (de)	пруд (м)	[prúd]
rivier (de)	река (ж)	[reká]

berenhol (het)	берлога (ж)	[berlóga]
nest (het)	гнездо (c)	[gnezdó]
boom holte (de)	дупло (c)	[dupló]
hol (het)	нора (ж)	[nɔrá]
mierenhoop (de)	муравейник (м)	[muravéjnik]

224. Dierverzorging

| dierentuin (de) | зоопарк (м) | [zɔɔpárk] |
| natuurreservaat (het) | заповедник (м) | [zapɔvédnik] |

fokkerij (de)	питомник (м)	[pitómnik]
openluchtkooi (de)	вольер (м)	[vɔljér]
kooi (de)	клетка (ж)	[klétka]
hondenhok (het)	конура (ж)	[kɔnurá]

dulventil (de)	голубятня (ж)	[gɔlubʲátnʲa]
aquarium (het)	аквариум (м)	[akvárium]
dolfinarium (het)	дельфинарий (м)	[delʲfinárij]

fokken (bijv. honden ~)	разводить (нсв, пх)	[razvɔdítʲ]
nakomelingen (mv.)	потомство (c)	[pɔtómstvɔ]
temmen (tam maken)	приручать (нсв, пх)	[prirutʃátʲ]
dresseren (ww)	дрессировать (нсв, пх)	[dresirɔvátʲ]

| voeding (de) | корм (м) | [kórm] |
| voederen (ww) | кормить (нсв, пх) | [kɔrmítʲ] |

dierenwinkel (de)	зоомагазин (м)	[zɔɔ·magazín]
muilkorf (de)	намордник (м)	[namórdnik]
halsband (de)	ошейник (м)	[ɔʃǽjnik]
naam (ov. een dier)	кличка (ж)	[klítʃka]
stamboom (honden met ~)	родословная (ж)	[rɔdɔslóvnaja]

225. Dieren. Diversen

meute (wolven)	стая (ж)	[stája]
zwerm (vogels)	стая (ж)	[stája]
school (vissen)	стая (ж), косяк (м)	[stája], [kɔsʲák]
kudde (wilde paarden)	табун (м)	[tabún]
mannetje (het)	самец (м)	[saméts]
vrouwtje (het)	самка (ж)	[sámka]
hongerig (bn)	голодный	[gɔlódnij]
wild (bn)	дикий	[díkij]
gevaarlijk (bn)	опасный	[ɔpásnij]

226. Paarden

ras (het)	порода (ж)	[pɔróda]
veulen (het)	жеребёнок (м)	[ʒerebǿnɔk]
merrie (de)	кобыла (ж)	[kɔbĩla]
mustang (de)	мустанг (м)	[mustáng]
pony (de)	пони (м)	[póni]
koudbloed (de)	тяжеловоз (м)	[tiʒelɔvós]
manen (mv.)	грива (ж)	[gríva]
staart (de)	хвост (м)	[hvóst]
hoef (de)	копыто (с)	[kɔpĩtɔ]
hoefijzer (het)	подкова (ж)	[pɔtkóva]
beslaan (ww)	подковать (св, пх)	[pɔtkɔvátʲ]
paardensmid (de)	кузнец (м)	[kuznéts]
zadel (het)	седло (с)	[sedló]
stijgbeugel (de)	стремя (ж)	[strémʲa]
breidel (de)	уздечка (ж)	[uzdétʃka]
leidsels (mv.)	вожжи (мн)	[vóʒʒʲi]
zweep (de)	плётка (ж)	[plǿtka]
ruiter (de)	наездник (м)	[naéznik]
zadelen (ww)	оседлать (св, пх)	[ɔsedlátʲ]
een paard bestijgen	сесть в седло	[séstʲ f sedló]
galop (de)	галоп (м)	[galóp]
galopperen (ww)	скакать галопом	[skakátʲ galópɔm]
draf (de)	рысь (ж)	[rĩsʲ]
in draf (bw)	рысью	[rĩsju]
draven (ww)	скакать рысью	[skakátʲ rĩsju]
renpaard (het)	скаковая лошадь (ж)	[skakɔvája lóʃatʲ]
paardenrace (de)	скачки (мн)	[skátʃki]
paardenstal (de)	конюшня (ж)	[kɔnʲúʃnʲa]
voederen (ww)	кормить (нсв, пх)	[kɔrmítʲ]

hooi (het)   сено (c)   [sénɔ]
water geven (ww)   поить (нсв, пх)   [pɔítʲ]
wassen (paard ~)   чистить (нсв, пх)   [tʲístitʲ]

paardenkar (de)   воз, повозка (ж)   [vós], [pɔvóska]
grazen (gras eten)   пастись (нсв, возв)   [pastísʲ]
hinniken (ww)   ржать (нсв, нпх)   [rʒátʲ]
een trap geven   лягнуть (св, пх)   [lɪgnútʲ]

Flora

boom (de)	дерево (с)	[dérevɔ]
loof- (abn)	ли́ственное	[lístvenɔe]
dennen- (abn)	хво́йное	[hvójnɔe]
groenblijvend (bn)	вечнозелёное	[vetʃnɔ·zelǿnɔe]
appelboom (de)	я́блоня (ж)	[jáblɔnʲa]
perenboom (de)	гру́ша (ж)	[grúʃa]
zoete kers (de)	чере́шня (ж)	[tʃeréʃnʲa]
zure kers (de)	ви́шня (ж)	[víʃnʲa]
pruimelaar (de)	сли́ва (ж)	[slíva]
berk (de)	берёза (ж)	[berǿza]
eik (de)	дуб (м)	[dúb]
linde (de)	ли́па (ж)	[lípa]
esp (de)	оси́на (ж)	[ɔsína]
esdoorn (de)	клён (м)	[klǿn]
spar (de)	ель (ж)	[élʲ]
den (de)	сосна́ (ж)	[sɔsná]
lariks (de)	ли́ственница (ж)	[lístvenitsa]
zilverspar (de)	пи́хта (ж)	[píhta]
ceder (de)	кедр (м)	[kédr]
populier (de)	то́поль (м)	[tópɔlʲ]
lijsterbes (de)	ряби́на (ж)	[rɪbína]
wilg (de)	и́ва (ж)	[íva]
els (de)	ольха́ (ж)	[ɔlʲhá]
beuk (de)	бук (м)	[búk]
iep (de)	вяз (м)	[vʲás]
es (de)	я́сень (м)	[jásenʲ]
kastanje (de)	кашта́н (м)	[kaʃtán]
magnolia (de)	магно́лия (ж)	[magnólija]
palm (de)	па́льма (ж)	[pálʲma]
cipres (de)	кипари́с (м)	[kiparís]
mangrove (de)	ма́нгровое де́рево (с)	[mángrɔvɔe dérevɔ]
baobab (apenbroodboom)	баоба́б (м)	[baɔbáb]
eucalyptus (de)	эвкали́пт (м)	[ɛfkalípt]
mammoetboom (de)	секво́йя (ж)	[sekvója]

struik (de)	куст (м)	[kúst]
heester (de)	куста́рник (м)	[kustárnik]

| wijnstok (de) | виноград (м) | [vinɔgrád] |
| wijngaard (de) | виноградник (м) | [vinɔgrádnik] |

frambozenstruik (de)	малина (ж)	[malína]
zwarte bes (de)	чёрная смородина (ж)	[ʧórnaja smɔródina]
rode bessenstruik (de)	красная смородина (ж)	[krásnaja smɔródina]
kruisbessenstruik (de)	крыжовник (м)	[kriʒóvnik]

acacia (de)	акация (ж)	[akátsija]
zuurbes (de)	барбарис (м)	[barbarís]
jasmijn (de)	жасмин (м)	[ʒasmín]

jeneverbes (de)	можжевельник (м)	[mɔʒevélʲnik]
rozenstruik (de)	розовый куст (м)	[rózɔvij kúst]
hondsroos (de)	шиповник (м)	[ʃipóvnik]

229. Champignons

paddenstoel (de)	гриб (м)	[gríb]
eetbare paddenstoel (de)	съедобный гриб (м)	[sjedóbnij gríb]
giftige paddenstoel (de)	ядовитый гриб (м)	[jidɔvítij gríb]
hoed (de)	шляпка (ж)	[ʃlʲápka]
steel (de)	ножка (ж)	[nóʃka]

eekhoorntjesbrood (het)	белый гриб (м)	[bélij gríb]
rosse populierboleet (de)	подосиновик (м)	[pɔdɔsínɔvik]
berkenboleet (de)	подберёзовик (м)	[pɔdberǿzɔvik]
cantharel (de)	лисичка (ж)	[lisíʧka]
russula (de)	сыроежка (ж)	[sirɔéʃka]

morielje (de)	сморчок (м)	[smɔrʧók]
vliegenzwam (de)	мухомор (м)	[muhɔmór]
groene knolamaniet (de)	поганка (ж)	[pɔgánka]

230. Vruchten. Bessen

appel (de)	яблоко (с)	[jábloko]
peer (de)	груша (ж)	[grúʃa]
pruim (de)	слива (ж)	[slíva]

aardbei (de)	клубника (ж)	[klubníka]
zure kers (de)	вишня (ж)	[víʃnʲa]
zoete kers (de)	черешня (ж)	[ʧeréʃnʲa]
druif (de)	виноград (м)	[vinɔgrád]

framboos (de)	малина (ж)	[malína]
zwarte bes (de)	чёрная смородина (ж)	[ʧórnaja smɔródina]
rode bes (de)	красная смородина (ж)	[krásnaja smɔródina]
kruisbes (de)	крыжовник (м)	[kriʒóvnik]
veenbes (de)	клюква (ж)	[klʲúkva]
sinaasappel (de)	апельсин (м)	[apelʲsín]
mandarijn (de)	мандарин (м)	[mandarín]

ananas (de)	ананас (м)	[ananás]
banaan (de)	банан (м)	[banán]
dadel (de)	финик (м)	[fínik]

citroen (de)	лимон (м)	[limón]
abrikoos (de)	абрикос (м)	[abrikós]
perzik (de)	персик (м)	[pérsik]
kiwi (de)	киви (м)	[kívi]
grapefruit (de)	грейпфрут (м)	[gréjpfrut]

bes (de)	ягода (ж)	[jágɔda]
bessen (mv.)	ягоды (ж мн)	[jágɔdi]
vossenbes (de)	брусника (ж)	[brusníka]
bosaardbei (de)	земляника (ж)	[zemlɪníka]
blauwe bosbes (de)	черника (ж)	[ʧerníka]

231. Bloemen. Planten

| bloem (de) | цветок (м) | [tsvetók] |
| boeket (het) | букет (м) | [bukét] |

roos (de)	роза (ж)	[róza]
tulp (de)	тюльпан (м)	[tʲulʲpán]
anjer (de)	гвоздика (ж)	[gvɔzdíka]
gladiool (de)	гладиолус (м)	[gladiólus]

korenbloem (de)	василёк (м)	[vasilǿk]
klokje (het)	колокольчик (м)	[kɔlɔkólʲʧik]
paardenbloem (de)	одуванчик (м)	[ɔduvánʧik]
kamille (de)	ромашка (ж)	[rɔmáʃka]

aloë (de)	алоэ (с)	[alóɛ]
cactus (de)	кактус (м)	[káktus]
ficus (de)	фикус (м)	[fíkus]

lelie (de)	лилия (ж)	[lílija]
geranium (de)	герань (ж)	[geránʲ]
hyacint (de)	гиацинт (м)	[giatsīnt]

mimosa (de)	мимоза (ж)	[mimóza]
narcis (de)	нарцисс (м)	[nartsīs]
Oost-Indische kers (de)	настурция (ж)	[nastúrtsija]

orchidee (de)	орхидея (ж)	[ɔrhidéja]
pioenroos (de)	пион (м)	[pión]
viooltje (het)	фиалка (ж)	[fiálka]

driekleurig viooltje (het)	анютины глазки (мн)	[anʲútini gláski]
vergeet-mij-nietje (het)	незабудка (ж)	[nezabútka]
madeliefje (het)	маргаритка (ж)	[margarítka]

papaver (de)	мак (м)	[mák]
hennep (de)	конопля (ж)	[kɔnɔplʲá]
munt (de)	мята (ж)	[mʲáta]

lelietje-van-dalen (het)	ландыш (м)	[lándiʃ]
sneeuwklokje (het)	подснежник (м)	[potsnéʒnik]
brandnetel (de)	крапива (ж)	[krapíva]
veldzuring (de)	щавель (м)	[ʃavélʲ]
waterlelie (de)	кувшинка (ж)	[kufʃínka]
varen (de)	папоротник (м)	[páportnik]
korstmos (het)	лишайник (м)	[liʃájnik]
oranjerie (de)	оранжерея (ж)	[ɔranʒeréja]
gazon (het)	газон (м)	[gazón]
bloemperk (het)	клумба (ж)	[klúmba]
plant (de)	растение (с)	[rasténie]
gras (het)	трава (ж)	[travá]
grasspriet (de)	травинка (ж)	[travínka]
blad (het)	лист (м)	[líst]
bloemblad (het)	лепесток (м)	[lepestók]
stengel (de)	стебель (м)	[stébelʲ]
knol (de)	клубень (м)	[klúbenʲ]
scheut (de)	росток (м)	[rɔstók]
doorn (de)	шип (м)	[ʃíp]
bloeien (ww)	цвести (нсв, нпх)	[tsvestí]
verwelken (ww)	вянуть (нсв, нпх)	[vʲánutʲ]
geur (de)	запах (м)	[zápah]
snijden (bijv. bloemen ~)	срезать (св, пх)	[srézatʲ]
plukken (bloemen ~)	сорвать (св, пх)	[sɔrvátʲ]

232. Granen, graankorrels

graan (het)	зерно (с)	[zernó]
graangewassen (mv.)	зерновые растения (с мн)	[zernɔvīe rasténija]
aar (de)	колос (м)	[kólɔs]
tarwe (de)	пшеница (ж)	[pʃɛnítsa]
rogge (de)	рожь (ж)	[róʃ]
haver (de)	овёс (м)	[ɔvǿs]
gierst (de)	просо (с)	[prósɔ]
gerst (de)	ячмень (м)	[jɪtʃménʲ]
maïs (de)	кукуруза (ж)	[kukurúza]
rijst (de)	рис (м)	[rís]
boekweit (de)	гречиха (ж)	[gretʃíha]
erwt (de)	горох (м)	[gɔróh]
nierboon (de)	фасоль (ж)	[fasólʲ]
soja (de)	соя (ж)	[sója]
linze (de)	чечевица (ж)	[tʃetʃevítsa]
bonen (mv.)	бобы (мн)	[bɔbī]

233. Groenten. Groene groenten

groenten (mv.)	овощи (м мн)	[óvɔʃi]
verse kruiden (mv.)	зелень (ж)	[zélenʲ]
tomaat (de)	помидор (м)	[pɔmidór]
augurk (de)	огурец (м)	[ɔguréts]
wortel (de)	морковь (ж)	[mɔrkófʲ]
aardappel (de)	картофель (м)	[kartófelʲ]
ui (de)	лук (м)	[lúk]
knoflook (de)	чеснок (м)	[tʃesnók]
kool (de)	капуста (ж)	[kapústa]
bloemkool (de)	цветная капуста (ж)	[tsvetnája kapústa]
spruitkool (de)	брюссельская капуста (ж)	[brʲusélʲskaja kapústa]
broccoli (de)	капуста брокколи (ж)	[kapústa brókɔli]
rode biet (de)	свёкла (ж)	[svǿkla]
aubergine (de)	баклажан (м)	[baklaʒán]
courgette (de)	кабачок (м)	[kabatʃók]
pompoen (de)	тыква (ж)	[tɨ́kva]
knolraap (de)	репа (ж)	[répa]
peterselie (de)	петрушка (ж)	[petrúʃka]
dille (de)	укроп (м)	[ukróp]
sla (de)	салат (м)	[salát]
selderij (de)	сельдерей (м)	[selʲderéj]
asperge (de)	спаржа (ж)	[spárʒa]
spinazie (de)	шпинат (м)	[ʃpinát]
erwt (de)	горох (м)	[gɔróh]
bonen (mv.)	бобы (мн)	[bɔbɨ́]
maïs (de)	кукуруза (ж)	[kukurúza]
nierboon (de)	фасоль (ж)	[fasólʲ]
peper (de)	перец (м)	[pérets]
radijs (de)	редис (м)	[redís]
artisjok (de)	артишок (м)	[artiʃók]

REGIONALE AARDRIJKSKUNDE

Landen. Nationaliteiten

234. West-Europa

Europa (het)	Европа (ж)	[evrópa]
Europese Unie (de)	Европейский Союз (м)	[evropéjskij sojús]
Europeaan (de)	европеец (м)	[evropéets]
Europees (bn)	европейский	[evropéjskij]
Oostenrijk (het)	Австрия (ж)	[áfstrija]
Oostenrijker (de)	австриец (м)	[afstríets]
Oostenrijkse (de)	австрийка (ж)	[afstríjka]
Oostenrijks (bn)	австрийский	[afstríjskij]
Groot-Brittannië (het)	Великобритания (ж)	[velikobritánija]
Engeland (het)	Англия (ж)	[ánglija]
Engelsman (de)	англичанин (м)	[anglitʃánin]
Engelse (de)	англичанка (ж)	[anglitʃánka]
Engels (bn)	английский	[anglíjskij]
België (het)	Бельгия (ж)	[béľgija]
Belg (de)	бельгиец (м)	[beľgíets]
Belgische (de)	бельгийка (ж)	[beľgíjka]
Belgisch (bn)	бельгийский	[beľgíjskij]
Duitsland (het)	Германия (ж)	[germánija]
Duitser (de)	немец (м)	[némets]
Duitse (de)	немка (ж)	[némka]
Duits (bn)	немецкий	[németskij]
Nederland (het)	Нидерланды (мн)	[niderlándi]
Holland (het)	Голландия (ж)	[golándija]
Nederlander (de)	голландец (м)	[golándets]
Nederlandse (de)	голландка (ж)	[golántka]
Nederlands (bn)	голландский	[golánskij]
Griekenland (het)	Греция (ж)	[grétsija]
Griek (de)	грек (м)	[grék]
Griekse (de)	гречанка (ж)	[gretʃánka]
Grieks (bn)	греческий	[grétʃeskij]
Denemarken (het)	Дания (ж)	[dánija]
Deen (de)	датчанин (м)	[dattʃánin]
Deense (de)	датчанка (ж)	[dattʃánka]
Deens (bn)	датский	[dátskij]
Ierland (het)	Ирландия (ж)	[irlándija]
Ier (de)	ирландец (м)	[irlándets]

Ierse (de)	ирландка (ж)	[irlántka]
Iers (bn)	ирландский	[irlánskij]
IJsland (het)	Исландия (ж)	[islándija]
IJslander (de)	исландец (м)	[islándets]
IJslandse (de)	исландка (ж)	[islánka]
IJslands (bn)	исландский	[islánskij]
Spanje (het)	Испания (ж)	[ispánija]
Spanjaard (de)	испанец (м)	[ispánets]
Spaanse (de)	испанка (ж)	[ispánka]
Spaans (bn)	испанский	[ispánskij]
Italië (het)	Италия (ж)	[itálija]
Italiaan (de)	итальянец (м)	[italjánets]
Italiaanse (de)	итальянка (ж)	[italjánka]
Italiaans (bn)	итальянский	[italjánskij]
Cyprus (het)	Кипр (м)	[kípr]
Cyprioot (de)	киприот (м)	[kipriót]
Cypriotische (de)	киприотка (ж)	[kipriótka]
Cypriotisch (bn)	кипрский	[kíprskij]
Malta (het)	Мальта (ж)	[málʲta]
Maltees (de)	мальтиец (м)	[malʲtíets]
Maltese (de)	мальтийка (ж)	[malʲtíjka]
Maltees (bn)	мальтийский	[malʲtíjskij]
Noorwegen (het)	Норвегия (ж)	[nɔrvégija]
Noor (de)	норвежец (м)	[nɔrvéʒets]
Noorse (de)	норвежка (ж)	[nɔrvéʒka]
Noors (bn)	норвежский	[nɔrvéʒskij]
Portugal (het)	Португалия (ж)	[portugálija]
Portugees (de)	португалец (м)	[portugálets]
Portugese (de)	португалка (ж)	[portugálka]
Portugees (bn)	португальский	[portugálʲskij]
Finland (het)	Финляндия (ж)	[finlʲándija]
Fin (de)	финн (м)	[fínn]
Finse (de)	финка (ж)	[fínka]
Fins (bn)	финский	[fínskij]
Frankrijk (het)	Франция (ж)	[frántsija]
Fransman (de)	француз (м)	[frantsús]
Française (de)	француженка (ж)	[frantsúʒenka]
Frans (bn)	французский	[frantsúskij]
Zweden (het)	Швеция (ж)	[ʃvétsija]
Zweed (de)	швед (м)	[ʃvéd]
Zweedse (de)	шведка (ж)	[ʃvétka]
Zweeds (bn)	шведский	[ʃvétskij]
Zwitserland (het)	Швейцария (ж)	[ʃvejtsárija]
Zwitser (de)	швейцарец (м)	[ʃvejtsárets]
Zwitserse (de)	швейцарка (ж)	[ʃvejtsárka]

Zwitsers (bn)	швейцарский	[ʃvejtsárskij]
Schotland (het)	Шотландия (ж)	[ʃɔtlándija]
Schot (de)	шотландец (м)	[ʃɔtlándets]
Schotse (de)	шотландка (ж)	[ʃɔtlántka]
Schots (bn)	шотландский	[ʃɔtlánskij]

Vaticaanstad (de)	Ватикан (м)	[vatikán]
Liechtenstein (het)	Лихтенштейн (м)	[lihtɛnʃtǽjn]
Luxemburg (het)	Люксембург (м)	[lʲuksembúrg]
Monaco (het)	Монако (с)	[mɔnákɔ]

235. Centraal- en Oost-Europa

Albanië (het)	Албания (ж)	[albánija]
Albanees (de)	албанец (м)	[albánets]
Albanese (de)	албанка (ж)	[albánka]
Albanees (bn)	албанский	[albánskij]

Bulgarije (het)	Болгария (ж)	[bɔlgárija]
Bulgaar (de)	болгарин (м)	[bɔlgárin]
Bulgaarse (de)	болгарка (ж)	[bɔlgárka]
Bulgaars (bn)	болгарский	[bɔlgárskij]

Hongarije (het)	Венгрия (ж)	[véngrija]
Hongaar (de)	венгр (м)	[véngr]
Hongaarse (de)	венгерка (ж)	[vengérka]
Hongaars (bn)	венгерский	[vengérskij]

Letland (het)	Латвия (ж)	[látvija]
Let (de)	латыш (м)	[latíʃ]
Letse (de)	латышка (ж)	[latíʃka]
Lets (bn)	латышский	[latíʃskij]

Litouwen (het)	Литва (ж)	[litvá]
Litouwer (de)	литовец (м)	[litóvets]
Litouwse (de)	литовка (ж)	[litófka]
Litouws (bn)	литовский	[litófskij]

Polen (het)	Польша (ж)	[pólʲʃa]
Pool (de)	поляк (м)	[pɔlʲák]
Poolse (de)	полька (ж)	[pólʲka]
Pools (bn)	польский	[pólʲskij]

Roemenië (het)	Румыния (ж)	[rumīnija]
Roemeen (de)	румын (м)	[rumīn]
Roemeense (de)	румынка (ж)	[rumīnka]
Roemeens (bn)	румынский	[rumīnskij]

Servië (het)	Сербия (ж)	[sérbija]
Serviër (de)	серб (м)	[sérb]
Servische (de)	сербка (ж)	[sérpka]
Servisch (bn)	сербский	[sérpskij]
Slowakije (het)	Словакия (ж)	[slɔvákija]
Slowaak (de)	словак (м)	[slɔvák]

| Slowaakse (de) | словачка (ж) | [slɔvátʃka] |
| Slowaakse (bn) | словацкий | [slɔvátskij] |

Kroatië (het)	Хорватия (ж)	[hɔrvátija]
Kroaat (de)	хорват (м)	[hɔrvát]
Kroatische (de)	хорватка (ж)	[hɔrvátka]
Kroatisch (bn)	хорватский	[hɔrvátskij]

Tsjechië (het)	Чехия (ж)	[tʃéhija]
Tsjech (de)	чех (м)	[tʃéh]
Tsjechische (de)	чешка (ж)	[tʃéʃka]
Tsjechisch (bn)	чешский	[tʃéʃskij]

Estland (het)	Эстония (ж)	[ɛstónija]
Est (de)	эстонец (м)	[ɛstónets]
Estse (de)	эстонка (ж)	[ɛstónka]
Ests (bn)	эстонский	[ɛstónskij]

Bosnië en Herzegovina (het)	Босния и Герцеговина (ж)	[bósnija i gertsɛgɔvína]
Macedonië (het)	Македония (ж)	[makedónija]
Slovenië (het)	Словения (ж)	[slɔvénija]
Montenegro (het)	Черногория (ж)	[tʃernɔgórija]

236. Voormalige USSR landen

Azerbeidzjan (het)	Азербайджан (м)	[azerbajdʒán]
Azerbeidzjaan (de)	азербайджанец (м)	[azerbajdʒánets]
Azerbeidjaanse (de)	азербайджанка (ж)	[azerbajdʒánka]
Azerbeidjaans (bn)	азербайджанский	[azerbajdʒánskij]

Armenië (het)	Армения (ж)	[arménija]
Armeen (de)	армянин (м)	[armɪnín]
Armeense (de)	армянка (ж)	[armʲánka]
Armeens (bn)	армянский	[armʲánskij]

Wit-Rusland (het)	Беларусь (ж)	[belarúsʲ]
Wit-Rus (de)	белорус (м)	[belɔrús]
Wit-Russische (de)	белоруска (ж)	[belɔrúska]
Wit-Russisch (bn)	белорусский	[belɔrúskij]

Georgië (het)	Грузия (ж)	[grúzija]
Georgiër (de)	грузин (м)	[gruzín]
Georgische (de)	грузинка (ж)	[gruzínka]
Georgisch (bn)	грузинский	[gruzínskij]

Kazakstan (het)	Казахстан (м)	[kazahstán]
Kazak (de)	казах (м)	[kazáh]
Kazakse (de)	казашка (ж)	[kazáʃka]
Kazakse (bn)	казахский	[kazáhskij]

Kirgizië (het)	Кыргызстан (м)	[kirgizstán]
Kirgiziër (de)	киргиз (м)	[kirgís]
Kirgizische (de)	киргизка (ж)	[kirgíska]
Kirgizische (bn)	киргизский	[kirgískij]

Moldavië (het)	Молдова (ж)	[mɔldóva]
Moldaviër (de)	молдаванин (м)	[mɔldavánin]
Moldavische (de)	молдаванка (ж)	[mɔldavánka]
Moldavisch (bn)	молдавский	[mɔldáfskij]
Rusland (het)	Россия (ж)	[rɔsíja]
Rus (de)	русский (м)	[rúskij]
Russin (de)	русская (ж)	[rúskaja]
Russisch (bn)	русский	[rúskij]
Tadzjikistan (het)	Таджикистан (м)	[tadʒikistán]
Tadzjiek (de)	таджик (м)	[tadʒĩk]
Tadzjiekse (de)	таджичка (ж)	[tadʒĩʧka]
Tadzjieks (bn)	таджикский	[tadʒĩkskij]
Turkmenistan (het)	Туркмения (ж)	[turkménija]
Turkmeen (de)	туркмен (м)	[turkmén]
Turkmeense (de)	туркменка (ж)	[turkménka]
Turkmeens (bn)	туркменский	[turkménskij]
Oezbekistan (het)	Узбекистан (м)	[uzbekistán]
Oezbeek (de)	узбек (м)	[uzbék]
Oezbeekse (de)	узбечка (ж)	[uzbéʧka]
Oezbeeks (bn)	узбекский	[uzbékskij]
Oekraïne (het)	Украина (ж)	[ukraína]
Oekraïner (de)	украинец (м)	[ukraínets]
Oekraïense (de)	украинка (ж)	[ukraínka]
Oekraïens (bn)	украинский	[ukraínskij]

237. Azië

Azië (het)	Азия (ж)	[ázija]
Aziatisch (bn)	азиатский	[aziátskij]
Vietnam (het)	Вьетнам (м)	[vjetnám]
Vietnamees (de)	вьетнамец (м)	[vjetnámets]
Vietnamese (de)	вьетнамка (ж)	[vjetnámka]
Vietnamees (bn)	вьетнамский	[vjetnámskij]
India (het)	Индия (ж)	[índɪja]
Indiër (de)	индус (м)	[indús]
Indische (de)	индуска (ж)	[indúska]
Indisch (bn)	индийский	[indíjskij]
Israël (het)	Израиль (м)	[izráilʲ]
Israëliër (de)	израильтянин (м)	[izrailʲtʲánin]
Israëlische (de)	израильтянка (ж)	[izrailʲtʲánka]
Israëlisch (bn)	израильский	[izráilʲskij]
Jood (etniciteit)	еврей (м)	[evréj]
Jodin (de)	еврейка (ж)	[evréjka]
Joods (bn)	еврейский	[evréjskij]
China (het)	Китай (м)	[kɪtáj]

Chinees (de)	китаец (м)	[kitáets]
Chinese (de)	китаянка (ж)	[kitajánka]
Chinees (bn)	китайский	[kitájskij]
Koreaan (de)	кореец (м)	[kɔréets]
Koreaanse (de)	кореянка (ж)	[kɔrejánka]
Koreaans (bn)	корейский	[kɔréjskij]
Libanon (het)	Ливан (м)	[liván]
Libanees (de)	ливанец (м)	[livánets]
Libanese (de)	ливанка (ж)	[livánka]
Libanees (bn)	ливанский	[livánskij]
Mongolië (het)	Монголия (ж)	[mɔngólija]
Mongool (de)	монгол (м)	[mɔngól]
Mongoolse (de)	монголка (ж)	[mɔngólka]
Mongools (bn)	монгольский	[mɔngólʲskij]
Maleisië (het)	Малайзия (ж)	[malájzija]
Maleisiër (de)	малаец (м)	[maláets]
Maleisische (de)	малайка (ж)	[malájka]
Maleisisch (bn)	малайский	[malájskij]
Pakistan (het)	Пакистан (м)	[pakistán]
Pakistaan (de)	пакистанец (м)	[pakistánets]
Pakistaanse (de)	пакистанка (ж)	[pakistánka]
Pakistaans (bn)	пакистанский	[pakistánskij]
Saoedi-Arabië (het)	Саудовская Аравия (ж)	[saúdɔfskaja arávija]
Arabier (de)	араб (м)	[aráb]
Arabische (de)	арабка (ж)	[arápka]
Arabisch (bn)	арабский	[arápskij]
Thailand (het)	Таиланд (м)	[tailánd]
Thai (de)	таец (м)	[táets]
Thaise (de)	тайка (ж)	[tájka]
Thai (bn)	тайский	[tájskij]
Taiwan (het)	Тайвань (м)	[tajvánʲ]
Taiwanees (de)	тайванец (м)	[tajvánets]
Taiwanese (de)	тайванка (ж)	[tajvánka]
Taiwanees (bn)	тайванский	[tajvánskij]
Turkije (het)	Турция (ж)	[túrtsija]
Turk (de)	турок (м)	[túrɔk]
Turkse (de)	турчанка (ж)	[turtʃánka]
Turks (bn)	турецкий	[turétskij]
Japan (het)	Япония (ж)	[jɪpónija]
Japanner (de)	японец (м)	[jɪpónets]
Japanse (de)	японка (ж)	[jɪpónka]
Japans (bn)	японский	[jɪpónskij]
Afghanistan (het)	Афганистан (м)	[afganistán]
Bangladesh (het)	Бангладеш (м)	[bangladéʃ]
Indonesië (het)	Индонезия (ж)	[indɔnézija]

Jordanië (het)	Иордания (ж)	[iɔrdánija]
Irak (het)	Ирак (м)	[irák]
Iran (het)	Иран (м)	[irán]
Cambodja (het)	Камбоджа (ж)	[kambódʒa]
Koeweit (het)	Кувейт (м)	[kuvéjt]
Laos (het)	Лаос (м)	[laós]
Myanmar (het)	Мьянма (ж)	[mjánma]
Nepal (het)	Непал (м)	[nepál]
Verenigde Arabische	Объединённые	[ɔbjedinǿnnie
Emiraten	Арабские Эмираты (мн)	arápskie ɛmiráti]
Syrië (het)	Сирия (ж)	[sírija]
Palestijnse autonomie (de)	Палестина (ж)	[palestína]
Zuid-Korea (het)	Южная Корея (ж)	[júʒnaja kɔréja]
Noord-Korea (het)	Северная Корея (ж)	[sévernaja kɔréja]

238. Noord-Amerika

Verenigde Staten	Соединённые Штаты (мн)	[sɔedinǿnnie ʃtáti
van Amerika	Америки	amériki]
Amerikaan (de)	американец (м)	[amerikánets]
Amerikaanse (de)	американка (ж)	[amerikánka]
Amerikaans (bn)	американский	[amerikánskij]
Canada (het)	Канада (ж)	[kanáda]
Canadees (de)	канадец (м)	[kanádets]
Canadese (de)	канадка (ж)	[kanátka]
Canadees (bn)	канадский	[kanátskij]
Mexico (het)	Мексика (ж)	[méksika]
Mexicaan (de)	мексиканец (м)	[meksikánets]
Mexicaanse (de)	мексиканка (ж)	[meksikánka]
Mexicaans (bn)	мексиканский	[meksikánskij]

239. Midden- en Zuid-Amerika

Argentinië (het)	Аргентина (ж)	[argentína]
Argentijn (de)	аргентинец (м)	[argentínets]
Argentijnse (de)	аргентинка (ж)	[argentínka]
Argentijns (bn)	аргентинский	[argentínskij]
Brazilië (het)	Бразилия (ж)	[brazílija]
Braziliaan (de)	бразилец (м)	[brazílets]
Braziliaanse (de)	бразильянка (ж)	[braziljánka]
Braziliaans (bn)	бразильский	[brazílʲskij]
Colombia (het)	Колумбия (ж)	[kɔlúmbija]
Colombiaan (de)	колумбиец (м)	[kɔlumbíets]
Colombiaanse (de)	колумбийка (ж)	[kɔlumbíjka]
Colombiaans (bn)	колумбийский	[kɔlumbíjskij]
Cuba (het)	Куба (ж)	[kúba]

Cubaan (de)	кубинец (м)	[kubínets]
Cubaanse (de)	кубинка (ж)	[kubínka]
Cubaans (bn)	кубинский	[kubínskij]

Chili (het)	Чили (ж)	[ʧíli]
Chileen (de)	чилиец (м)	[ʧilíets]
Chileense (de)	чилийка (ж)	[ʧilíjka]
Chileens (bn)	чилийский	[ʧilíjskij]

Bolivia (het)	Боливия (ж)	[bolívija]
Venezuela (het)	Венесуэла (ж)	[venesuǽla]
Paraguay (het)	Парагвай (м)	[paragváj]
Peru (het)	Перу (с)	[perú]
Suriname (het)	Суринам (м)	[surinám]
Uruguay (het)	Уругвай (м)	[urugváj]
Ecuador (het)	Эквадор (м)	[ɛkvadór]

Bahama's (mv.)	Багамские острова (ж)	[bagámskie ostrová]
Haïti (het)	Гаити (м)	[gaíti]
Dominicaanse Republiek (de)	Доминиканская республика (ж)	[dominikánskaja respúblika]
Panama (het)	Панама (ж)	[panáma]
Jamaica (het)	ямайка (ж)	[jɪmájka]

240. Afrika

Egypte (het)	Египет (м)	[egípet]
Egyptenaar (de)	египтянин (м)	[egiptʲánin]
Egyptische (de)	египтянка (ж)	[egiptʲánka]
Egyptisch (bn)	египетский	[egípetskij]

Marokko (het)	Марокко (с)	[marókɔ]
Marokkaan (de)	марокканец (м)	[marɔkánets]
Marokkaanse (de)	марокканка (ж)	[marɔkánka]
Marokkaans (bn)	марокканский	[marɔkánskij]

Tunesië (het)	Тунис (м)	[tunís]
Tunesiër (de)	туниец (м)	[tunísets]
Tunesische (de)	туниска (ж)	[tuníska]
Tunesisch (bn)	тунисский	[tunískij]

Ghana (het)	Гана (ж)	[gána]
Zanzibar (het)	Занзибар (м)	[zanzibár]
Kenia (het)	Кения (ж)	[kénija]
Libië (het)	Ливия (ж)	[lívija]
Madagaskar (het)	Мадагаскар (м)	[madagaskár]

Namibië (het)	Намибия (ж)	[namíbija]
Senegal (het)	Сенегал (м)	[senegál]
Tanzania (het)	Танзания (ж)	[tanzánija]
Zuid-Afrika (het)	ЮАР (ж)	[juár]
Afrikaan (de)	африканец (м)	[afrikánets]
Afrikaanse (de)	африканка (ж)	[afrikánka]
Afrikaans (bn)	африканский	[afrikánskij]

241. Australië. Oceanië

Australië (het)	Австралия (ж)	[afstrálija]
Australiër (de)	австралиец (м)	[afstralíets]
Australische (de)	австралийка (ж)	[afstralíjka]
Australisch (bn)	австралийский	[afstralíjskij]
Nieuw-Zeeland (het)	Новая Зеландия (ж)	[nóvaja zelándija]
Nieuw-Zeelander (de)	новозеландец (м)	[nɔvɔzelándets]
Nieuw-Zeelandse (de)	новозеландка (ж)	[nɔvɔzelántka]
Nieuw-Zeelands (bn)	новозеландский	[nɔvɔzelánskij]
Tasmanië (het)	Тасмания (ж)	[tasmánija]
Frans-Polynesië	Французская Полинезия (ж)	[frantsúskaja pɔlinǽzija]

242. Steden

Amsterdam	Амстердам (м)	[amstɛrdám]
Ankara	Анкара (ж)	[ankará]
Athene	Афины (мн)	[afíni]
Bagdad	Багдад (м)	[bagdád]
Bangkok	Бангкок (м)	[bankók]
Barcelona	Барселона (ж)	[barselóna]
Beiroet	Бейрут (м)	[bejrút]
Berlijn	Берлин (м)	[berlín]
Boedapest	Будапешт (м)	[budapéʃt]
Boekarest	Бухарест (м)	[buharést]
Bombay, Mumbai	Бомбей (м)	[bɔmbéj]
Bonn	Бонн (м)	[bónn]
Bordeaux	Бордо (м)	[bɔrdó]
Bratislava	Братислава (ж)	[bratisláva]
Brussel	Брюссель (м)	[briusélʲ]
Caïro	Каир (м)	[kaír]
Calcutta	Калькутта (ж)	[kalʲkútta]
Chicago	Чикаго (м)	[tʃikágɔ]
Dar Es Salaam	Дар-эс-Салам (м)	[dár-ɛs-sálam]
Delhi	Дели (м)	[dǽli]
Den Haag	Гаага (ж)	[gaága]
Dubai	Дубай (м)	[dubáj]
Dublin	Дублин (м)	[dúblin]
Düsseldorf	Дюссельдорф (м)	[dʲúselʲdɔrf]
Florence	Флоренция (ж)	[flɔréntsija]
Frankfort	Франкфурт (м)	[fránkfurt]
Genève	Женева (ж)	[ʒenéva]
Hamburg	Гамбург (м)	[gámburg]
Hanoi	Ханой (м)	[hanój]
Havana	Гавана (ж)	[gavána]

Helsinki	Хельсинки (м)	[hélʲsinki]
Hiroshima	Хиросима (ж)	[hirɔsíma]
Hongkong	Гонконг (м)	[gɔnkóng]
Istanbul	Стамбул (м)	[stambúl]
Jeruzalem	Иерусалим (м)	[ierusalím]
Kiev	Киев (м)	[kíef]

Kopenhagen	Копенгаген (м)	[kɔpengágen]
Kuala Lumpur	Куала-Лумпур (м)	[kuála-lúmpur]
Lissabon	Лиссабон (м)	[lisabón]
Londen	Лондон (м)	[lóndɔn]
Los Angeles	Лос-Анджелес (м)	[lɔs-ánʒeles]
Lyon	Лион (м)	[lión]
Madrid	Мадрид (м)	[madríd]
Marseille	Марсель (м)	[marsǽlʲ]
Mexico-Stad	Мехико (м)	[méhikɔ]
Miami	Майями (м)	[majámi]

Montreal	Монреаль (м)	[mɔnreálʲ]
Moskou	Москва (ж)	[mɔskvá]
München	Мюнхен (м)	[mʲúnhen]
Nairobi	Найроби (м)	[najróbi]
Napels	Неаполь (м)	[neápɔlʲ]

New York	Нью-Йорк (м)	[nju-jórk]
Nice	Ницца (ж)	[nítsa]
Oslo	Осло (м)	[óslɔ]
Ottawa	Оттава (ж)	[ɔttáva]
Parijs	Париж (м)	[paríʃ]

Peking	Пекин (м)	[pekín]
Praag	Прага (ж)	[prága]
Rio de Janeiro	Рио-де-Жанейро (м)	[ríɔ-dɛ-ʒanǽjrɔ]
Rome	Рим (м)	[rím]
Seoel	Сеул (м)	[seúl]
Singapore	Сингапур (м)	[singapúr]

Sint-Petersburg	Санкт-Петербург (м)	[sánkt-peterbúrg]
Sjanghai	Шанхай (м)	[ʃanháj]
Stockholm	Стокгольм (м)	[stɔggólʲm]
Sydney	Сидней (м)	[sídnej]
Taipei	Тайпей (м)	[tajpéj]
Tokio	Токио (м)	[tókia]

Toronto	Торонто (м)	[tɔróntɔ]
Venetië	Венеция (ж)	[venétsija]
Warschau	Варшава (ж)	[varʃáva]
Washington	Вашингтон (м)	[vaʃinktón]
Wenen	Вена (ж)	[véna]

243. Politiek. Overheid. Deel 1

| politiek (de) | политика (ж) | [pɔlítika] |
| politiek (bn) | политический | [pɔlítíʧeskij] |

politicus (de)	политик (м)	[polítik]
staat (land)	государство (с)	[gɔsudárstvɔ]
burger (de)	гражданин (м)	[graʒdanín]
staatsburgerschap (het)	гражданство (с)	[graʒdánstvɔ]

nationaal wapen (het)	национальный герб (м)	[natsiɔnálʲnij gérb]
volkslied (het)	государственный гимн (м)	[gɔsudárstvenij gímn]

regering (de)	правительство (с)	[pravítelʲstvɔ]
staatshoofd (het)	руководитель (м) страны	[rukɔvɔdítelʲ stranī]
parlement (het)	парламент (м)	[parláment]
partij (de)	партия (ж)	[pártija]

kapitalisme (het)	капитализм (м)	[kapitalízm]
kapitalistisch (bn)	капиталистический	[kapitalistítʃeskij]

socialisme (het)	социализм (м)	[sɔtsialízm]
socialistisch (bn)	социалистический	[sɔtsialistítʃeskij]

communisme (het)	коммунизм (м)	[kɔmunízm]
communistisch (bn)	коммунистический	[kɔmunistítʃeskij]
communist (de)	коммунист (м)	[kɔmuníst]

democratie (de)	демократия (ж)	[demɔkrátija]
democraat (de)	демократ (м)	[demɔkrát]
democratisch (bn)	демократический	[demɔkratítʃeskij]
democratische partij (de)	демократическая партия (ж)	[demɔkratítʃeskaja pártija]

liberaal (de)	либерал (м)	[liberál]
liberaal (bn)	либеральный	[liberálʲnij]

conservator (de)	консерватор (м)	[kɔnservátɔr]
conservatief (bn)	консервативный	[kɔnservatívnij]

republiek (de)	республика (ж)	[respúblika]
republikein (de)	республиканец (м)	[respublikánets]
Republikeinse Partij (de)	республиканская партия (ж)	[respublikánskaja pártija]

verkiezing (de)	выборы (мн)	[vībɔri]
kiezen (ww)	выбирать (нсв, пх)	[vibirátʲ]
kiezer (de)	избиратель (м)	[izbirátelʲ]
verkiezingscampagne (de)	избирательная кампания (ж)	[izbirátelʲnaja kampánija]

stemming (de)	голосование (с)	[gɔlɔsɔvánie]
stemmen (ww)	голосовать (нсв, нпх)	[gɔlɔsɔvátʲ]
stemrecht (het)	право (с) голоса	[právɔ gólɔsa]

kandidaat (de)	кандидат (м)	[kandidát]
zich kandideren	баллотироваться (нсв, возв)	[balɔtírɔvatsa]
campagne (de)	кампания (ж)	[kampánija]

oppositie- (abn)	оппозиционный	[ɔpɔzitsiónnij]
oppositie (de)	оппозиция (ж)	[ɔpɔzítsija]

bezoek (het)	визит (м)	[vizít]
officieel bezoek (het)	официальный визит (м)	[ɔfitsiálʲnij vizít]
internationaal (bn)	международный	[meʒdunaródnij]

| onderhandelingen (mv.) | переговоры (мн) | [peregɔvóri] |
| onderhandelen (ww) | вести переговоры | [vestí peregɔvóri] |

244. Politiek. Overheid. Deel 2

maatschappij (de)	общество (с)	[ópʃestvɔ]
grondwet (de)	конституция (ж)	[kɔnstitútsija]
macht (politieke ~)	власть (ж)	[vlástʲ]
corruptie (de)	коррупция (ж)	[kɔrúptsija]

| wet (de) | закон (м) | [zakón] |
| wettelijk (bn) | законный | [zakónnij] |

| rechtvaardigheid (de) | справедливость (ж) | [spravedlívɔstʲ] |
| rechtvaardig (bn) | справедливый | [spravedlívij] |

comité (het)	комитет (м)	[kɔmitét]
wetsvoorstel (het)	законопроект (м)	[zakónɔ·prɔǽkt]
begroting (de)	бюджет (м)	[bʲudʒǽt]
beleid (het)	политика (ж)	[polítika]
hervorming (de)	реформа (ж)	[refórma]
radicaal (bn)	радикальный	[radikálʲnij]

macht (vermogen)	сила (ж)	[síla]
machtig (bn)	сильный	[sílʲnij]
aanhanger (de)	сторонник (м)	[stɔrónnik]
invloed (de)	влияние (с)	[vlijánie]

regime (het)	режим (м)	[reʒīm]
conflict (het)	конфликт (м)	[kɔnflíkt]
samenzwering (de)	заговор (м)	[zágɔvɔr]
provocatie (de)	провокация (ж)	[prɔvɔkátsija]

omverwerpen (ww)	свергнуть (св, пх)	[svérgnutʲ]
omverwerping (de)	свержение (с)	[sverʒǽnie]
revolutie (de)	революция (ж)	[revolʲútsija]

| staatsgreep (de) | переворот (м) | [perevɔrót] |
| militaire coup (de) | военный переворот (м) | [vɔénnij perevɔrót] |

crisis (de)	кризис (м)	[krízis]
economische recessie (de)	экономический спад (м)	[ɛkɔnɔmítʃeskij spád]
betoger (de)	демонстрант (м)	[demɔnstránt]
betoging (de)	демонстрация (ж)	[demɔnstrátsija]
krijgswet (de)	военное положение (с)	[vɔénnɔe pɔlɔʒǽnie]
militaire basis (de)	военная база (ж)	[vɔénnaja báza]

stabiliteit (de)	стабильность (ж)	[stabílʲnɔstʲ]
stabiel (bn)	стабильный	[stabílʲnij]
uitbuiting (de)	эксплуатация (ж)	[ɛkspluatátsija]

uitbuiten (ww)	эксплуатировать (нсв, пх)	[ɛkspluatírovatʲ]
racisme (het)	расизм (м)	[rasízm]
racist (de)	расист (м)	[rasíst]
fascisme (het)	фашизм (м)	[faʃízm]
fascist (de)	фашист (м)	[faʃíst]

245. Landen. Diversen

vreemdeling (de)	иностранец (м)	[inostránets]
buitenlands (bn)	иностранный	[inostránnij]
in het buitenland (bw)	за границей	[za granítsɛj]
emigrant (de)	эмигрант (м)	[ɛmigránt]
emigratie (de)	эмиграция (ж)	[ɛmigrátsija]
emigreren (ww)	эмигрировать (н/св, нпх)	[ɛmigrírovatʲ]
Westen (het)	Запад (м)	[západ]
Oosten (het)	Восток (м)	[vɔstók]
Verre Oosten (het)	Дальний Восток (м)	[dálʲnij vɔstók]
beschaving (de)	цивилизация (ж)	[tsivilizátsija]
mensheid (de)	человечество (с)	[tʃelovétʃestvɔ]
wereld (de)	мир (м)	[mír]
vrede (de)	мир (м)	[mír]
wereld- (abn)	мировой	[mirɔvój]
vaderland (het)	родина (ж)	[ródina]
volk (het)	народ (м)	[naród]
bevolking (de)	население (с)	[naselénie]
mensen (mv.)	люди (м мн)	[lʲúdi]
natie (de)	нация (ж)	[nátsija]
generatie (de)	поколение (с)	[pokolénie]
gebied (bijv. bezette ~en)	территория (ж)	[teritórija]
regio, streek (de)	регион (м)	[región]
deelstaat (de)	штат (м)	[ʃtát]
traditie (de)	традиция (ж)	[tradítsija]
gewoonte (de)	обычай (м)	[obítʃaj]
ecologie (de)	экология (ж)	[ɛkológija]
Indiaan (de)	индеец (м)	[indéets]
zigeuner (de)	цыган (м)	[tsigán]
zigeunerin (de)	цыганка (ж)	[tsigánka]
zigeuner- (abn)	цыганский	[tsigánskij]
rijk (het)	империя (ж)	[impérija]
kolonie (de)	колония (ж)	[kolónija]
slavernij (de)	рабство (с)	[rábstvɔ]
invasie (de)	нашествие (с)	[naʃǽstvie]
hongersnood (de)	голод (м)	[gólɔd]

246. Grote religieuze groepen. Bekentenissen

religie (de)	религия (ж)	[relígija]
religieus (bn)	религиозный	[religióznij]
geloof (het)	верование (c)	[vérɔvanie]
geloven (ww)	верить (нсв, пх)	[vérit¹]
gelovige (de)	верующий (м)	[vérujuⁱij]
atheïsme (het)	атеизм (м)	[atɛízm]
atheïst (de)	атеист (м)	[atɛíst]
christendom (het)	христианство (c)	[hristiánstvɔ]
christen (de)	христианин (м)	[hristianín]
christelijk (bn)	христианский	[hristiánskij]
katholicisme (het)	Католицизм (м)	[katɔlitsīzm]
katholiek (de)	католик (м)	[katólik]
katholiek (bn)	католический	[katɔlítʃeskij]
protestantisme (het)	Протестантство (c)	[prɔtestántstvɔ]
Protestante Kerk (de)	Протестантская церковь (ж)	[prɔtestánskaja tsǽrkɔf¹]
protestant (de)	протестант (м)	[prɔtestánt]
orthodoxie (de)	Православие (c)	[pravɔslávie]
Orthodoxe Kerk (de)	Православная церковь (ж)	[pravɔslávnaja tsǽrkɔf¹]
orthodox	православный (м)	[pravɔslávnij]
presbyterianisme (het)	Пресвитерианство (c)	[presviteriánstvɔ]
Presbyteriaanse Kerk (de)	Пресвитерианская церковь (ж)	[presviteriánskaja tsǽrkɔf¹]
presbyteriaan (de)	пресвитерианин (м)	[presviteriánin]
lutheranisme (het)	Лютеранская церковь (ж)	[lʲuteránskaja tsǽrkɔf¹]
lutheraan (de)	лютеранин (м)	[lʲuteránin]
baptisme (het)	Баптизм (м)	[baptízm]
baptist (de)	баптист (м)	[baptíst]
Anglicaanse Kerk (de)	Англиканская церковь (ж)	[anglikánskaja tsǽrkɔf¹]
anglicaan (de)	англиканин (м)	[anglikánin]
mormonisme (het)	Мормонство (c)	[mɔrmónstvɔ]
mormoon (de)	мормон (м)	[mɔrmón]
Jodendom (het)	Иудаизм (м)	[iudaízm]
jood (aanhanger van het Jodendom)	иудей (м)	[iudéj]
boeddhisme (het)	Буддизм (м)	[budízm]
boeddhist (de)	буддист (м)	[budíst]
hindoeïsme (het)	Индуизм (м)	[induízm]
hindoe (de)	индуист (м)	[induíst]

islam (de)	Ислам (м)	[islám]
islamiet (de)	мусульманин (м)	[musul^jmánin]
islamitisch (bn)	мусульманский	[musul^jmánskij]
sjiisme (het)	Шиизм (м)	[ʃiízm]
sjiiet (de)	шиит (м)	[ʃiít]
soennisme (het)	Суннизм (м)	[sunízm]
soenniet (de)	суннит (м)	[sunít]

247. Religies. Priesters

priester (de)	священник (м)	[sviʃénik]
paus (de)	Папа Римский (м)	[pápa rímskij]
monnik (de)	монах (м)	[mɔnáh]
non (de)	монахиня (ж)	[mɔnáhin^ja]
pastoor (de)	пастор (м)	[pástɔr]
abt (de)	аббат (м)	[abát]
vicaris (de)	викарий (м)	[vikárij]
bisschop (de)	епископ (м)	[epískɔp]
kardinaal (de)	кардинал (м)	[kardinál]
predikant (de)	проповедник (м)	[prɔpɔvédnik]
preek (de)	проповедь (ж)	[própɔvet^j]
kerkgangers (mv.)	прихожане (мн)	[prihɔʒáne]
gelovige (de)	верующий (м)	[vérujuʃij]
atheïst (de)	атеист (м)	[atɛíst]

248. Geloof. Christendom. Islam

Adam	Адам (м)	[adám]
Eva	Ева (ж)	[éva]
God (de)	Бог (м)	[bóh]
Heer (de)	Господь (м)	[gɔspót^j]
Almachtige (de)	Всемогущий (м)	[fsemɔgúʃij]
zonde (de)	грех (м)	[gréh]
zondigen (ww)	грешить (нсв, нпх)	[greʃít^j]
zondaar (de)	грешник (м)	[gréʃnik]
zondares (de)	грешница (ж)	[gréʃnitsa]
hel (de)	ад (м)	[ád]
paradijs (het)	рай (м)	[ráj]
Jezus	Иисус (м)	[iisús]
Jezus Christus	Иисус Христос (м)	[iisús hristós]
Heilige Geest (de)	Святой Дух (м)	[svitój dúh]
Verlosser (de)	Спаситель (м)	[spasítel^j]

Maagd Maria (de)	Богородица (ж)	[bɔgɔróditsa]
duivel (de)	Дьявол (м)	[djávɔl]
duivels (bn)	дьявольский	[djávɔlʲskij]
Satan	Сатана (ж)	[sataná]
satanisch (bn)	сатанинский	[satanínskij]
engel (de)	ангел (м)	[ángel]
beschermengel (de)	ангел-хранитель (м)	[ángel-hranítelʲ]
engelachtig (bn)	ангельский	[ángelʲskij]
apostel (de)	апостол (м)	[apóstɔl]
aartsengel (de)	архангел (м)	[arhángel]
antichrist (de)	антихрист (м)	[antíhrist]
Kerk (de)	Церковь (ж)	[tsǽrkɔfʲ]
bijbel (de)	библия (ж)	[bíblija]
bijbels (bn)	библейский	[bibléjskij]
Oude Testament (het)	Ветхий Завет (м)	[vétxij zavét]
Nieuwe Testament (het)	Новый Завет (м)	[nóvij zavét]
evangelie (het)	Евангелие (с)	[evángelie]
Heilige Schrift (de)	Священное Писание (с)	[svɪʃénɔe pisánie]
Hemel, Hemelrijk (de)	Царство (с) Небесное	[tsárstvɔ nebésnɔe]
gebod (het)	заповедь (ж)	[zápovetʲ]
profeet (de)	пророк (м)	[prɔrók]
profetie (de)	пророчество (с)	[prɔrótʃestvɔ]
Allah	Аллах (м)	[aláh]
Mohammed	Мухаммед (м)	[muhámmed]
Koran (de)	Коран (м)	[kɔrán]
moskee (de)	мечеть (ж)	[metʃétʲ]
moellah (de)	мулла (ж)	[mulá]
gebed (het)	молитва (ж)	[mɔlítva]
bidden (ww)	молиться (нсв, возв)	[mɔlítsa]
pelgrimstocht (de)	паломничество (с)	[palómnitʃestvɔ]
pelgrim (de)	паломник (м)	[palómnik]
Mekka	Мекка (ж)	[mékka]
kerk (de)	церковь (ж)	[tsǽrkɔfʲ]
tempel (de)	храм (м)	[hrám]
kathedraal (de)	собор (м)	[sɔbór]
gotisch (bn)	готический	[gɔtítʃeskij]
synagoge (de)	синагога (ж)	[sinagóga]
moskee (de)	мечеть (ж)	[metʃétʲ]
kapel (de)	часовня (ж)	[tʃasóvnʲa]
abdij (de)	аббатство (с)	[abátstvɔ]
nonnenklooster (het)	монастырь (м)	[mɔnastīrʲ]
mannenklooster (het)	монастырь (м)	[mɔnastīrʲ]
klok (de)	колокол (м)	[kólɔkɔl]
klokkentoren (de)	колокольня (ж)	[kɔlɔkólʲnʲa]
luiden (klokken)	звонить (нсв, нпх)	[zvɔnítʲ]

kruis (het)	крест (м)	[krést]
koepel (de)	купол (м)	[kúpɔl]
icoon (de)	икона (ж)	[ikóna]

ziel (de)	душа (ж)	[duʃá]
lot, noodlot (het)	судьба (ж)	[sutʲbá]
kwaad (het)	зло (с)	[zló]
goed (het)	добро (с)	[dɔbró]

vampier (de)	вампир (м)	[vampír]
heks (de)	ведьма (ж)	[védʲma]
demoon (de)	демон (м)	[démɔn]
geest (de)	дух (м)	[dúh]

| verzoeningsleer (de) | искупление (с) | [iskuplénie] |
| vrijkopen (ww) | искупить (св, пх) | [iskupítʲ] |

mis (de)	служба (ж)	[slúʒba]
de mis opdragen	служить (нсв, нпх)	[sluʒítʲ]
biecht (de)	исповедь (ж)	[íspɔvetʲ]
biechten (ww)	исповедоваться (н/св, возв)	[ispɔvédɔvatsa]

heilige (de)	святой (м)	[svιtój]
heilig (bn)	священный	[svιʃénij]
wijwater (het)	святая вода (ж)	[svιtája vɔdá]

ritueel (het)	ритуал (м)	[rituál]
ritueel (bn)	ритуальный	[rituálʲnij]
offerande (de)	жертвоприношение (с)	[ʒértvɔ·prinɔʃǽnie]

bijgeloof (het)	суеверие (с)	[suevérie]
bijgelovig (bn)	суеверный	[suevérnij]
hiernamaals (het)	загробная жизнь (ж)	[zagróbnaja ʒīznʲ]
eeuwige leven (het)	вечная жизнь (ж)	[vétʃnaja ʒīznʲ]

DIVERSEN

Diverse nuttige woorden

achtergrond (de)	фон (м)	[fón]
balans (de)	баланс (м)	[baláns]
basis (de)	база (ж)	[báza]
begin (het)	начало (с)	[natʃálɔ]
beurt (wie is aan de ~?)	очередь (ж)	[ótʃeretʲ]
categorie (de)	категория (ж)	[kategórija]
comfortabel (~ bed, enz.)	удобный	[udóbnij]
compensatie (de)	компенсация (ж)	[kɔmpensátsija]
deel (gedeelte)	часть (ж)	[tʃástʲ]
deeltje (het)	частица (ж)	[tʃastítsa]
ding (object, voorwerp)	вещь (ж)	[véʃ]
dringend (bn, urgent)	срочный	[srótʃnij]
dringend (bw, met spoed)	срочно	[srótʃnɔ]
effect (het)	эффект (м)	[ɛfékt]
eigenschap (kwaliteit)	свойство (с)	[svójstvɔ]
einde (het)	окончание (с)	[ɔkɔntʃánie]
element (het)	элемент (м)	[ɛlemént]
feit (het)	факт (м)	[fákt]
fout (de)	ошибка (ж)	[ɔʃípka]
geheim (het)	тайна (ж)	[tájna]
graad (mate)	степень (ж)	[stépenʲ]
groei (ontwikkeling)	рост (м)	[róst]
hindernis (de)	преграда (ж)	[pregráda]
hinderpaal (de)	препятствие (с)	[prepʲátstvie]
hulp (de)	помощь (ж)	[pómɔʃ]
ideaal (het)	идеал (м)	[ideál]
inspanning (de)	усилие (с)	[usílie]
keuze (een grote ~)	выбор (м)	[vībɔr]
labyrint (het)	лабиринт (м)	[labirínt]
manier (de)	способ (м)	[spósɔb]
moment (het)	момент (м)	[mɔmént]
nut (bruikbaarheid)	польза (ж)	[pólʲza]
onderscheid (het)	различие (с)	[razlítʃie]
ontwikkeling (de)	развитие (с)	[razvítie]
oplossing (de)	решение (с)	[reʃǽnie]
origineel (het)	оригинал (м)	[originál]
pauze (de)	пауза (ж)	[páuza]
positie (de)	позиция (ж)	[pozítsija]
principe (het)	принцип (м)	[príntsip]

probleem (het)	проблема (ж)	[prɔbléma]
proces (het)	процесс (м)	[prɔtsǽs]
reactie (de)	реакция (ж)	[reáktsija]

reden (om ~ van)	причина (ж)	[pritʃína]
risico (het)	риск (м)	[rísk]
samenvallen (het)	совпадение (c)	[sɔfpadénie]
serie (de)	серия (ж)	[sérija]

situatie (de)	ситуация (ж)	[situátsija]
soort (bijv. ~ sport)	вид (м)	[víd]
standaard (bn)	стандартный	[standártnij]
standaard (de)	стандарт (м)	[standárt]
stijl (de)	стиль (м)	[stílʲ]

stop (korte onderbreking)	остановка (ж)	[ɔstanófka]
systeem (het)	система (ж)	[sistéma]
tabel (bijv. ~ van Mendelejev)	таблица (ж)	[tablítsa]
tempo (langzaam ~)	темп (м)	[tǽmp]
term (medische ~en)	термин (м)	[términ]

type (soort)	тип (м)	[típ]
variant (de)	вариант (м)	[variánt]
veelvuldig (bn)	частый	[tʃástij]
vergelijking (de)	сравнение (c)	[sravnénie]
voorbeeld (het goede ~)	пример (м)	[primér]

voortgang (de)	прогресс (м)	[prɔgrǽs]
voorwerp (ding)	объект (м)	[objékt]
vorm (uiterlijke ~)	форма (ж)	[fórma]
waarheid (de)	истина (ж)	[ístina]
zone (de)	зона (ж)	[zóna]

250. Beperkende bijwoorden. Bijvoeglijke naamwoorden. Deel 1

accuraat (uurwerk, enz.)	аккуратный	[akurátnij]
achter- (abn)	задний	[zádnij]
additioneel (hn)	дополнительный	[dopolnítelʲnij]
anders (bn)	разный	[ráznij]

arm (bijv. ~e landen)	бедный	[bédnij]
begrijpelijk (bn)	понятный	[ponʲátnij]
belangrijk (bn)	важный	[váʒnij]
belangrijkst (bn)	самый важный	[sámij váʒnij]

beleefd (bn)	вежливый	[véʒlivij]
beperkt (bn)	ограниченный	[ɔgranítʃennij]
betekenisvol (bn)	значительный	[znatʃítelʲnij]
bijziend (bn)	близорукий	[blizɔrúkij]
binnen- (abn)	внутренний	[vnútrenij]

bitter (bn)	горький	[górʲkij]
blind (bn)	слепой	[slepój]
breed (een ~e straat)	широкий	[ʃirókij]

breekbaar (porselein, glas)	хрупкий	[hrúpkij]
buiten- (abn)	внешний	[vnéʃnij]
buitenlands (bn)	иностранный	[inɔstránnij]
burgerlijk (bn)	гражданский	[graʒdánskij]
centraal (bn)	центральный	[tsɛntrálʲnij]
dankbaar (bn)	благодарный	[blagɔdárnij]
dicht (~e mist)	плотный	[plótnij]
dicht (bijv. ~e mist)	густой	[gustój]
dicht (in de ruimte)	близкий	[blískij]
dicht (bn)	ближний	[blíʒnij]
dichtstbijzijnd (bn)	ближайший	[bliʒájʃij]
diepvries (~product)	замороженный	[zamɔróʒenij]
dik (bijv. muur)	толстый	[tólstij]
dof (~ licht)	тусклый	[túsklij]
dom (dwaas)	глупый	[glúpij]
donker (bijv. ~e kamer)	тёмный	[tǿmnij]
dood (bn)	мёртвый	[mǿrtvij]
doorzichtig (bn)	прозрачный	[prɔzrátʃnij]
droevig (~ blik)	печальный	[petʃálʲnij]
droog (bn)	сухой	[suhój]
dun (persoon)	худой	[hudój]
duur (bn)	дорогой	[dɔrɔgój]
eender (bn)	одинаковый	[ɔdinákɔvij]
eenvoudig (bn)	лёгкий	[lǿhkij]
eenvoudig (bn)	простой	[prɔstój]
eeuwenoude (~ beschaving)	древний	[drévnij]
enorm (bn)	огромный	[ɔgrómnij]
geboorte- (stad, land)	родной	[rɔdnój]
gebruind (bn)	загорелый	[zagɔrélij]
gelijkend (bn)	похожий	[pɔhóʒij]
gelukkig (bn)	счастливый	[ʃislívij]
gesloten (bn)	закрытый	[zakrĩtij]
getaand (bn)	смуглый	[smúglij]
gevaarlijk (bn)	опасный	[ɔpásnij]
gewoon (bn)	обыкновенный	[ɔbiknɔvénnij]
gezamenlijk (~ besluit)	совместный	[sɔvmésnij]
glad (~ oppervlak)	гладкий	[glátkij]
glad (~ oppervlak)	ровный	[róvnij]
goed (bn)	хороший	[hɔróʃij]
goedkoop (bn)	дешёвый	[deʃóvij]
gratis (bn)	бесплатный	[besplátnij]
groot (bn)	большой	[bɔlʲʃój]
hard (niet zacht)	твёрдый	[tvǿrdij]
heel (volledig)	целый	[tsǽlij]
heet (bn)	горячий	[gɔrʲátʃij]
hongerig (bn)	голодный	[gɔlódnij]

hoofd- (abn)	главный	[glávnij]
hoogste (bn)	высший	[vīsʃij]
huidig (courant)	настоящий	[nastɔjáʃij]
jong (bn)	молодой	[mɔlɔdój]

juist, correct (bn)	правильный	[právilʲnij]
kalm (bn)	спокойный	[spɔkójnij]
kinder- (abn)	детский	[détskij]
koel (~ weer)	прохладный	[prɔhládnij]

kort (kortstondig)	кратковременный	[kratkɔvrémenij]
kort (niet lang)	короткий	[kɔrótkij]
koud (~ water, weer)	холодный	[hɔlódnij]
kunstmatig (bn)	искусственный	[iskústvenij]

laatst (bn)	последний	[pɔslédnij]
lang (een ~ verhaal)	длинный	[dlínnij]
langdurig (bn)	продолжительный	[prɔdɔlʒītelʲnij]
lastig (~ probleem)	сложный	[slóʒnij]

leeg (glas, kamer)	пустой	[pustój]
lekker (bn)	вкусный	[fkúsnij]
licht (kleur)	светлый	[svétlij]
licht (niet veel weegt)	лёгкий	[lǿhkij]

linker (bn)	левый	[lévij]
luid (bijv. ~e stem)	громкий	[grómkij]
mager (bn)	тощий	[tóʃij]
mat (bijv. ~ verf)	матовый	[mátɔvij]
moe (bn)	усталый	[ustálij]

moeilijk (~ besluit)	трудный	[trúdnij]
mogelijk (bn)	возможный	[vɔzmóʒnij]
mooi (bn)	красивый	[krasívij]
mysterieus (bn)	загадочный	[zagádɔtʃnij]

naburig (bn)	соседний	[sɔsédnij]
nalatig (bn)	небрежный	[nebréʒnij]
nat (~te kleding)	мокрый	[mókrij]
nerveus (bn)	нервный	[nɛ́rvnij]
niet groot (bn)	небольшой	[nebɔlʲʃój]

niet moeilijk (bn)	нетрудный	[netrúdnij]
nieuw (bn)	новый	[nóvij]
nodig (bn)	нужный	[núʒnij]
normaal (bn)	нормальный	[nɔrmálʲnij]

251. Beperkende bijwoorden. Bijvoeglijke naamwoorden. Deel 2

onbegrijpelijk (bn)	непонятный	[nepɔnʲátnij]
onbelangrijk (bn)	незначительный	[neznatʃítelʲnij]
onbeweeglijk (bn)	неподвижный	[nepɔdvíʒnij]
onbewolkt (bn)	безоблачный	[bezóblatʃnij]
ondergronds (geheim)	подпольный	[pɔtpólʲnij]

ondiep (bn)	мелкий	[mélkij]
onduidelijk (bn)	неясный	[nejásnij]
onervaren (bn)	неопытный	[neópitnij]
onmogelijk (bn)	невозможный	[nevɔzmóʒnij]
onontbeerlijk (bn)	необходимый	[neɔphɔdímij]
onophoudelijk (bn)	непрерывный	[neprerívnij]
ontkennend (bn)	отрицательный	[ɔtritsátelʲnij]
open (bn)	открытый	[ɔtkrĩtij]
openbaar (bn)	общественный	[ɔpʃéstvenij]
origineel (ongewoon)	оригинальный	[ɔriginálʲnij]
oud (~ huis)	старый	[stárij]
overdreven (bn)	чрезмерный	[ʧrezmérnij]
passend (bn)	пригодный	[prigódnij]
permanent (bn)	постоянный	[pɔstɔjánnij]
persoonlijk (bn)	персональный	[persɔnálʲnij]
plat (bijv. ~ scherm)	плоский	[plóskij]
prachtig (~ paleis, enz.)	прекрасный	[prekrásnij]
precies (bn)	точный	[tóʧnij]
prettig (bn)	приятный	[prijátnij]
privé (bn)	частный	[ʧásnij]
punctueel (bn)	пунктуальный	[punktuálʲnij]
rauw (niet gekookt)	сырой	[sirój]
recht (weg, straat)	прямой	[prɪmój]
rechter (bn)	правый	[právij]
rijp (fruit)	зрелый	[zrélij]
riskant (bn)	рискованный	[riskóvanij]
ruim (een ~ huis)	просторный	[prɔstórnij]
rustig (bn)	тихий	[tíhij]
scherp (bijv. ~ mes)	острый	[óstrij]
schoon (niet vies)	чистый	[ʧístij]
slecht (bn)	плохой	[plɔhój]
slim (verstandig)	умный	[úmnij]
smal (~le weg)	узкий	[úskij]
snel (vlug)	быстрый	[bĩstrij]
somber (bn)	мрачный	[mráʧnij]
speciaal (bn)	специальный	[spetsiálʲnij]
sterk (bn)	сильный	[sílʲnij]
stevig (bn)	прочный	[próʧnij]
straatarm (bn)	нищий	[níʃij]
strak (schoenen, enz.)	тесный	[tésnij]
teder (liefderijk)	нежный	[néʒnij]
tegenovergesteld (bn)	противоположный	[prɔtivɔpɔlóʒnij]
tevreden (bn)	довольный	[dɔvólʲnij]
tevreden (klant, enz.)	удовлетворённый	[udɔvletvɔrénij]
treurig (bn)	грустный	[grúsnij]
tweedehands (bn)	бывший в употреблении	[bĩfʃij v upɔtreblénii]
uitstekend (bn)	отличный	[ɔtlíʧnij]
uitstekend (bn)	превосходный	[prevɔsxódnij]

uniek (bn)	уникальный	[unikálʲnij]
veilig (niet gevaarlijk)	безопасный	[bezɔpásnij]
ver (in de ruimte)	далёкий	[dalǿkij]

verenigbaar (bn)	совместимый	[sɔvmestímij]
vermoeiend (bn)	утомительный	[utɔmítelʲnij]
verplicht (bn)	обязательный	[ɔbɪzátelʲnij]
vers (~ brood)	свежий	[svéʒij]
verschillende (bn)	различный	[razlíʧnij]

verst (meest afgelegen)	дальний	[dálʲnij]
vettig (voedsel)	жирный	[ʒīrnij]
vijandig (bn)	враждебный	[vraʒdébnij]
vloeibaar (bn)	жидкий	[ʒītkij]
vochtig (bn)	влажный	[vláʒnij]
vol (helemaal gevuld)	полный	[pólnij]

volgend (~ jaar)	следующий	[sléduʃij]
vorig (bn)	прошедший	[prɔʃǽdʃij]
voornaamste (bn)	основной	[ɔsnɔvnój]
vorig (~ jaar)	прошлый	[próʃlij]

vriendelijk (aardig)	милый	[mílij]
vriendelijk (goedhartig)	добрый	[dóbrij]
vrij (bn)	свободный	[svɔbódnij]
vrolijk (bn)	весёлый	[vesǿlij]
vruchtbaar (~ land)	плодородный	[plɔdɔródnij]

vuil (niet schoon)	грязный	[grʲáznij]
waarschijnlijk (bn)	вероятный	[verɔjátnij]
warm (bn)	тёплый	[tǿplij]
wettelijk (bn)	законный	[zakónnij]
zacht (bijv. ~ kussen)	мягкий	[mʲáhkij]

zacht (bn)	тихий	[tíhij]
zeldzaam (bn)	редкий	[rétkij]
ziek (bn)	больной	[bɔlʲnój]
zoet (~ water)	пресный	[présnij]
zoet (bn)	сладкий	[slátkij]

zonnig (~e dag)	солнечный	[sólneʧnij]
zorgzaam (bn)	заботливый	[zabótlivij]
zout (de soep is ~)	солёный	[sɔlǿnij]
zuur (smaak)	кислый	[kíslij]
zwaar (~ voorwerp)	тяжёлый	[tɪʒólij]

DE 500 BELANGRIJKSTE WERKWOORDEN

aaien (bijv. een konijn ~) — гладить (нсв, пх) — [gláditʲ]
aanbevelen (ww) — рекомендовать (нсв, пх) — [rekɔmendɔvátʲ]
aandringen (ww) — настаивать (нсв, нпх) — [nastáivatʲ]
aankomen (ov. de treinen) — прибывать (нсв, нпх) — [pribivátʲ]

aanleggen (bijv. bij de pier) — причаливать (нсв, нпх) — [pritʃálivatʲ]
aanraken (met de hand) — касаться (нсв, возв) — [kasátsa]
aansteken (kampvuur, enz.) — зажечь (св, пх) — [zaʒǽtʃʲ]
aanstellen (in functie plaatsen) — назначать (нсв, пх) — [naznatʃátʲ]

aanvallen (mil.) — атаковать (н/св, пх) — [atakɔvátʲ]
aanvoelen (gevaar ~) — чувствовать (нсв, пх) — [tʃústvɔvatʲ]
aanvoeren (leiden) — возглавлять (нсв, пх) — [vɔzglavlʲátʲ]
aanwijzen (de weg ~) — указать (св, пх) — [ukazátʲ]

aanzetten (computer, enz.) — включать (нсв, пх) — [fklʲutʃátʲ]
ademen (ww) — дышать (нсв, нпх) — [diʃátʲ]
adverteren (ww) — рекламировать (нсв, пх) — [reklamírɔvatʲ]
adviseren (ww) — советовать (нсв, пх) — [sɔvétɔvatʲ]

afdalen (on.ww.) — спускаться (нсв, возв) — [spuskátsa]
afgunstig zijn (ww) — завидовать (нсв, пх) — [zavídɔvatʲ]
afhakken (ww) — отрубить (св, пх) — [ɔtrubítʲ]
afhangen van ... — зависеть (нсв, нпх) — [zavísetʲ]

afluisteren (ww) — подслушивать (нсв, нпх) — [pɔtslúʃivatʲ]
afnemen (verwijderen) — снимать (нсв, пх) — [snimátʲ]
afrukken (ww) — оторвать (св, пх) — [ɔtɔrvátʲ]
afslaan (naar rechts ~) — поворачивать (нсв, нпх) — [pɔvɔrátʃivatʲ]

afsnijden (ww) — отрезать (св, пх) — [ɔtrézatʲ]
afzeggen (ww) — отменить (св, пх) — [ɔtmenítʲ]
amputeren (ww) — ампутировать (н/св, пх) — [amputírɔvatʲ]
amuseren (ww) — развлекать (нсв, пх) — [razvlekátʲ]

antwoorden (ww) — отвечать (нсв, пх) — [ɔtvetʃátʲ]
applaudisseren (ww) — аплодировать (нсв, нпх) — [aplɔdírɔvatʲ]
aspireren (iets willen worden) — стремиться (нсв, возв) — [stremítsa]
assisteren (ww) — ассистировать (н/св, пх) — [asistírɔvatʲ]

bang zijn (ww) — бояться (нсв, возв) — [bɔjátsa]
barsten (plafond, enz.) — трескаться (нсв, возв) — [tréskatsa]
bedienen (in restaurant) — обслуживать (нсв, пх) — [ɔpslúʒivatʲ]
bedreigen (bijv. met een pistool) — угрожать (нсв, пх) — [ugrɔʒátʲ]

bedriegen (ww)	обманывать (нсв, пх)	[ɔbmánivatʲ]
beduiden (betekenen)	означать (нсв, пх)	[ɔznatʃátʲ]
bedwingen (ww)	удерживать (нсв, пх)	[udérʒivatʲ]
beëindigen (ww)	заканчивать (нсв, пх)	[zakántʃivatʲ]
begeleiden (vergezellen)	сопровождать (нсв, пх)	[sɔprɔvɔʒdátʲ]
begieten (water geven)	поливать (нсв, пх)	[pɔlivátʲ]
beginnen (ww)	начинать (нсв, пх)	[natʃinátʲ]
begrijpen (ww)	понимать (нсв, пх)	[pɔnimátʲ]
behandelen (patiënt, ziekte)	лечить (нсв, пх)	[letʃítʲ]
beheren (managen)	руководить (нсв, пх)	[rukɔvɔdítʲ]
beïnvloeden (ww)	влиять (нсв, нпх)	[vlijátʲ]
bekennen (misdadiger)	признаваться (нсв, возв)	[priznavátsa]
beledigen (met scheldwoorden)	оскорблять (нсв, пх)	[ɔskɔrblʲátʲ]
beledigen (ww)	обижать (нсв, пх)	[ɔbiʒátʲ]
beloven (ww)	обещать (н/св, пх)	[ɔbeʃátʲ]
beperken (de uitgaven ~)	ограничивать (нсв, пх)	[ɔgranítʃivatʲ]
bereiken (doel ~, enz.)	достигать (нсв, пх)	[dɔstigátʲ]
bereiken (plaats van bestemming ~)	достигать (нсв, пх)	[dɔstigátʲ]
beschermen (bijv. de natuur ~)	охранять (нсв, пх)	[ɔhranʲátʲ]
beschuldigen (ww)	обвинять (нсв, пх)	[ɔbvinʲátʲ]
beslissen (~ iets te doen)	решать (нсв, пх)	[reʃátʲ]
besmet worden (met …)	заразиться (св, возв)	[zarazítsa]
besmetten (ziekte overbrengen)	заразить (св, пх)	[zarazítʲ]
bespreken (spreken over)	обсуждать (нсв, пх)	[ɔpsuʒdátʲ]
bestaan (een ~ voeren)	жить (нсв, нпх)	[ʒítʲ]
bestellen (eten ~)	заказывать (нсв, пх)	[zakázivatʲ]
bestraffen (een stout kind ~)	наказывать (нсв, пх)	[nakázivatʲ]
betalen (ww)	платить (нсв, н/пх)	[platítʲ]
betekenen (beduiden)	значить (нсв, пх)	[znátʃitʲ]
betreuren (ww)	сожалеть (нсв, нпх)	[sɔʒilétʲ]
bevallen (prettig vinden)	нравиться (нсв, возв)	[nrávitsa]
bevelen (mil.)	приказывать (нсв, пх)	[prikázivatʲ]
bevredigen (ww)	удовлетворять (нсв, пх)	[udɔvletvɔrʲátʲ]
bevrijden (stad, enz.)	освобождать (нсв, пх)	[ɔsvɔbɔʒdátʲ]
bewaren (oude brieven, enz.)	хранить (нсв, пх)	[hranítʲ]
bewaren (vrede, leven)	сохранять (нсв, пх)	[sɔhranʲátʲ]
bewijzen (ww)	доказывать (нсв, пх)	[dɔkázivatʲ]
bewonderen (ww)	восхищаться (нсв, возв)	[vɔsxiʃátsa]
bezitten (ww)	владеть (нсв, пх)	[vladétʲ]
bezorgd zijn (ww)	беспокоиться (нсв, возв)	[bespɔkóitsa]
bezorgd zijn (ww)	волноваться (нсв, возв)	[vɔlnɔvátsa]
bidden (praten met God)	молиться (нсв, возв)	[mɔlítsa]
bijvoegen (ww)	добавлять (нсв, пх)	[dɔbavlʲátʲ]

| binden (ww) | связывать (нсв, пх) | [svʲázivatʲ] |
| binnengaan (een kamer ~) | войти (св, нпх) | [vɔjtí] |

blazen (ww)	дуть (нсв, нпх)	[dútʲ]
blozen (zich schamen)	краснеть (нсв, нпх)	[krasnétʲ]
blussen (brand ~)	тушить (нсв, пх)	[tuʃítʲ]
boos maken (ww)	сердить (нсв, пх)	[serdítʲ]

boos zijn (ww)	сердиться (нсв, возв)	[serdítsa]
breken (on.ww., van een touw)	разорваться (св, возв)	[razɔrvátsa]
breken (speelgoed, enz.)	ломать (нсв, пх)	[lɔmátʲ]
brengen (iets ergens ~)	привозить (нсв, пх)	[privɔzítʲ]

charmeren (ww)	очаровывать (нсв, пх)	[ɔtʃaróvivatʲ]
citeren (ww)	цитировать (нсв, пх)	[tsitírɔvatʲ]
compenseren (ww)	компенсировать (н/св, пх)	[kɔmpensírɔvatʲ]
compliceren (ww)	осложнить (св, пх)	[ɔslɔʒnítʲ]

componeren (muziek ~)	сочинить (св, пх)	[sɔtʃinítʲ]
compromitteren (ww)	компрометировать (нсв, пх)	[kɔmprɔmetírɔvatʲ]
concurreren (ww)	конкурировать (нсв, нпх)	[kɔnkurírɔvatʲ]
controleren (ww)	контролировать (нсв, пх)	[kɔntrɔlírɔvatʲ]

coöpereren (samenwerken)	сотрудничать (нсв, нпх)	[sɔtrúdnitʃatʲ]
coördineren (ww)	координировать (нсв, пх)	[kɔɔrdinírɔvatʲ]
corrigeren (fouten ~)	исправлять (нсв, пх)	[ispravlʲátʲ]
creëren (ww)	создать (св, пх)	[sɔzdátʲ]

253. Werkwoorden D-K

danken (ww)	благодарить (нсв, пх)	[blagɔdarítʲ]
de was doen	стирать (нсв, пх)	[stirátʲ]
de weg wijzen	направлять (нсв, пх)	[napravlʲátʲ]
deelnemen (ww)	участвовать (нсв, нпх)	[utʃástvɔvatʲ]
delen (wisk.)	делить (нсв, пх)	[delítʲ]

denken (ww)	думать (нсв, н/пх)	[dúmatʲ]
doden (ww)	убивать (нсв, пх)	[ubivátʲ]
doen (ww)	делать (нсв, пх)	[délatʲ]
dresseren (ww)	дрессировать (нсв, пх)	[dresirɔvátʲ]

drinken (ww)	пить (нсв, н/пх)	[pítʲ]
drogen (klederen, haar)	сушить (нсв, пх)	[suʃítʲ]
dromen (in de slaap)	видеть сны	[vídetʲ snɨ]
dromen (over vakantie ~)	мечтать (нсв, нпх)	[metʃtátʲ]
duiken (ww)	нырять (нсв, нпх)	[nirʲátʲ]

durven (ww)	осмеливаться (нсв, возв)	[ɔsmélivatsa]
duwen (ww)	толкать (нсв, пх)	[tɔlkátʲ]
een auto besturen	вести машину	[vestí maʃínu]
een bad geven	купать (нсв, пх)	[kupátʲ]
een bad nemen	мыться (нсв, возв)	[mɨtsa]
een conclusie trekken	делать заключение	[délatʲ zaklʲutʃénie]

foto's maken	фотографировать (нсв, пх)	[fotografírovatʲ]
eisen (met klem vragen)	требовать (нсв, пх)	[trébovatʲ]
erkennen (schuld)	признавать (нсв, пх)	[priznavátʲ]
erven (ww)	наследовать (н/св, пх)	[naslédovatʲ]
eten (ww)	кушать, есть (нсв, н/пх)	[kúʃatʲ], [éstʲ]
excuseren (vergeven)	извинять (нсв, пх)	[izvinʲátʲ]
existeren (bestaan)	существовать (нсв, нпх)	[suʃestvovátʲ]
feliciteren (ww)	поздравлять (нсв, пх)	[pozdravlʲátʲ]
gaan (te voet)	идти (нсв, нпх)	[itʲtʲí]
gaan slapen	ложиться спать	[loʒītsa spátʲ]
gaan zitten (ww)	сесть (св, нпх)	[séstʲ]
gaan zwemmen	купаться (нсв, возв)	[kupátsa]
garanderen (garantie geven)	гарантировать (н/св, пх)	[garantírovatʲ]
gebruiken (bijv. een potlood ~)	пользоваться (нсв, возв)	[pólʲzovatsa]
gebruiken (woord, uitdrukking)	употребить (св, пх)	[upotrebítʲ]
geconserveerd zijn (ww)	сохраниться (св, возв)	[sohranítsa]
gedateerd zijn (ww)	датироваться (нсв, возв)	[datírovatsa]
gehoorzamen (ww)	подчиняться (св, возв)	[pottʃinʲátsa]
gelijken (op elkaar lijken)	быть похожим	[bītʲ pohóʒim]
geloven (vinden)	верить (нсв, пх)	[véritʲ]
genoeg zijn (ww)	хватать (нсв, нпх)	[hvatátʲ]
gieten (in een beker ~)	наливать (нсв, пх)	[nalivátʲ]
glimlachen (ww)	улыбаться (нсв, возв)	[ulibátsa]
glimmen (glanzen)	светиться (нсв, возв)	[svetítsa]
gluren (ww)	подсматривать (нсв, нпх)	[potsmátrivatʲ]
goed raden (ww)	отгадать (св, пх)	[odgadátʲ]
gooien (een steen, enz.)	бросать (нсв, пх)	[brosátʲ]
grappen maken (ww)	шутить (нсв, нпх)	[ʃutítʲ]
graven (tunnel, enz.)	рыть, копать (нсв, пх)	[rītʲ], [kopátʲ]
haasten (iemand ~)	торопить (нсв, пх)	[toropítʲ]
hebben (ww)	иметь (нсв, пх)	[imétʲ]
helpen (hulp geven)	помогать (нсв, пх)	[pomogátʲ]
herhalen (opnieuw zeggen)	повторять (нсв, пх)	[poftorʲátʲ]
herinneren (ww)	помнить (нсв, пх)	[pómnitʲ]
herinneren aan … (afspraak, opdracht)	напоминать (нсв, пх)	[napominátʲ]
herkennen (identificeren)	узнавать (нсв, пх)	[uznavátʲ]
herstellen (repareren)	починить (св, пх)	[potʃinítʲ]
het haar kammen	причёсываться (нсв, возв)	[pritʃósivatsa]
hopen (ww)	надеяться (нсв, возв)	[nadéitsa]
horen (waarnemen met het oor)	слышать (нсв, пх)	[slīʃatʲ]
houden van (muziek, enz.)	любить (нсв, пх)	[lʲubítʲ]
huilen (wenen)	плакать (нсв, нпх)	[plákatʲ]
huiveren (ww)	вздрагивать (нсв, нпх)	[vzdrágivatʲ]
huren (een boot ~)	нанимать (нсв, пх)	[nanimátʲ]

huren (huis, kamer)	снимать (нсв, пх)	[snimátʲ]
huren (personeel)	нанимать (нсв, пх)	[nanimátʲ]
imiteren (ww)	имитировать (нсв, пх)	[imitírɔvatʲ]

importeren (ww)	импортировать (нсв, пх)	[impɔrtírɔvatʲ]
inenten (vaccineren)	делать прививки	[délatʲ privífki]
informeren (informatie geven)	информировать (н/св, пх)	[infɔrmírɔvatʲ]
informeren naar ...	узнавать (нсв, пх)	[uznavátʲ]
(navraag doen)		
inlassen (invoegen)	вставлять (нсв, пх)	[fstavlʲátʲ]

inpakken (in papier)	заворачивать (нсв, пх)	[zavɔrátʃivatʲ]
inspireren (ww)	воодушевлять (нсв, пх)	[vɔɔduʃɛvlʲátʲ]
instemmen (akkoord gaan)	соглашаться (нсв, возв)	[sɔglaʃátsa]
interesseren (ww)	интересовать (нсв, пх)	[interesɔvátʲ]

irriteren (ww)	раздражать (нсв, пх)	[razdraʒátʲ]
isoleren (ww)	изолировать (н/св, пх)	[izɔlírɔvatʲ]
jagen (ww)	охотиться (нсв, возв)	[ɔhótitsa]
kalmeren (kalm maken)	успокаивать (нсв, пх)	[uspɔkáivatʲ]

kennen (kennis	знать (нсв, пх)	[znátʲ]
hebben van iemand)		
kennismaken (met ...)	знакомиться (нсв, возв)	[znakómitsa]
kiezen (ww)	выбирать (нсв, пх)	[vibirátʲ]
kijken (ww)	смотреть (нсв, нпх)	[smɔtrétʲ]

klaarmaken (een plan ~)	подготовить (св, пх)	[pɔdgɔtóvitʲ]
klaarmaken (het eten ~)	готовить (нсв, пх)	[gɔtóvitʲ]
klagen (ww)	жаловаться (нсв, возв)	[ʒálɔvatsa]
kloppen (aan een deur)	стучать (нсв, нпх)	[stutʃátʲ]

kopen (ww)	покупать (нсв, пх)	[pɔkupátʲ]
kopieën maken	размножить (св, пх)	[razmnóʒitʲ]
kosten (ww)	стоить (нсв, пх)	[stóitʲ]
kunnen (ww)	мочь	[mótʃ]
kweken (planten ~)	растить (нсв, пх)	[rastítʲ]

254. Werkwoorden L-R

lachen (ww)	смеяться (нсв, возв)	[smejátsa]
laden (geweer, kanon)	заряжать (нсв, пх)	[zarɪʒátʲ]
laden (vrachtwagen)	грузить (нсв, пх)	[gruzítʲ]
laten vallen (ww)	ронять (нсв, пх)	[rɔnʲátʲ]

lenen (geld ~)	занимать (нсв, пх)	[zanimátʲ]
leren (lesgeven)	обучать (нсв, пх)	[ɔbutʃátʲ]
leven (bijv. in Frankrijk ~)	жить (нсв, нпх)	[ʒītʲ]
lezen (een boek ~)	читать (нсв, н/пх)	[tʃitátʲ]

lid worden (ww)	присоединяться (нсв, возв)	[prisɔedinʲátsa]
liefhebben (ww)	любить (нсв, пх)	[lʲubítʲ]
liegen (ww)	врать (нсв, нпх)	[vrátʲ]
liggen (op de tafel ~)	лежать (нсв, нпх)	[leʒátʲ]

liggen (persoon)	лежать (нсв, нпх)	[leʒátʲ]
lijden (pijn voelen)	страдать (нсв, нпх)	[stradátʲ]
losbinden (ww)	отвязывать (нсв, пх)	[otvʲázivatʲ]
luisteren (ww)	слушать (нсв, пх)	[slúʃatʲ]

lunchen (ww)	обедать (нсв, нпх)	[ɔbédatʲ]
markeren (op de kaart, enz.)	отметить (св, пх)	[ɔtmétitʲ]
melden (nieuws ~)	сообщать (нсв, пх)	[sɔɔpʃátʲ]
memoriseren (ww)	запомнить (св, пх)	[zapómnitʲ]

mengen (ww)	смешивать (нсв, пх)	[sméʃivatʲ]
mikken op (ww)	целиться (нсв, возв)	[tsǽlitsa]
minachten (ww)	презирать (нсв, пх)	[prezirátʲ]
moeten (ww)	быть должным	[bītʲ dólʒnim]

morsen (koffie, enz.)	пролить (св, пх)	[prɔlítʲ]
naderen (dichterbij komen)	подходить (нсв, нпх)	[potxɔdítʲ]
neerlaten (ww)	опускать (нсв, пх)	[ɔpuskátʲ]
nemen (ww)	брать, взять (нсв, пх)	[brátʲ]

nodig zijn (ww)	требоваться (нсв, возв)	[trébɔvatsa]
noemen (ww)	называть (нсв, пх)	[nazivátʲ]
noteren (opschrijven)	пометить (св, пх)	[pɔmétitʲ]
omhelzen (ww)	обнимать (нсв, пх)	[ɔbnimátʲ]

omkeren (steen, voorwerp)	перевернуть (св, пх)	[perevernútʲ]
onderhandelen (ww)	вести переговоры	[vestí peregɔvóri]
ondernemen (ww)	предпринимать (нсв, пх)	[pretprinimátʲ]
onderschatten (ww)	недооценивать (нсв, пх)	[nedɔɔtsǽnivatʲ]

onderscheiden (een ereteken geven)	наградить (св, пх)	[nagradítʲ]
onderstrepen (ww)	подчеркнуть (св, пх)	[pottʃerknútʲ]
ondertekenen (ww)	подписывать (нсв, пх)	[potpísivatʲ]
onderwijzen (ww)	инструктировать (нсв, пх)	[instruktírovatʲ]

onderzoeken (alle feiten, enz.)	рассмотреть (св, пх)	[rasmɔtrétʲ]
bezorgd maken	беспокоить (нсв, пх)	[bespɔkóitʲ]
onmisbaar zijn (ww)	требоваться (нсв, возв)	[trébɔvatsa]
ontbijten (ww)	завтракать (нсв, нпх)	[záftrakatʲ]

ontdekken (bijv. nieuw land)	открывать (нсв, пх)	[ɔtkrivátʲ]
ontkennen (ww)	отрицать (нсв, пх)	[ɔtritsátʲ]
ontlopen (gevaar, taak)	избегать (нсв, пх)	[izbegátʲ]
ontnemen (ww)	лишать (нсв, пх)	[liʃátʲ]

ontwerpen (machine, enz.)	проектировать (нсв, пх)	[prɔɛktírovatʲ]
oorlog voeren (ww)	воевать (нсв, нпх)	[vɔevátʲ]
op orde brengen	приводить в порядок	[privɔdítʲ f porʲádok]
opbergen (in de kast, enz.)	убирать (нсв, пх)	[ubirátʲ]
opduiken (ov. een duikboot)	всплывать (нсв, нпх)	[fsplivátʲ]

openen (ww)	открывать (нсв, пх)	[ɔtkrivátʲ]
ophangen (bijv. gordijnen ~)	вешать (нсв, пх)	[véʃatʲ]
ophouden (ww)	прекращать (нсв, пх)	[prekraʃátʲ]

oplossen (een probleem ~)	решить (св, пх)	[reʃītʲ]
opmerken (zien)	замечать (нсв, пх)	[zametʃátʲ]
opmerken (zien)	увидеть (св, пх)	[uvídetʲ]
opscheppen (ww)	хвастаться (нсв, возв)	[hvástatsa]
opschrijven (op een lijst)	вписывать (нсв, пх)	[fpísivatʲ]
opschrijven (ww)	записывать (нсв, пх)	[zapísivatʲ]
opstaan (uit je bed)	вставать (нсв, нпх)	[fstavátʲ]
opstarten (project, enz.)	запускать (нсв, пх)	[zapuskátʲ]
opstijgen (vliegtuig)	взлетать (нсв, нпх)	[vzletátʲ]
optreden (resoluut ~)	действовать (нсв, нпх)	[déjstvovatʲ]
organiseren (concert, feest)	устраивать (нсв, пх)	[ustráivatʲ]
overdoen (ww)	переделывать (нсв, пх)	[peredélivatʲ]
overheersen (dominant zijn)	преобладать (нсв, нпх)	[preɔbladátʲ]
overschatten (ww)	переоценивать (нсв, пх)	[pereɔtsǽnivatʲ]
overtuigd worden (ww)	убеждаться (нсв, возв)	[ubeʒdátsa]
overtuigen (ww)	убеждать (нсв, пх)	[ubeʒdátʲ]
passen (jurk, broek)	подходить (нсв, нпх)	[pɔtxɔdítʲ]
passeren (~ mooie dorpjes, enz.)	проезжать (нсв, пх)	[prɔeʒʒátʲ]
peinzen (lang nadenken)	задуматься (св, возв)	[zadúmatsa]
penetreren (ww)	проникать (нсв, нпх)	[prɔnikátʲ]
plaatsen (ww)	класть (нсв), положить (св)	[klástʲ], [pɔlɔʒītʲ]
plaatsen (zetten)	располагать (нсв, пх)	[raspɔlagátʲ]
plannen (ww)	планировать (нсв, пх)	[planírovatʲ]
plezier hebben (ww)	веселиться (нсв, возв)	[veselítsa]
plukken (bloemen ~)	рвать (нсв, пх)	[rvátʲ]
prefereren (verkiezen)	предпочитать (нсв, пх)	[pretpɔtʃitátʲ]
proberen (trachten)	пытаться (нсв, возв)	[pitátsa]
proberen (trachten)	попытаться (нсв, возв)	[popitátsa]
protesteren (ww)	протестовать (нсв, нпх)	[prɔtestɔvátʲ]
provoceren (uitdagen)	провоцировать (нсв, пх)	[prɔvɔtsīrovatʲ]
raadplegen (dokter, enz.)	консультироваться с ... (нсв)	[kɔnsulʲtírovatsa s ...]
rapporteren (ww)	докладывать (нсв, пх)	[dɔkládivatʲ]
redden (ww)	спасать (нсв, пх)	[spasátʲ]
regelen (conflict)	улаживать (нсв, пх)	[ulaʒivatʲ]
reinigen (schoonmaken)	очищать (нсв, пх)	[ɔtʃiʃátʲ]
rekenen op ...	рассчитывать на ... (нсв)	[raʃítivatʲ na ...]
rennen (ww)	бежать (н/св, нпх)	[beʒátʲ]
reserveren (een hotelkamer ~)	бронировать (н/св, пх)	[brɔnírovatʲ]
rijden (per auto, enz.)	ехать (нсв, нпх)	[éhatʲ]
rillen (ov. de kou)	дрожать (нсв, нпх)	[drɔʒátʲ]
riskeren (ww)	рисковать (нсв, нпх)	[riskɔvátʲ]
roepen (met je stem)	позвать (св, пх)	[pɔzvátʲ]
roepen (om hulp)	звать (нсв, пх)	[zvátʲ]

ruiken (bepaalde geur verspreiden)	пахнуть (нсв, нпх)	[páhnutʲ]
ruiken (rozen)	нюхать (нсв, пх)	[nʲúhatʲ]
rusten (verpozen)	отдыхать (нсв, нпх)	[ɔtdɨhátʲ]

255. Verbs S-V

samenstellen, maken (een lijst ~)	составлять (нсв, пх)	[sɔstavlʲátʲ]
schieten (ww)	стрелять (нсв, нпх)	[strelʲátʲ]
schoonmaken (bijv. schoenen ~)	чистить (нсв, пх)	[ʧístitʲ]
schoonmaken (ww)	убирать (нсв, пх)	[ubirátʲ]
schrammen (ww)	царапать (нсв, пх)	[ʦarápatʲ]
schreeuwen (ww)	кричать (нсв, нпх)	[kriʧátʲ]
schrijven (ww)	писать (нсв, пх)	[pisátʲ]
schudden (ww)	трясти (нсв, пх)	[trɪstí]
selecteren (ww)	отобрать (св, пх)	[ɔtɔbrátʲ]
simplificeren (ww)	упрощать (нсв, пх)	[uprɔʃátʲ]
slaan (een hond ~)	бить (нсв, пх)	[bítʲ]
sluiten (ww)	закрывать (нсв, пх)	[zakrivátʲ]
smeken (bijv. om hulp ~)	умолять (нсв, пх)	[umɔlʲátʲ]
souperen (ww)	ужинать (нсв, нпх)	[úʒinatʲ]
spelen (bijv. filmacteur)	играть (нсв, н/пх)	[igrátʲ]
spelen (kinderen, enz.)	играть (нсв, нпх)	[igrátʲ]
spreken met ...	говорить с ... (нсв)	[gɔvorítʲ s ...]
spuwen (ww)	плевать (нсв, нпх)	[plevátʲ]
stelen (ww)	красть (нсв, н/пх)	[krástʲ]
stemmen (verkiezing)	голосовать (нсв, нпх)	[gɔlɔsɔvátʲ]
steunen (een goed doel, enz.)	поддержать (св, пх)	[pɔdderʒátʲ]
stoppen (pauzeren)	останавливаться (нсв, возв)	[ɔstanávlivatsa]
storen (lastigvallen)	беспокоить (нсв, пх)	[bespɔkóitʲ]
strijden (tegen een vijand)	бороться (нсв, возв)	[bɔróʦa]
strijden (ww)	сражаться (нсв, возв)	[sraʒáʦa]
strijken (met een strijkbout)	гладить (нсв, пх)	[gláditʲ]
studeren (bijv. wiskunde ~)	изучать (нсв, пх)	[izuʧátʲ]
sturen (zenden)	отправлять (нсв, пх)	[ɔtpravlʲátʲ]
tellen (bijv. geld ~)	считать (нсв, пх)	[ʃitátʲ]
terugkeren (ww)	возвращаться (нсв, возв)	[vɔzvraʃáʦa]
terugsturen (ww)	отправить обратно (св, пх)	[ɔtprávitʲ ɔbrátnɔ]
toebehoren aan ...	принадлежать ... (нсв, нпх)	[prinadleʒátʲ ...]
toegeven (zwichten)	уступать (нсв, пх)	[ustupátʲ]
toenemen (on. ww)	увеличиваться (нсв, возв)	[uvelíʧivatsa]
toespreken (zich tot iemand richten)	обращаться (нсв, возв)	[ɔbraʃáʦa]

toestaan (goedkeuren)	позволять (нсв, н/пх)	[pɔzvɔlʲátʲ]
toestaan (ww)	разрешать (нсв, пх)	[razreʃátʲ]

toewijden (boek, enz.)	посвящать (нсв, пх)	[pɔsviʃátʲ]
tonen (uitstallen, laten zien)	показывать (нсв, пх)	[pokázivatʲ]
trainen (ww)	тренировать (нсв, пх)	[trenirɔvátʲ]
transformeren (ww)	трансформировать (н/св, пх)	[transfɔrmírɔvatʲ]

trekken (touw)	тянуть (нсв, пх)	[tɪnútʲ]
trouwen (ww)	жениться (н/св, возв)	[ʒenítsa]
tussenbeide komen (ww)	вмешиваться (нсв, возв)	[vméʃivatsa]
twijfelen (onzeker zijn)	сомневаться (нсв, возв)	[sɔmnevátsa]

uitdelen (pamfletten ~)	раздать (св, пх)	[razdátʲ]
uitdoen (licht)	тушить (нсв, пх)	[tuʃítʲ]
uitdrukken (opinie, gevoel)	выразить (нсв, пх)	[vɪ́razitʲ]
uitgaan (om te dineren, enz.)	выйти (св, нпх)	[vɪ́jti]
uitlachen (bespotten)	насмехаться (нсв, возв)	[nasmehátsa]

uitnodigen (ww)	приглашать (нсв, пх)	[priglaʃátʲ]
uitrusten (ww)	оборудовать (нсв, пх)	[ɔbɔrúdɔvatʲ]
uitsluiten (wegsturen)	исключать (нсв, пх)	[isklʲutʃátʲ]
uitspreken (ww)	произносить (нсв, пх)	[prɔiznɔsítʲ]

uittorenen (boven ...)	возвышаться (нсв, возв)	[vɔzvɪʃátsa]
uitvaren tegen (ww)	ругать (нсв, пх)	[rugátʲ]
uitvinden (machine, enz.)	изобретать (нсв, пх)	[izɔbretátʲ]
uitwissen (ww)	стереть (св, пх)	[sterétʲ]

vangen (ww)	ловить (нсв, пх)	[lɔvítʲ]
vastbinden aan ...	привязывать (нсв, пх)	[privʲázivatʲ]
vechten (ww)	драться (нсв, возв)	[drátsa]
veranderen (bijv. mening ~)	изменить (св, пх)	[izmenítʲ]

verbaasd zijn (ww)	удивляться (нсв, возв)	[udivlʲátsa]
verbazen (verwonderen)	удивлять (нсв, пх)	[udivlʲátʲ]
verbergen (ww)	прятать (нсв, пх)	[prʲátatʲ]
verbieden (ww)	запрещать (нсв, пх)	[zapreʃátʲ]

verblinden (andere chauffeurs)	ослеплять (нсв, пх)	[ɔsleplʲátʲ]
verbouwereerd zijn (ww)	недоумевать (нсв, нпх)	[nedɔumevátʲ]
verbranden (bijv. papieren ~)	жечь (нсв, пх)	[ʒætʲ]
verdedigen (je land ~)	защищать (нсв, пх)	[zaʃiʃátʲ]

verdenken (ww)	подозревать (нсв, пх)	[pɔdɔzrevátʲ]
verdienen (een complimentje, enz.)	заслуживать (нсв, пх)	[zaslúʒivatʲ]
verdragen (tandpijn, enz.)	терпеть (нсв, пх)	[terpétʲ]
verdrinken (in het water omkomen)	тонуть (нсв, нпх)	[tɔnútʲ]

verdubbelen (ww)	удваивать (нсв, пх)	[udváivatʲ]
verdwijnen (ww)	исчезнуть (св, нпх)	[isʃéznutʲ]
verenigen (ww)	объединять (нсв, пх)	[ɔbjedinʲátʲ]
vergelijken (ww)	сравнивать (нсв, пх)	[srávnivatʲ]

vergeten (achterlaten)	оставлять (нсв, пх)	[ɔstavlʲátʲ]
vergeten (ww)	забыть (св, пх)	[zabʲítʲ]
vergeven (ww)	прощать (нсв, пх)	[prɔʃátʲ]
vergroten (groter maken)	увеличивать (нсв, пх)	[uvelʲítʃivatʲ]
verklaren (uitleggen)	объяснять (нсв, пх)	[ɔbjısnʲátʲ]
verklaren (volhouden)	утверждать (нсв, пх)	[utverʒdátʲ]
verklikken (ww)	доносить (нсв, нпх)	[dɔnɔsʲítʲ]
verkopen (per stuk ~)	продавать (нсв, пх)	[prɔdavátʲ]
verlaten (echtgenoot, enz.)	бросать (нсв, пх)	[brɔsátʲ]
verlichten (gebouw, straat)	освещать (нсв, пх)	[ɔsveʃátʲ]
verlichten (gemakkelijker maken)	облегчить (св, пх)	[ɔblehtʃítʲ]
verliefd worden (ww)	влюбиться (св, возв)	[vlʲubʲítsa]
verliezen (bagage, enz.)	терять (нсв, пх)	[terʲátʲ]
vermelden (praten over)	упоминать (нсв, пх)	[upɔmináтʲ]
vermenigvuldigen (wisk.)	умножать (нсв, пх)	[umnɔʒátʲ]
verminderen (ww)	уменьшать (нсв, пх)	[umenʲʃátʲ]
vermoeid raken (ww)	уставать (нсв, нпх)	[ustavátʲ]
vermoeien (ww)	утомлять (нсв, пх)	[utɔmlʲátʲ]

256. Verbs V-Z

vernietigen (documenten, enz.)	уничтожать (нсв, пх)	[unitʃtɔʒátʲ]
veronderstellen (ww)	предполагать (нсв, пх)	[pretpɔlagátʲ]
verontwaardigd zijn (ww)	возмущаться (нсв, возв)	[vɔzmuʃátsa]
veroordelen (in een rechtszaak)	приговаривать (нсв, пх)	[prigɔvárivatʲ]
veroorzaken ... (oorzaak zijn van ...)	быть причиной ...	[bʲítʲ pritʃínɔj ...]
verplaatsen (ww)	передвигать (нсв, пх)	[peredvígatʲ]
verpletteren (een insect, enz.)	раздавить (св, пх)	[razdavítʲ]
verplichten (ww)	принуждать (нсв, пх)	[prinuʒdátʲ]
verschijnen (bijv. boek)	выйти (св, нпх)	[vʲíjti]
verschijnen (in zicht komen)	появляться (нсв, возв)	[pɔıvlʲátsa]
verschillen (~ van iets anders)	отличаться (нсв, возв)	[ɔtlitʃátsa]
versieren (decoreren)	украшать (нсв, пх)	[ukraʃátʲ]
verspreiden (pamfletten, enz.)	распространять (нсв, пх)	[rasprɔstranʲátʲ]
verspreiden (reuk, enz.)	распространять (нсв, пх)	[rasprɔstranʲátʲ]
versterken (positie ~)	укреплять (нсв, пх)	[ukreplʲátʲ]
verstommen (ww)	замолчать (св, нпх)	[zamɔltʃátʲ]
vertalen (ww)	переводить (нсв, пх)	[perevɔdítʲ]
vertellen (verhaal ~)	рассказывать (нсв, пх)	[raskázivatʲ]
vertrekken (bijv. naar Mexico ~)	уезжать (нсв, нпх)	[ueʒʒátʲ]

vertrouwen (ww)	доверять (нсв, пх)	[dɔverʲátʲ]
vervolgen (ww)	продолжать (нсв, пх)	[prɔdɔlʒátʲ]
verwachten (ww)	ожидать (нсв, пх)	[ɔʒidátʲ]

verwarmen (ww)	нагревать (нсв, пх)	[nagrevátʲ]
verwarren (met elkaar ~)	путать (нсв, пх)	[pútatʲ]
verwelkomen (ww)	приветствовать (нсв, пх)	[privétstvɔvatʲ]
verwezenlijken (ww)	осуществлять (нсв, пх)	[ɔsuʃestvlʲátʲ]

verwijderen (een obstakel)	устранять (нсв, пх)	[ustranʲátʲ]
verwijderen (een vlek ~)	удалять (нсв, пх)	[udalʲátʲ]
verwijten (ww)	упрекать (нсв, пх)	[uprekátʲ]
verwisselen (ww)	менять (нсв, пх)	[menʲátʲ]
verzoeken (ww)	просить (нсв, пх)	[prɔsítʲ]

verzuimen (school, enz.)	пропускать (нсв, пх)	[prɔpuskátʲ]
vies worden (ww)	испачкаться (св, возв)	[ispátʃkatsa]
vinden (denken)	считать (нсв, нпх)	[ʃitátʲ]
vinden (ww)	находить (нсв, пх)	[nahɔdítʲ]

vissen (ww)	ловить рыбу	[lɔvítʲ rı̄bu]
vleien (ww)	льстить (нсв, пх)	[lʲstítʲ]
vliegen (vogel, vliegtuig)	летать (нсв, нпх)	[letátʲ]
voederen (een dier voer geven)	кормить (нсв, пх)	[kɔrmítʲ]

volgen (ww)	следовать (нсв, нпх)	[slédɔvatʲ]
voorstellen (introduceren)	представлять (нсв, пх)	[pretstavlʲátʲ]
voorstellen (Mag ik jullie ~)	знакомить (нсв, пх)	[znakómitʲ]
voorstellen (ww)	предлагать (нсв, пх)	[predlagátʲ]

voorzien (verwachten)	предвидеть (нсв, пх)	[predvídetʲ]
vorderen (vooruitgaan)	продвигаться (нсв, возв)	[prɔdvigátsa]
vormen (samenstellen)	образовывать (нсв, пх)	[ɔbrazóvivatʲ]
vullen (glas, fles)	наполнять (нсв, пх)	[napɔlnʲátʲ]

waarnemen (ww)	наблюдать (нсв, н/пх)	[nablʲudátʲ]
waarschuwen (ww)	предупреждать (нсв, пх)	[predupreʒdátʲ]
wachten (ww)	ждать (нсв, пх)	[ʒdátʲ]
wassen (ww)	мыть (нсв, пх)	[mı̄tʲ]

weerspreken (ww)	возражать (нсв, н/пх)	[vɔzraʒátʲ]
wegdraaien (ww)	отворачиваться (нсв, возв)	[ɔtvɔrátʃivatsa]
wegdragen (ww)	уносить (нсв, пх)	[unɔsítʲ]
wegen (gewicht hebben)	весить (нсв, пх)	[vésitʲ]

wegjagen (ww)	прогнать (св, пх)	[prɔgnátʲ]
weglaten (woord, zin)	опускать (нсв, пх)	[ɔpuskátʲ]
wegvaren (uit de haven vertrekken)	отчаливать (нсв, нпх)	[ɔtʃálivatʲ]
weigeren (iemand ~)	отказывать (нсв, пх)	[ɔtkázivatʲ]

wekken (ww)	будить (нсв, пх)	[budítʲ]
wensen (ww)	желать (нсв, пх)	[ʒelátʲ]
werken (ww)	работать (нсв, нпх)	[rabótatʲ]
weten (ww)	знать (нсв, пх)	[znátʲ]

willen (verlangen)	хотеть (нсв, пх)	[hɔtétʲ]
wisselen (omruilen, iets ~)	обмениваться (нсв, возв)	[ɔbménivatsa]
worden (bijv. oud ~)	становиться (нсв, возв)	[stanɔvítsa]
worstelen (sport)	бороться (нсв, возв)	[bɔrótsa]
wreken (ww)	мстить (нсв, пх)	[mstítʲ]

zaaien (zaad strooien)	сеять (нсв, пх)	[séjatʲ]
zeggen (ww)	сказать (св, пх)	[skazátʲ]
zich baseerd op	базироваться (нсв, возв)	[bazírɔvatsa]
zich bevrijden van ... (afhelpen)	избавиться от ... (св)	[izbávitsa ɔt ...]

zich concentreren (ww)	концентрироваться (нсв, возв)	[kɔntsɛntrírɔvatsa]
zich ergeren (ww)	раздражаться (нсв, возв)	[razdraʒátsa]
zich gedragen (ww)	вести себя	[vestí sebʲá]
zich haasten (ww)	торопиться (нсв, возв)	[tɔrɔpítsa]
zich herinneren (ww)	вспоминать (нсв, пх)	[fspɔminátʲ]

zich herstellen (ww)	выздоравливать (нсв, нпх)	[vizdɔrávlivatʲ]
zich indenken (ww)	представлять себе	[pretstavlʲátʲ sebé]
zich interesseren voor ...	интересоваться ... (нсв)	[interesɔvátsa ...]
zich scheren (ww)	бриться (нсв, возв)	[brítsa]

zich trainen (ww)	тренироваться (нсв, возв)	[trenirɔvátsa]
zich verdedigen (ww)	защищаться (нсв, возв)	[zaʃʲiʃʲátsa]
zich vergissen (ww)	ошибаться (нсв, возв)	[ɔʃibátsa]
zich verontschuldigen	извиняться (нсв, возв)	[izvinʲátsa]

zich verspreiden (meel, suiker, enz.)	просыпаться (св, возв)	[prɔsīpatsa]
zich vervelen (ww)	скучать (нсв, нпх)	[skutʃátʲ]
zijn (ww)	быть (нсв, нпх)	[bītʲ]

zinspelen (ww)	намекать (нсв, н/пх)	[namekátʲ]
zitten (ww)	сидеть (нсв, нпх)	[sidétʲ]
zoeken (ww)	искать ... (нсв, пх)	[iskátʲ ...]
zondigen (ww)	грешить (нсв, нпх)	[greʃítʲ]

zuchten (ww)	вздохнуть (св, нпх)	[vzdɔhnútʲ]
zwaaien (met de hand)	махать (нод, н/пх)	[mahátʲ]
zwemmen (ww)	плавать (нсв, нпх)	[plávatʲ]
zwijgen (ww)	молчать (нсв, нпх)	[mɔltʃátʲ]